MYSTERIEN DES ALTERTUMS

KNAUR

Mysterien des Altertums

Die Mysterien des Altertums entstanden von ca. 6000 v. Chr. bis 600 n. Chr. – als klassisches Altertum wird die Zeit vom Beginn der ersten schriftlichen Aufzeichnungen im Orient (3000 v. Chr.) bis zum Untergang des Weströmischen Reiches (467 n. Chr.) gesehen. Auf der Suche nach diesen Mysterien dringt man in viele Länder vor. Das Buch führt z.B. nicht nur nach Nemrud Dag in die Türkei, wo Köpfe von Göttern durch einen wundersamen Schwur auf einer Berghalde ruhen, sondern auch nach England, zu den Steinkreisen von Stonehenge und Avebury, oder nach Glastonbury, dem Tor zur sagenhaften Insel Avalon. Wissenswertes über Religionen und Mythologien, die zum Bau der Stätten führte, vertiefen den Einblick in die wohl interessantesten Mysterien des Altertums.

Inhalt

Die heiligen Stätten 6

Versunkene Länder 84

Lehren der Vorfahren 138

Legenden und Sagen 166

Die heiligen Stätten

Menschen aller Zeiten und Kulturen waren stets auf der Suche nach Plätzen, an denen sie den Göttern näher sein konnten: Heilige Stätten, an denen magische Kräfte wirkten und an denen sie ihre Tempel errichteten, Kirchen oder Städte wie das geheimnisvolle Machu Picchu in den Anden. Auch Berge wurden den unsichtbaren Mächten geweiht und behielten ihre mystische Bedeutung bis in unsere Zeit – wie der japanische Fudschijama oder der glutrote Uluru in der australischen Wüste. Besonders sensible Menschen berichten von Visionen und Erscheinungen, die sie an solchen Orten haben, von einer kosmischen Kraft, die sie dort zu spüren glauben. Mythen und Sagen dieser Welt verdanken ihren Ursprung oft diesen magischen Kräften.

Glastonbury – Englands mythischer Ort

Mitten in der flachen Landschaft von Somerset liegt der markante Hügel von Glastonbury mit seinem Turm an der Spitze. Dieser Glastonbury Tor ist nicht nur das Wahrzeichen der Grafschaft, sondern seit Menschengedenken auch ein Ort, an dem sich zahlreiche mythische Geschichten kristallisieren.

Glastonbury in der Grafschaft Somerset, im Süden Englands, ist eine magische Stätte. Bizarr ragt die berühmteste Ruine des Inselreiches, der Turm einer ehemaligen Kirche, in den Himmel und zeugt noch heute von der Schönheit der einstigen Abtei. Heidnische Legenden, keltische Sagen und christliche Überlieferungen prägen Stadt und Landschaft. Einst war Glastonbury eine im Marschland gelegene Inselgruppe. Umhüllten hier die Nebel von Avalon das Reich des König Artus? Lag hier die Anderwelt der Kelten, bevor im Mittelalter Mönche der Abtei das Feuchtgebiet entwässerten und trockenlegten? Glastonbury ist Englands mythisches Zentrum. Die Menschen der Steinzeit verehrten hier, auf geheiligtem Boden, eine kosmische Muttergöttin, eine Gestalt, die als fruchtbare und furchtbare Mutter das weibliche Urprinzip verkörperte: Anima, wie es der Psychoanalytiker C. G. Jung benannte. Später nannten die Kelten die Hügel von Glastonbury Yns Avallach – die Apfelinsel – oder auch Avalon.

Die Druiden-Akademie

In den Überresten der Moorsiedlungen aus der Eisenzeit entdeckten die Archäologen Boote, mit denen die Bewohner ihre Siedlungen auf dem von Wasser umgebenen Land erreichen konnten. Das keltische Volk, das Avalon als die Anderwelt betrachtete, errichtete dort eine Druiden-Akademie. Hier wurden die Auserwählten in die Geheimnisse der Druiden eingeweiht und von dort stammen die Heiligen und Märchenwesen, Naturgeister und Magier wie Merlin und die Fee Morgane, die Schwester des sagenumwobenen Königs Artus. Ihr Reich war auch die Domäne der Kelten, denen die Sagen mehr galten als die Wirklichkeit. So ist es nicht verwunderlich, wenn medial begabte Menschen bis zum heutigen Tag von einem Experiment des Zauberers Merlin berichten, der in alten Zeiten Überlebende aus der Katastrophe von Atlantis mit dem neuen Volk der Kelten verbinden wollte. Damit sollte dem Strom archaischer Weisheit ein neuer Weg bereitet werden.

Joseph von Arimathea

Joseph von Arimathea soll nach Avalon gekommen sein, nachdem er in Jerusalem den Leichnam des Jesus von Nazareth vom Kreuz abgenommen und in einem Felsengrab bestattet hatte. Das ehemalige Mitglied des jüdischen Hohen Rates und heimliche Jünger Jesu hatte der Legende nach bei seiner Ankunft im nebligen Inselreich seinen Wanderstab in die Erde gestoßen, der darauf Wurzeln schlug. Aus ihm entwickelte sich ein Dornbusch, der jahrhundertelang an Weihnachten in den alten Ruinen der Abtei geblüht habe.
Der heilige Mann aus Arimathea soll auf seiner Reise in den kühlen Norden auch den Kelch mitgebracht haben, aus dem Jesus beim letzten Abendmahl mit seinen Jüngern getrunken und in dem er das Blut des Gekreuzigten aufgefangen haben soll. Das Gefäß habe Joseph am Fuß des Glastonbury Tores (keltisch: Twr Avallach; Tor bedeutet Berg, Erde), einem 210 Meter hohen Hügel, schließlich vergraben, worauf die »Blood Spring«, die so genannte Blutquelle sprudelte, die noch heute zu sehen ist. Dort sei er auch an Land gegangen, als er mit dem Schiff aus Judäa kam. Die Geschichte um den

Die Legende einer Tragödie

König Artus widersetzte sich dem warnenden Ratschlag seines Magiers Merlin und heiratete die blonde Guinevere, die sich jedoch in seinen Freund Sir Lancelot verliebte und ihrem Mann untreu wurde. Als sich Lancelot danach dem Heiligen Gral näherte, wurde er von einem Windstoß umgeworfen. Artus versöhnte sich mit seiner Gattin, die durch die Intervention Lancelots vor dem Tod auf dem Scheiterhaufen bewahrt wurde. Nach Artus Tod sahen die Liebenden sich noch einmal wieder, gingen aber sogleich wieder auseinander, um von nun an für ihre Tat zu büßen. Guinevere wurde Nonne, Lancelot Einsiedler.

Die schöne Guinevere soll der Legende zufolge zusammen mit ihrem Gatten König Artus begraben worden sein. Die Illustration ist aus Eleanor Fortescue Brickdale's »Golden Book of Famous Women« entnommen (Anfang 20. Jahrhundert).

Der Journalist Harry Price erkannte in den weltweit ähnlich aufgebauten mythischen Geschichten kollektive Muster, die allen Menschen gemein sind.

Die Anderwelt der Kelten

Nachdem sie die Nebel von Avalon durchschritten hatten, gelangten die Druiden durch die Pforte des Twr Avallach in die Anderwelt der materiell-immateriellen vierten Dimension, die Same und Erfüllung der dreidimensionalen Welt bedeutet. Dort erforschten und erkannten sie die physikalisch-metaphysischen Gesetze, die das diesseitige Leben zwischen den Polen der körperlichen Geburt und des leiblichen Todes bestimmen und es einbinden in jenen ungleich größeren Zyklus von Entstehen und Vergehen und so lediglich Stationen in einem endlosen Umwandlungsprozess sind. Das war das Abenteuer der großen Wissenden: die den meisten Menschen nicht zugängliche Anderwelt zu erforschen und ihre Erkenntnisse in die Welt der dritten Dimension zu bringen.

Die Anderwelt war für die Kelten der Brunnen der Seele, des Geistes und der Unsterblichkeit, wo die Verstorbenen sich hin zur Wiedergeburt erneuern. Der Oxforder Publizist Harry Price (1881–1948), Begründer des National Laboratory of Psychical Research in London, wertete die keltischen Vorstellungen »als geistig-seelische Bilder, eine Art von Traumwelt, die die Erinnerungen und Wünsche der sie Erlebenden spiegelt«. Eine solche Bilderwelt brauche nicht rein subjektiv zu sein. »Wir alle können kollektive Bilderwelten aufbauen, die unser Bewusstsein erreichen und damit wirklich existieren«, sagte Price.

»Der Tod Joseph von Arimathea«, dargestellt auf einem Holzstich, nach einer Miniatur aus einer Gralsgeschichte des 15. Jahrhunderts.

Glastonbury Tor ähnelte auffallend einer Sage um die Verklärung Jesu auf dem Berg Tabor in der Heimat des frommen Reisenden.

Symbol der Erdschlange

Für die Kelten war der Tor der Eingang zur Anderwelt. Noch heute kann man den spiralförmigen Pilgerpfad, der sich rund um den Hügel windet, zur Turmruine auf dem Tor hinaufsteigen. Er soll vor etwa 2500 Jahren angelegt worden sein, als die Kelten nach Britannien kamen. Dieser gewundene Weg symbolisiert die Erdschlange und besitzt eine ureigene Harmonie und Kraft, die von sensitiven Menschen gespürt wird und einen tranceähnlichen Zustand auslösen kann. Wer in der Lage sei, dabei die Schwingungen der Erde (Twr) mit dem kosmischen Bewusstsein des Spiralweges in Einklang zu bringen, finde den Schlüssel zur Pforte zur Anderwelt. Wünschelrutengänger wollen bei ihren geomantischen Untersuchungen die Wirkung enormer Erdkräfte festgestellt haben. Nach alten Überlieferungen soll Glastonbury Tor nicht nur auf der Hauptkraftlinie Englands liegen – zusammen mit dem Saint Michaels Mount in Cornwall, Stonehenge und Avebury, sondern zugleich auch auf einer Kraftlinie, die sich wie eine liegende Acht (Lemiskate) als Symbol der Unendlichkeit um den ganzen Planeten zieht.

War Jesus in England?

Joseph von Arimathea soll schließlich auch den Grundstein für die erste christliche Kirche gelegt haben: Vetusta Ecclesia, die älteste Kirche im Inselreich, von der in den Legenden die Rede ist. Noch heute sind viele Bewohner Glastonburys davon überzeugt, dass er einst als Zinnhändler, zusammen mit seinem halbwüchsigen Neffen Jesus, in die neblige Einöde nach Glastonbury gekommen sei, um in der Druiden-Akademie von den heiligen Männern in keltischer Weisheit unterwiesen zu werden.

Das Grab von König Artus

Eine andere Legende besagt, in Glastonbury habe sich der in der Historie nicht nachzuweisende König Artus und die Ritter seiner Tafelrunde um den wieder ausgegrabenen Gral versammelt. Um dieses heiligste Zentrum des Reiches wurde von den frühen Christen eine kleine Kirche gebaut und im Laufe der Jahrhunderte entstand an ihrer Stelle die Benediktinerabtei, die 1184 durch ein Feuer zerstört wurde. Im Jahr 1191 suchten die heimatlos gewordenen Mönche auf Veranlassung Heinrich II. nach dem Artus-Grab. Diese Maßnahme sollte auch die aufmüpfigen Waliser eines Besseren belehren, die sich in dem Glauben zusammengerottet hatten, Artus sei gar nicht tot und würde nach Avalon zurückkehren, um Wales zu befreien.

Angesichts dieser Bedrohung fand man auch bald die Skelette eines überaus großen Mannes und einer Frau mit unverkennbar blondem Haar. Der Sage nach wurde die hellhaarige Guinevere als Strafe für ihren Ehebruch mit dem Ritter Lancelot zu Artus Füßen bestattet. Das Grab von König Artus und seiner Frau soll durch ein Bleikreuz mit der lateinischen Aufschrift »hic iacet sepultus inclytus rex arturius in insula avalonia« – » hier auf der Insel Avalon liegt der berühmte König Artus begraben« unschwer zu identifizieren gewesen sein. Auch das Grab von Joseph von Arimathea wurde bei dieser Gelegenheit wieder entdeckt. Beide Ruhestätten wurden rasch zu einer gefragten Attraktion für Pilger und erschlossen den Mönchen sehr bald die notwendige Finanzierung zum Wiederaufbau der Abtei.

Die imposante Anlage trotzte in den Jahren nach dem Wiederaufbau dem Ansturm der Dänen und Sachsen, aber gegen die Herrschaft unter Heinrich VIII., der sich selbst zum Oberhaupt der anglikanischen Kirche machte, war sie machtlos. Der König ließ 1538 allen Besitz der römischen Kirche im Lande auflösen und das Kloster von Glastonbury durch seine Soldaten plündern. Der letzte Abt wurde öffentlich gehängt, selbst die Bücher der großartigen Bibliothek wurden zum Auffüllen von Schlaglöchern verwendet. Die verfallenden Gebäude dienten den Bauern der Umgebung als Steinbruch für den Bau ihrer Häuser. Heute weist eine schlichte Tafel im Park der Abtei auf das Grab des legendären Artus hin, dort, wo einst der Hochaltar gestanden hat.

Inmitten der geschichtsträchtigen Landschaft Somersets befinden sich die Ruinen der Abtei von Glastonbury, in denen das einstige Grab König Artus vermutet wird, Anziehungspunkt für Tausende von Touristen. Das Schild im Vordergrund weist auf die Grablage des legendären Königs hin.

Stonehenge – der mystische Tempel

Stonehenge fasziniert seine Besucher sowohl durch schroffe Schönheit als auch durch magische Kraft.

In der südenglischen Grafschaft Wiltshire, mitten in einer weiten Ebene, zieht eine einsam in den Himmel ragende Steinkonstruktion mit Namen »Stonehenge« Touristen und Wissenschaftler gleichermaßen an. Genaueste Details ihrer Entstehungsgeschichte wurden nach und nach eruiert, doch bis heute kann niemand mit Bestimmtheit sagen, warum Stonehenge überhaupt gebaut wurde.

Stellt Stonehenge einen Tempel, eine Sternwarte oder gar ein Geschenk außerirdischer intelligenter Lebewesen an die Menschen dar? Allgemein weiß man wenig über den Verwen-

dungszweck solcher Megalithkonstruktionen, die es nicht nur in Stonehenge gibt.
Über dessen Entstehung sind sich Archäologen jedoch einig: Die Grundfeste für das faszinierende Steinmonument wurden vor mehr als 5000 Jahren gelegt – lange vor den ägyptischen Pyramiden.

Schrittweise zum Ziel

Untersuchungen nach der Radiocarbon-Methode – einem Verfahren zur Altersbestimmung von Gegenständen organischen Ursprungs – haben das hohe Alter von Stonehenge bestätigt. Im Zuge dieser Untersuchungen stellte man zudem verschiedene Bauphasen fest.

1500 Jahre Bauzeit

Die erste Phase wird auf 3000 v. Chr. datiert. Errichtet wurden damals ein Erdwall, ein Graben mit 56 Löchern, die Aubrey Holes und ein Menhir, heute Heel Stone genannt. Er stellte den Eingang der Stätte dar. Um 2100 v. Chr. gestaltete man diesen Eingangsbereich aus

Aus der Vogelperspektive erkennt man die ursprüngliche Ausdehnung von Stonehenge.

heute nicht bekannten Gründen um. Es kamen Steine aus den Preseli Mountains hinzu. Sie wurden in Form von zwei Kreisen innerhalb des Erdwalls aufgestellt. In einer dritten Bauphase wenig später karrten bis heute unbekannte Baumeister weitere Steine heran. Diese wurden zu den berühmten Trilithkonstruktionen (Dreistein) geformt.

Die Hufeisenform

Das Zentrum des Heiligtums markierten um 1900 v. Chr. fünf torartige Trilithe in hufeisenförmiger Anordnung. Sie waren umgeben von einem Steinring aus 30 mit Deckenplatten verbundenen Sandsteinmonolithen.
Erst in einer vierten Bauphase um 1500 v. Chr. erhielt Stonehenge seine heutige Gestalt: Zu dieser Zeit setzte man in das hufeisenförmige Innere der Anlage einen Zentralaltar, um den man weitere einzelne Bausteine in Hufeisenform aufstellte.
Bis heute konnte nicht geklärt werden, wie die damaligen Erbauer die riesigen Steinblöcke aufstellen konnten, wie die Querblöcke auf die Pfeiler gehoben und exakt in dafür vorgesehene Zapfen gelegt wurden. Auf jeden Fall muss das Volk von Stonehenge über ein

Im Gedenken an die Erbauer

Im Frühjahr 2000 wuchteten 40 englische Hobby-Archäologen einen drei Tonnen schweren Stein auf einen aus Birkenholz gezimmerten Schlitten, um ihn von den Preseli-Bergen in Wales in das etwa 400 Kilometer entfernte Salisbury, in dessen unmittelbarer Nähe sich Stonehenge befindet, zu transportieren. Ganze 1,6 Kilometer zogen sie den Stein durch die Landschaft. Danach legten sie erschöpft einen Tag Pause ein. Ein Jahr später, zur Sommersonnenwende 2001, soll der Felsbrocken den magischen Kreis von Stonehenge erreichen. Das schweißtreibende Spektakel erinnert an die Arbeit der Erbauer der Kultstätte, die in einer Zeit, als es bei den meisten Menschen noch ums bloße Überleben in einer unwirtlichen Umgebung ging, ein Werk geschaffen hatten, das bis heute seinesgleichen sucht.

Um die Basaltsteine aus den Preseli-Bergen nach Stonehenge zu bringen, mussten die Erbauer schwere Lasten ziehen. Freiwillige machen es in einem Experiment nach.

Möglicherweise war Stonehenge ein Ort religiöser Zeremonien (Aquatinta, 1816).

erstaunliches Ingenieurswissen verfügt haben. Oder, wie Mystiker behaupten, über Helfer mit außergewöhnlichen Fähigkeiten …

Tempel oder Observatorium

Besucher stehen heute vor den spärlichen Überresten dieser gewaltigen Konstruktion. Wie war es möglich, die 12 bis 25 Tonnen wiegenden Steinblöcke nach Wiltshire zu transportieren?

Man nimmt an, dass die meisten der Steine mit dem Floß von den walisischen Preseli Mountains auf dem Seeweg um die walisische Küste herum und von dort auf dem Fluss Avon an ihren Bestimmungsort gebracht wurden. Der Avon liegt nur 3,2 Kilometer von der Anlage entfernt.

Zu welchem Zweck wurde Stonehenge gebaut?

Der im 17. Jahrhundert lebende Altertumsforscher John Aubrey sah in der mystischen Stätte eine simple »Pfarrkirche«, wohingegen Inigo Jones, ein Zeitgenosse Aubreys, in der Steinformation einen römischen Tempel vermutete.

Viele andere Betrachter meinten, in den Steinrelikten Landmarken zu erkennen. William Stukeley, ein Altertumsforscher aus dem 18. Jahrhundert, vertrat die noch heute weit verbreitete Meinung, Stonehenge sei ein Druidentempel gewesen. Heute teilen die meisten Forscher die Ansicht des Astronomen Klaus Meisenheimer vom Max-Planck-Institut in Heidelberg. Er hält die megalithische Konstruktion für ein prähistorisches Observatorium. Demnach sei Stonehenge eine »Finsternisuhr zur präzisen Vorhersage von Sonnen- und Mondeklipsen« gewesen.

Heute gibt es zwischen Anhängern des Druidenkults und der Polizei immer wieder Auseinandersetzungen. So ist es beispielsweise nicht gestattet, die Steine zu erklimmen.

Druidenzauber

Jedes Jahr zur Sommersonnenwende, in der Nacht vom 21. zum 22. Juni, beobachten Tausende von Menschen den Aufgang der Sonne über Stonehenge. Sie geht an diesem Tag exakt zwischen dem Heel Stone und einem anderen, nicht mehr vorhandenen Stein auf. Junge Pseudo-Druiden in weißen Gewändern rufen und singen dazu: »Steig empor, o Sonne! Zerstreu mit deinem strahlenden Licht das Dunkel der Nacht!« Als Priesterkaste der Kelten hatten die Druiden, die nicht nur religiöse, sondern auch heilende und mystische Aufgaben wie Wahrsagen, Traum- und Sterndeutung innehatten, einen besonderen Bezug zum Himmel und zur Natur. So beeindruckend das heutige Schauspiel auch sein mag, es waren mit Sicherheit nicht die Druiden, die Stonehenge errichteten. Sie traten erst 2000 Jahre nach Erbauung Stonehenges in die Geschichte ein. Wahrscheinlich haben die Druiden Stonehenge als Tempelanlage für ihre Rituale entdeckt und möglicherweise haben sie auch dessen astronomische Besonderheiten erkannt.

Was auch immer der Zweck von Stonehenge gewesen sein mag – allein die Mühen, die man auf sich nahm, um es zu errichten, weisen auf seine große Bedeutung hin. Ob seine Erbauer aus religiösen oder aus astronomischen Gründen aktiv wurden – auf jeden Fall waren es Wesen mit bemerkenswertem Wissen und herausragenden architektonischen Fähigkeiten. Ob es auch Menschen waren? Ihr Geheimnis verbirgt der Steinkreis von Wiltshire bis zum heutigen Tag.

Ewige Rätsel

Der große römische Imperator Julius Cäsar vermutete nach seinen Feldzügen auf der britischen Insel (55/54 v. Chr.) einen Zusammenhang zwischen Stonehenge und den Ritualen der Druiden, den keltischen Priestern, in denen er »hochgelehrte, für Diskussionen über die Sterne und ihre Bahnen und für die Größe des Weltalls aufgeschlossene Männer« sah. Historiker konnten später keinen Zusammenhang zwischen den Kelten und den Steinkreisen entdecken. Auch gibt es weder Beweise für einen Einfluss anderer Kulturen wie der der Hindus oder Mayas, noch von Besuchern aus dem All. Für Radiästheten, Menschen die besonders sensibel auf sie umgebende Energien reagieren, ist Stonehenge ein bedeutsamer Ort, an dem sie mit ihren Wünschelruten gewaltige Energien messen. Sie meinen, dieses energetische Phänomen sei der eigentliche Grund für die frühzeitlichen Erbauer gewesen. Den Radiästheten zufolge soll das geheimnisvolle Monument Stonehenge ein spiritueller Kraftort sein.

Gaius Julius Cäsar (100–44 v. Chr.), der römische Staatsmann und Feldherr aus dem Geschlecht der Julier, kam bei seinen Feldzügen in Britannien um 55 v. Chr. auch mit dem Mysterium Stonehenge in Berührung.

Avebury – Ebene der Giganten

Rund um ein kleines Dorf in Südwest-England liegt eine der bedeutendsten Steinkreisanlagen der Welt. Es handelt sich um die Ringanlage von Avebury, die man über eine Hauptstraße bequem erreicht und ohne Einschränkungen Tag und Nacht besichtigen kann.

In der kleinen Stadt Avebury in der südwestenglischen Grafschaft Wiltshire befindet sich die größte Steinkreisanlage Englands, größer und älter als das berühmte Stonehenge bei Salisbury. Etwa 700, aus der Jungsteinzeit (6.–2. Jahrtausend v. Chr.) stammende, roh behauene Steine waren einst in Avebury in drei Ringen angeordnet, die ein Erdwall mit einem 15 Meter tiefen Graben umschloss. Heute ragen noch 26 der, bis zu vierzig Tonnen wiegenden, steinernen Giganten in den Himmel. Anwohner behaupten, »dass die Kraft von Stonehenge auf Avebury übertragen wurde«.

Obwohl oder weil der Steinkreis nahe einer Hauptstraße liegt, können sich viele Besucher seiner magischen Ausstrahlung nicht entziehen. Im Gegensatz zum umzaunten Stonehenge dürfen hier die Steine auch berührt werden, man kann Experimente mit der Wünschelrute anstellen und mystisch-mythologische Feste feiern.

Die Stufenpyramide von Silbury Hill

In der Nachbarschaft von Avebury erhebt sich der nahezu 40 Meter hohe Silbury Hill. Ausgrabungen in den späten 1960er Jahren weisen auf eine Entstehungszeit dieses künstlich aufgeschütteten Monuments zwischen 2800 bis 2600 v. Chr. hin. Im Inneren des Hügels stießen Archäologen auf eine sechsstufige Steinpyramide.

Ist es Zufall, dass auch ein ägyptischer Pharao mit der Stufenpyramide von Sakkara ein ähnliches Bauwerk errichten ließ? Der Zweck der Anlage, an der bei einer angenommenen Bauzeit von zehn Jahren gut 700 Mann gearbeitet haben müssen, wurde bis heute nicht geklärt.

Botschaften im Korn?

Auffallend ist, dass in der Nähe von Silbury Hill kaum ein Sommer vergeht, in dem man in den umliegenden Feldern nicht jene mysteriösen Kreise und Piktogramme beobachten kann, deren Herkunft gern Außerirdischen zugeschrieben wird. Rutengeher wollen an dem geheimnisumwobenen Hügel die gleichen Energien gemessen haben, wie in den Stein- und Getreidekreisen der Umgebung.

Die Kennet Avenue, eine eindrucksvolle Allee mit rund 200 paarweise angeordneten Monolithen verbindet Avebury mit dem eigentlichen, prähistorischen Heiligtum der Gegend, dem »Sanctuary«, auf dem flach geschwungenen Overtone Hill. Präzise gebohrte Löcher in den Steinen deuten auf hölzerne Pfosten hin, die einen runden Tempelbau gestützt haben könnten. In diesem kleinen Steinkreis fand man Lavasteine, die nachweislich aus der deutschen Eifel stammen.

Sternwarten, Kalender, Heiligtümer?

Der britische Astroarchäologe Professor Alexander Thom (1894–1985) sah in den Steinanlagen seiner Heimat sorgfältig angelegte Sternwarten und Kalenderheiligtümer. Ihm gelang der Nachweis, dass die Stein- und Bronzezeitbaumeister mathematische Konstruktionen verwendeten und mit Sicherheit bereits das Prinzip der rechtwinkligen Dreiecke gekannt hatten, das dem Griechen Pythagoras (um 570–um 500 v. Chr.) zugeschrieben wird.

Dennoch bleiben die Steinkreise unergiebige Stätten für Forschung und Wissenschaft. Nie fand sich ein Hinweis darauf, was sich dort wirklich ereignet hat, niemals wurde etwas gefunden, was einen sicheren Aufschluss über Sinn und Zweck der Anlagen gab. Professor Richard Atkinson vom University College in Cardiff hat zwar in Avebury Geweihsprossen zum Graben, Bruchstücke von Feuersteinen, Äxte und Tonscherben verschiedenster Epochen gefunden, aber was die Menschen damals dachten, woran sie glaubten und was sie sich erhofften, bleibt ein Geheimnis. In jedem Fall fiel Atkinson auf, dass, obwohl die prähistorischen Stätten jahrtausendelang benutzt wurden, dort keinerlei Abfall zu finden ist: »Es sieht ganz so aus, als hätten sich die Erbauer in Avebury und anderswo so verhalten wie wir in den Kirchen«, meint der Forscher. Auch wir hinterlassen keine Spuren an Orten, die uns heilig sind.

In Südengland befinden sich neben mystischen Steinkreisen auch mehrere Hügelanlagen, wie hier in Wiltshire der Silbury Hill. Mündliche Überlieferungen berichten, dass er den »schwangeren Leib« der Erdgöttin aus matriarchalischen Zeiten darstellen soll.

Spekulationen um Avebury

Der Altertumsforscher John Aubrey (1626–1697) sah in den Steinkreisen von England die Wirkungsstätten von Druiden. Er verglich die weisen Männer mit den Propheten des Alten Testaments. In Anlehnung an die Arbeiten des Schweizer Psychoanalytikers C. G. Jung (1875–1961) sehen einige Wissenschafler in Avebury den weiblichen Archetypus des Kreises, der durch den phallisch aufgerichteten Stein ergänzt und gebildet wird. Avebury besteht aus einem nördlichen und einem südlichen Kreis – darin stellt sich das weibliche mit seinem Schatten dar. Für die Zeit der Erbauung von Avebury könnte eine Herrschaft des Weiblichen – ein Matriarchat – vorgeherrscht haben.

Männliche Götter setzten sich nachweislich erst in der Bronzezeit (2.–1. Jahrtausend v. Chr.) durch. 1979 veröffentlichte eine britische Forschergruppe erste Ergebnisse eines von ihr geleiteten Experiments. Danach wurden an Blöcken des Steinkreises Ultraschallimpulse gemessen. Eine Wiederholung der Versuche an dort zur Markierung aufgestellten Betonpfeilern brachte keine Resultate.

Sollten also die Steinkreise auch Orte der Heilung, frühzeitliche Energieübermittler für Kranke und Schwache gewesen sein?

Newgrange – die Auferstehung des Lichts

Ein Relikt aus der Steinzeit ist das Ganggrab von Newgrange, das als kreisrunder Blickfang in der Nähe von Dublin steht. Kranzartig war der Bau in seinen Anfängen von einer Vielzahl an Megalithen umringt. Zwölf davon sind heute noch zu sehen.

Das imposante »Haus der Toten« auf einem Hügel über dem irischen Fluss Boyne gab es bereits lange bevor das griechische Mykene oder die Pyramiden von Gizeh entstanden. Das Hügelgrab von Newgrange, ca. 30 Kilometer nördlich von Dublin, darf als das größte architektonische Wunder der Vorzeit und als das älteste erhaltene Bauwerk der Welt bezeichnet werden. Seine Entstehung wird grob auf 5000 v. Chr. geschätzt. 200.000 Tonnen Steine mussten für den Bau bewegt werden. Das Faszinierende: An einem einzigen Tag des Jahres – der Wintersonnenwende um den 21. Dezember – wird die Grabkammer für 17 Minuten von einem gleißenden Sonnenstrahl erhellt.

Jahrtausendelang versteckt

Newgrange ist das mystische Herz Irlands. Eingebettet in die saftig-grünen Midlands entlang der Ostküste, galt der prähistorische Bau jahrhundertelang als natürlicher Hügel. 1690 bei Straßenarbeiten entdeckt, blieb das Steinmonument lange Zeit ein einsamer Anziehungspunkt für seltene Besucher. Erst 1962 begannen Professor Michael J. O'Kelly und sein Team von der Universität in Cork mit Ausgrabungen und Restaurierungsarbeiten. Die Wissenschaftler fanden in den Steintrögen des Grabhauses neben menschlichen Knochen auch Reste von Schmuckstücken und Kultgegenständen.

43 aufrecht stehende, plattentragende Steinquader bilden einen 20 Meter langen, schmalen Gang, der in die Tiefe des Hügels führt und in drei Kammern endet. In den Steinen sind seltsame Zeichen geritzt: Schlangen- und Zickzack-Linien, Doppelspiralen und geometrische Symbole. Die Quader des prähistorischen Gebäudes sind fest verfugt. Entwässerungsrinnen sorgen für Trockenheit und konstante Temperaturen im Inneren. Über Jahrtausende müssen die dort aufbewahrten Leichname unversehrt geblieben sein.

Prophetische Menschen?

»Wir haben keine Ahnung, wer die Menschen waren, die auf diese exklusive Weise bestattet wurden«, erklärte O'Kelly, der die Ausgrabungen in Newgrange bis 1975 geleitet hat. »Es müssen keine Könige, Priester oder Stammeshäuptlinge gewesen sein. Möglicherweise waren es außerordentliche Menschen, die prophetische und heilende Gaben besaßen.« Eingeschlossen in tiefste Dunkelheit harrten sie vielleicht einer baldigen Auferstehung.

Spuren im Quarz

Das Phänomen, dass die die Grabkammer einmal jährlich zwischen 8.58 Uhr und 9.15 Uhr während der Wintersonnenwende erhellt, haben O'Kelly und seine Männer zufällig entdeckt. Sie stießen oberhalb des Eingangs auf einen rechteckigen Schlitz, der von einem offenbar als Schieber dienenden rechteckigen Block halb verschlossen war. Kratzer im Quarz deuteten darauf hin, dass man den Schieber in der Vergangenheit oft bewegt hatte. Geöffnet gab er über dem mit einer fünf Tonnen schweren Steinplatte verschlossenen Eingang eine schmale Öffnung frei, die als Einlass für Menschen allerdings zu eng war.

Sonnenenergie

Die Archäologen erinnerten sich an alte Geschichten der Dorfbewohner, laut denen am Tag der Sonnenwende Licht in das Grab fallen sollte. Und tatsächlich: Am 21. Dezember 1967 hatte man den Beweis. Es muss ein erhabener Moment gewesen sein, als die Sonne am gegenüberliegenden Ufer des Boyne aufging und ein orangefarbener Strahl direkt durch den Dachschlitz in das Innere fiel. Der zunächst nur bleistiftdünne Strahl verbreiterte sich zu einem Band von 15 Zentimetern. Die vom Boden reflektierte Helligkeit war so groß, dass die Grabkammern voll ausgeleuchtet waren.

»Ich erwartete eine Stimme zu vernehmen oder eine kalte Hand auf meiner Schulter zu spüren«, erinnerte sich O'Kelly, »aber nichts dergleichen geschah.« Die Sonne wanderte nach Westen weiter und der Strahl wurde schmaler, bis schließlich wieder völlige Dunkelheit herrschte. So faszinierend dieses Erlebnis für den Archäologen und seine Mitarbeiter auch war, den Sinn dieser Ausrichtung für eine Grabanlage hat man noch immer nicht geklärt. Tankten die Seelen der Toten einmal jährlich Energie oder stiegen sie mit den Sonnenstrahlen in das Universum hinauf?

Der Weg nach Newgrange

Die Grabstätte von Newgrange ist zu außergewöhnlich, um noch ein unberührter Ort zu sein. Die Außenwände und der Gang zu den Grabkammern wurden mittlerweile mit Stahlbeton abgesichert, so dass die Anlage mit ihrer exakten Rundung und der bewachsenen Kuppel wie ein Museumsbau aus dem 20. Jahrhundert wirkt. Jedes Jahr kommen Tausende von Besuchern aus aller Welt.

Das »Wunder des Lichts« zur Wintersonnenwende wird jedoch nur auserwählten Gästen zuteil. Andere müssen sich mit einer technischen Rekonstruktion des Vorgangs begnügen. Empfehlenswert für einen Besuch des Monuments an der Nationalstraße 51 sind die frühen Morgen- und späten Abendstunden, weil durch das rötliche Licht und die wenigen Besucher eine unvergessliche Atmosphäre entstehen soll.

Die Grabanlage von Newgrange bietet dem aufmerksamen Beobachter viele Symbole und Details. So könnte man das Kreisrund des Baus als »Schutzzirkel« gegen böse Mächte sehen. Von besonderer Schönheit sind auch die Randsteine, die die Außenmauern vor der Renovierung im letzten Jahrhundert zierten.

Die Stein-Alleen von Carnac

In Frankreich, genau gesagt vor der bretonischen Bucht von Quiberon, stehen Steinalleen, über deren Alter, Erbauer und Funktion man nur Vermutungen anstellen kann. In jedem Fall verleihen sie der Gegend ein mystisches Aussehen.

Das kleine Dorf Carnac in Frankreich hat nicht nur einen der schönsten Strände der Bretagne, es ist auch durch seine zahlreichen prähistorischen Denkmäler als eine der wesentlichen Fundstätten für vorgeschichtliche Kultur bekannt. Kilometerlang ziehen sich Alleen mit mehr als 3000 unbehauenen Steinen hin, von denen manche direkt ins Meer führen.

Geometrische Figuren

Heute kann man das Vorhandensein weiterer tausender Menhire, die im Laufe der Zeit zerfielen, zum Hausbau verwendet wurden oder in den Wellen des Atlantiks versanken, nur ahnen. Diese verschwundenen Steine erschweren die Lösung eines Rätsels, dessen Ursprung im 6. Jahrtausend v. Chr. lag. Aus der Luft betrachtet scheint es nämlich, dass einige der großen und kleineren Megalithe riesige geometrische Figuren bilden. Exakte Dreiecke mit den Diagonalen von 107 Metern und den gleichen Seitenverhältnissen von 5:12:13 sind auszumachen. Wozu, das ist nicht bekannt. In jedem Fall drücken Dreiecke in der antiken Mythologie die Harmonie des Kosmos aus. Für die Kelten zeigen sie die drei Entwicklungsschritte alles Seienden, für Christen symbolisieren sie die Dreieinigkeit.

Höhere Mathematik

Der Archäologe Dr. Bruno Kremer bemerkte in der Zeitschrift »Naturwissenschaftliche Rundschau« (Heft 12/Jahrgang 37), dass »die einzelnen Ensembles nach festen Maßbezeich-

Heiliges und Magisches

In Armorika – der heutigen Bretagne – liegt Heiliges und Magisches dicht beieinander. Jedes Jahr zur Sommersonnenwende werden in den Steinformationen um Carnac, inmitten der Dolme und Menhire, Seminare veranstaltet, in denen die Teilnehmer oft außergewöhnliche Fähigkeiten an sich entdecken: eine klare Wahrnehmung verborgener Energien, eine intensivere Beziehung zur Natur und eine ungewöhnliche Klarsichtigkeit. Niedergeschlagene und depressive Menschen verlassen nicht selten erfrischt und positiv gestimmt die alten Kultstätten – für Mystiker ein Beweis, dass an diesen Plätzen eine himmlische Energie wirkt, die den Einzelnen seinen Ursprüngen näher bringt.

Die Faszinationen der Zeugnisse einer längst vergangenen Megalith-Kultur offenbaren sich uns auch heute noch (Carnac bei Sonnenuntergang).

Den größten Dolmen (bretonisch dol-men, Steintisch) der Megalithkultur in der Bretagne findet man bei Locmariaquer. Er wird französisch »Table des Marchands«, Tisch der Händler, genannt, denn auf mehrere Trägersteine wurde eine Deckplatte gelegt. Da er viel zu groß für einen richtigen Tisch ist, wird vermutet, dass der Table eine Grabkammer war.

Vorgeschichtliche Zeugen aus Stein

Megalithe sind bis zu 21 Meter hohe und bis zu 350 Tonnen schwere, künstlich aufgerichtete Steine, die meist in geometrischen Formen (Kreise, Dreiecke) angeordnet sind. Um Megalithe aufzustellen, musste vorher ein Loch gegraben werden, in das dann der Stein hineingekippt wurde. So lautet die klassische Erklärung der Archäologie.

Menhire sind einzeln in der Landschaft stehende Megalithe, die nicht selten eingehauene Bildzeichen tragen wie Schlangen, Äxte oder geometrische Figuren. Der große Menhir von Locmariaquer bei Carnac war 21 Meter hoch und wog mit seinen 348 Tonnen 40 Tonnen mehr als ein vollbesetzter Jumbo-Jet. Seine Bedeutung ist rätselhaft. Archäologen vermuten u.a., dass er eine Landmarke darstellte.

Dolmen ist der bretonische Begriff für Gräber. Aus quergestellten Steinen wurde eine Kammer gebildet. Meist liegt als Dach ein flacher Stein darüber, so dass Dolmen einem riesigen Tisch ähneln. Oft haben solche Gräber noch eine Vorhalle.

nungen errichtet wurden, die auf eine hochentwickelte Vermessungstechnik in der mittleren Steinzeit schließen lassen«. Bei derart korrekten Anlagen geht es um angewandte höhere Geometrie. Die Kugelgestalt der Erde ist dabei ebenso berücksichtigt worden wie Gradeinteilung und astronomische Winkelmessungen.

Schnurgerade Linien

Über dem größten Menhir Europas, dem Er Grah bei Locmariaquer, 15 Kilometer von Carnac entfernt, haben der englische Archäologe Professor Alexander Thom (1894–1985) und sein Sohn Alexander S. Thom von der Universität in Oxford acht Linien entdeckt, die in die verschiedensten Richtungen führen, wobei die Linien stets schnurgerade über andere künstlich erstellte Steinanhäufungen ziehen. Eine dieser Linien beginnt zum Beispiel bei Trevas, zieht sich kurz die Küste entlang, überquert den Golf von Morbihan, kreuzt den riesigen Menhir und passiert auf einer Strecke von 16 Kilometern die Bucht von Quiberon. Die beiden Wissenschaftler meinen, dass in prähistorischen Zeiten all diese Landmarkierungen von der Spitze des mittlerweile zerborstenen 21 Meter hohen Steingiganten gesehen werden konnten.

Bauern und Fischer

Vor rund 4000 Jahren lebten in der Gegend von Carnac die Armorikaner, deren Vorfahren in den Cro-Magnon-Menschen, der ersten in Europa bekannten Rasse des Homo sapiens, zu suchen sind. Sie waren Bauern und Fischer und wagten sich mit leichten Booten aus Weidengeflecht auf das offene Meer.

Wie konnten sie also – mathematisch korrekt angeordnet – Tausende von mächtigen Steinsäulen errichten, den 348 Tonnen schweren Koloss von Locmariaquer transportieren und nach vorher durchdachten Plänen großflächige Dreiecke in die Landschaft stellen?

Technische Intelligenz

Kaum wahrscheinlich, dass zauberkundige Priester die schweren Lasten telekinetisch durch die Kraft ihrer Gedanken bewegt oder 3000 Menschen die Kolosse auf Rollen durch die unebene Landschaft transportiert haben. Oder sind die Erbauer der gewaltigen Denkmäler gar nicht der Steinzeit-Epoche zuzuordnen? War eine technische Intelligenz am Werk, die aus dem Weltall kam? Fest steht, dass einige der Großstein- und Ganggräber, die man um Carnac fand, jüngeren Datums sind und dass die Naturdenkmäler aufgrund der dort gefundenen Opfergaben heilig waren.

Geister und Spukgeschichten

Die Steine von Carnac und der übrigen Bretagne sind kein isoliertes Phänomen. Tausende finden sich überall in Europa, aber auch in Afrika, im Norden bis weit in den Süden nach Gambia und Senegal hinein. Um sie ranken sich zahlreiche Sagen und Legenden. Häufig werden Menhire mit Geistererscheinungen und anderem Spuk in Verbindung gebracht. Manche der Megalithe gelten als verzauberte Wesen, die zu bestimmten Zeiten tanzen und sich zu einem nahe gelegenen Fluss bewegen, um dort zu trinken. Für zeitgenössische Mystiker verbinden sich an den alten Steinen kosmische Kräfte mit den Energien der Erde und schaffen universelle Kraftzentren, deren Wirkung sich positiv oder negativ bemerkbar machen kann. So viele Erklärungsversuche man für das Entstehen und den mystischen Hintergrund der Kultobjekte auch entwickelte – Ursprung und Zweck liegen vermutlich noch lange im Dunklen.

Über die Megalithen von Carnac ranken sich zahlreiche Legenden. So handelt eine vom heiligen Cornelius, der 253 den Märtyrertod gestorben sein soll. Ihn wollte man angeblich zwingen, einem Heidengott zu opfern, woraufhin er von Rom in die Bretagne floh. Die Armee des römischen Kaisers, die ihn verfolgte, verwandelte der fromme Christ allein durch seine Gebete zu Stein. Sie bilden seitdem die Alleen von Carnac.

Trelleburgen – die Schiffshügel Dänemarks

Die Wikingerburg Fyrkat war einst eine stolze Wallanlage mit vier Toröffnungen, die durch diagonale Straßenführung miteinander verbunden waren. Heute erinnern nur noch die Mauergrundrisse an ihre glanzvolle Zeit.

Quer durch Dänemark wurde vor langer Zeit ein unsichtbares Band gelegt, an dem sich noch heute heilige Orte wie auf einer Perlenschnur aneinander reihen. Trelleburgen werden die eigentümlich hohen Ringwallanlagen nach der bekanntesten nahe der Ortschaft Trelleborg auf der Insel Seeland genannt. In ihnen befinden sich je 16 gleiche ellipsenförmige Figuren, die durch ihre präzise Ausarbeitung beeindrucken. Außerhalb des jeweiligen Ringwalls liegen 13 weitere ellipsoide Strukturen – angeordnet in einem perfekten Kreisbogen zur Ringwallmitte hin. Welche Architekten und Ingenieure haben diesen perfekt symmetrischen Grundriss geplant und umgesetzt? Zu welchem Zweck?

Fords für Familien?

Lange hielten Archäologen die um 980 entstandenen Wälle für Wikingerkasernen, deren hügelige Aufwerfungen man nach dem Grundriss großer Schiffe geplant hatte. Doch neueste Erkenntnisse und die Tatsache, dass man in den vermeintlichen Kasernen auch Knochen von Frauen- und Kinderleichen fand, legen eine andere Vermutung nahe. Sie wandelt die Trelleburgen von alten Fords zu den letzten großen Rätseln der Welt.

Die heidnische Lichtreligion

Betrachtet man die Wallanlagen, so wurden sie alle nach einem exakten Plan angelegt, der nur eine maximale Abweichung von zehn Grad vom magnetischen Nordpol für ihr Achsenkreuz erlaubte – was sie entlang einer Symmetrieachse über Hunderte von Kilometern miteinander verband. Dazu kommt ein längst vergessener heidnischer Kult, von dem man lange Zeit nicht wusste, dass er so hoch aus dem Norden kam: die »Religion des Lichts«. Ihr Zentrum war der mystische Ort Iumne oder Lumne, der über die Jahrhunderte unauffindbar schien. Der Historiker Adam von Bremen hatte den Weg nach Iumne zwar 1066 über das norddeutsche Oldenburg angegeben und die Slawen als Bewohner des Umlandes genannt, doch diese Angaben führten zu Verwechslungen. Man suchte den Ort in der Nähe von Stettin im heutigen Polen und hat dabei völlig übersehen, dass es an der norddeutschen Küste noch ein zweites Oldenburg gab, das heute den Namen der Wikingersiedlung Haithabu trägt. Und mit Slawen bezeichnete man um das Jahr 900 generell die Nordländer. Beachtet man all dies und begibt sich unter diesen Vorzeichen erneut auf die Suche nach Lumne, so gelangt man geradewegs nach Aggersborg, zu der größten der insgesamt vier dänischen Ringwallanlagen.

Sagenhaftes Lumneta

Auf alten Karten wird Aggersborg »Luxstedt/Lichtstätte« oder Lumnet genannt. Der antike Geschichtsschreiber Helmoldus (3. Jahrhundert) schrieb dazu: »Wo die Ostsee ins offene Meer fließt, lag einstmals Lumneta, die berühmte Stadt. Sie war vielbesuchter Aufenthaltsort von Barbaren und Griechen [...]. In der Tat kamen sie aus allen Städten Europas [...]. Nach der Zerstörung der Stadt und der heidnischen Bräuche irrten alle umher.« In der Mitte aber stand das wichtigste heidnische Heiligtum, ein Bauwerk, das so stark leuchtete, dass die Stadt Luxstedt genannt wurde. Welches Volk errichtete die Trelleburgen, von denen zumindest eine auf mystische Weise erleuchtet war? Was leuchtete so hell, dass sich darum eine ganze Religion bildete und Menschen aus weiten Teilen Europas kamen? Die verschwundene Fährte von Lumneta ist wiedergefunden. Nun muss die Archäologie an die Beantwortung der offenen Fragen gehen.

Riesenanlagen der Vorzeit

Bei einem Flug über Trelleborg fiel dem dänischen Piloten Preben Hansson (* 1923) die merkwürdig symmetrische Konfiguration der Wallanlage auf. Eine überdimensionale Kreuzstruktur schien als Wegweiser angelegt zu sein. Er stellte den Autopiloten darauf ein. Zu seiner Überraschung führte ihn sein Flugkurs genau über die zweite dieser Burgen, Eskeholm, dann zur dritten, Fyrkat, und schließlich nach Aggersborg. Es stellt sich die Frage, mit welchem Peilsystem eine Strecke von über zwei Flugstunden navigiert wurde – in einer Zeit lange vor den Wikingern (8. Jh.).

Nichts fürchteten die Küstenländer Europas im 9. Jahrhundert mehr, als die fast lautlos dahingleitenden Drachenschiffe der Wikinger. Brandschatzend drangen die Skandinavier bis nach Nordafrika vor. Die Trelleburgen wurden z. T. von ihnen militärisch genutzt, aber ihre Erbauer waren sie nicht. Im dänischen Roskilde kann man nicht nur im »Wikingerschiffshalle« genannten Museum Kriegs- und Handelsschiffe bestaunen. In den Sommermonaten bietet die Museumsverwaltung auch Schifffahrten auf Originalnachbauten an.

Cumae – Grotte der Weissagung

Eine der großen Prophetinnen des Altertums, die latinische Seherin Sibylle von Cumae, war seit jeher ein beliebtes Kunstmotiv. Das Ölgemälde »Römische Ruinenlandschaft mit predigender Sibylle« von Giovanni Paolo Pannini (um 1750) befindet sich in Valence im Musée des Beaux-Arts.

Eine der berühmtesten Orakelstätten der Antike lag an der Westküste Süditaliens. Cumae nannten die Römer diesen heiligen Ort. Tief in eine Höhle, die in den markanten Küstenfelsen hinunterführte, begab sich die Orakelpriesterin, wenn sie von Apollon, dem Gott der Weissagung, die Zukunft erfragen wollte. Die Menschen, ob Könige oder Bauern, glaubten so fest an ihr prophetisches Wort, dass ihre Weissagungen

Einfluss auf den Lauf der Geschichte nahmen: Man begann den Orakeln entsprechend zu handeln. War es der ehrfurchtgebietenden Seherin, die man Sibylle nannte, tatsächlich möglich, in die Zukunft zu schauen? Oder verstand sie es nur, die Leichtgläubigkeit ihrer Zeitgenossen auszunutzen?

Im Reich der Toten

Cumaes Wurzeln reichen bis zum Beginn des griechisch-römischen Altertums im zweiten Jahrtausend v. Chr. zurück. Die Geschichte des Orakels nahm ihren Anfang in der Mythologie – mit dem trojanischen Helden Aeneas. Ihm war geweissagt worden, er würde einst Stammvater einer mächtigen Dynastie sein, doch das schien vorerst nicht der Fall. Die Griechen zerstörten Troja und Aeneas musste fliehen. Nach einer gefahrvollen Schiffsreise erreichte der Held Latium, eine heute geschichtsträchtige Landschaft in Mittelitalien am Tyrrhenischen Meer. Da er von einem Orakel Kunde erhalten hatte, das sich an der lateinischen Küste befinden sollte, beschloss Aeneas, dieses nach seiner wahren Bestimmung zu fragen.

Von der Sibylle wurde er in einen langen, unterirdischen Gang hinabgeführt. Je weiter er in die finstere Unterwelt eindrang, desto mehr umtanzten ihn schaurige, unheimliche Schatten. Schließlich wähnte sich Aeneas im Reich der Toten, wo er seinen verstorbenen Vater wiedersah. Dieser bestätigte seinem Sohn eine Zukunft voll Macht und Größe und gewährte ihm einen Blick in ein noch unbekanntes Imperium, in die Hauptstadt Latiums: das sagenhafte Rom.

Aeneas wurde nach dem lateinischen Epos »Aeneis«, das der römische Dichter Vergil im ersten Jahrhundert v. Chr. verfasste, tatsächlich König dieses Landes und gründete ein Geschlecht, das über ganz Italien herrschte.

Der Gehalt des Mythos

Überlieferungen wie die des Aeneas und des Orakels haben oft einen wahren Kern. Seit Heinrich Schliemann (1822–1890) Troja entdeckte, ist klar, dass die Helden des griechischen Epos »Odyssee« keine Traumgestalten waren. Auch die Erzählung von Cumae gibt handfeste Einzelheiten wieder. Erwiesenermaßen ist Kyme, wie die 20 Kilometer von Neapel entfernte Stadt zu Anfang hieß, die älteste griechische Kolonie in Italien. In Cumaes Blütezeit zwischen 700 und 500 v. Chr. verbreiteten seine Bewohner die hellenische Kultur, so dass die Römer nicht zu Unrecht den Beginn ihrer eigenen Werte mit diesem Platz in Verbindung brachten.

Bei Ausgrabungen in Cumae wurden zahlreiche historische Funde entdeckt, die den Alltag der einst blühenden Stadt widerspiegeln. Neben Beispielen wie diesem römischen Elfenbeinrelief, das eine Geburtsszene im zweiten Jahrhundert zeigt, sind auch immer wieder Relikte, die die Verehrung einer Sibylle bezeugen, zu sehen.

Eine Wandmalerei aus dem ersten Jahrhundert in der »Casa di Sirico« in Pompeji zeigt den verwundeten Helden Aeneas inmitten einer besorgten Schar von Bewunderern. Der spätere Gründer von Rom wurde nicht nur von seinen Soldaten, sondern auch von den Frauen sehr verehrt. Nachdem seine eigene Frau Kreuso gestorben war, bot ihm beispielsweise Dido, die Gründerin Karthagos, ihre Liebe an. Geheiratet hat Aeneas jedoch schließlich Lavinia, die Tochter des Königs von Latium, auf dessen Land Rom erbaut wurde.

Tacitus, der wohl bedeutendste römische Geschichtsschreiber, wurde vermutlich 55 n. Chr. als Sohn eines höheren Beamten geboren. Nach seinem Rhetorikstudium schlug der Dichter selbst eine Beamtenlaufbahn ein, bevor er spät (nach 96) an die Veröffentlichung seiner ersten Werke ging. In ihnen kann man nachlesen, welchen Stellenwert die Weissagungen der Sibylle in der Antike einnahmen.

Das heilige Orakel

Bis ins 20. Jahrhundert dachte man, die Orakelstätte sei bloß eine fromme Erfindung, doch in den 1920er Jahren nahmen Archäologen Ausgrabungen im Bereich des Apollon-Tempels von Cumae vor. Dabei stießen sie auf unterirdische Gänge: Genau an diesem Ort befand sich im 6. Jahrhundert v. Chr. das Orakel. Durch einen 131 Meter langen Stollen mussten die Ratsuchenden hinabsteigen, um die berühmte Sibylle in ihrer Grotte zu sehen. Wie es die Geschichte von Aeneas beschreibt, tauchten sie dabei in eine mystische Welt ein. Durch seitlich in die Höhle einfallende Lichtstrahlen durchschritt der Ratsuchende abwechselnd Abschnitte des Lichts und der Dunkelheit. So verschwanden scheinbar Personen vor ihm und tauchten plötzlich wieder auf, wobei sie lange Schatten warfen. Am Ende musste der völlig eingeschüchterte Klient tatsächlich annehmen, er befände sich im Totenreich.

Der Ruhm des Orakels war enorm. Aus ganz Italien und Griechenland strömten Menschen herbei, um Rat zu suchen und die Zukunft zu sehen.

Antike Sibyllen

Die seherischen Traditionen des Altertums haben eine lange Geschichte. Das griechische Wort »Prophet« bedeutet, für jemand anderen zu sprechen. Der Seher sprach direkt für einen Gott, er verkündete dessen Willen. Über 20 Orakelstätten gab es in der Welt des antiken Griechenlands, in denen Sibyllen und Propheten ihren heiligen Dienst versahen. Durch unterschiedliche Techniken versetzten sich die Seher in einen rauschhaften Zustand. Manchmal wurden vulkanische Gase, die aus Erdspalten austraten, inhaliert und für die Trance genutzt, ein anderes Mal atmete man berauschende Lorbeerdämpfe ein. Der griechische Philosoph Iamblichos von Chalkis (um 250–um 330) beschrieb den Vorgang der göttlichen Eingebung für ein Orakel so: »Die Prophetin [...] sitzt entweder auf einer Säule oder sie hält einen Stab in der Hand, den ihr eine Gottheit übergeben hat. Sie benetzt ihre Füße und den Saum ihres Kleides mit Wasser [...] und so prophezeit sie.«

Römische X-Akten

Einen besonderen Ruf genoss die Sibylle von Cumae, da ihre Vorhersagen über Jahrhunderte im voraus eine erstaunliche Richtigkeit aufwiesen. Offenbar trafen ihre Angaben so exakt ein, dass sie der letzte König Roms, Tarquinius Superbus, für eine riesige Geldsumme kaufte und sie zum Staatsgeheimnis erklärte. Zur Zeit der Römischen Republik (500 v. bis 30 v. Chr.) durften nur 15 auserwählte Männer, die durch den Senat von Rom bestimmt waren, die Sibyllinischen Schicksalsbücher lesen.

Aufbewahrt wurden sie in einem Steintrog unter den Fundamenten des Jupitertempels auf dem Kapitolhügel in Rom, wo sie Tag und Nacht streng bewacht wurden.

Nur in besonderen Notlagen wie Krieg, Hungersnöten, Seuchen, schrecklichen Naturereignissen und – warum auch immer – beim Auftauchen eines androgynen Menschen, wurden sie hervorgeholt. Ein Missbrauch wurde mit dem sofortigen Tod bestraft. Der Inhalt der Bücher muss demnach von immenser Wichtigkeit gewesen sein.

Das Schicksal der Bücher

Leider fielen sie im Jahre 83 n. Chr. einem Brand zum Opfer. In den »Annalen« des römischen Geschichtsschreibers Tacitus (55–116 v. Chr.) kann man heute noch nachlesen, wie Römer bis nach Libyen, Sizilien und Griechenland reisten, um Kopien zu ergattern und als Staatsschatz zurück in das prophetische Zentrum ihrer eigenen Republik zu bringen. Würden die berühmten Bücher aus dem Orakel von Cumae noch heute existieren, fiele es uns vielleicht leichter, beim Vergleich der sibyllinischen Vorhersagen mit der historischen Realität zu entscheiden, ob der legendäre »Blick in die Zukunft« tatsächlich möglich war.

Ein römisches Mosaik aus dem dritten Jahrhundert, das heute im Bardo Museum in Tunis zu besichtigen ist, stellt den Dichter Vergil mit seinen Musen Kalliope und Melpomene dar, die ihn während seines Hauptwerkes, der »Aeneis«, inspirierten. Geboren wurde Publius Vergilius Maro, wie er wirklich hieß, 70 v. Chr. in Andes bei Mantua.

So sprachen die Orakel

Der römische Dichter und Historiker Vergil (70–19 v. Chr.) beschreibt, wie dramatisch die Weissagungen der Sibyllen in Cumae verliefen: »In dem Fels ist tief eine riesige Grotte eingehauen [...]. An die Schwelle gelangt, schon rief die Sibylle: »Fordert die Sprüche. Schnell. Der Gott, o schauet, der Gott!« – Und wie sie am Eingang solches rief, da wechselt sie plötzlich Miene und Farbe, und es löst sich ihr Haar, schwer keucht ihr Busen, und wilder Wahnsinn schwellt ihr Herz, die Stimme hat nichts Menschliches mehr.«

Der römische Konsul Tacitus (120–55 v. Chr.) notierte über einen Orakelort, Klaros in Griechenland, dass der Prophet nicht wusste, wer zu ihm kam.

Um seine Fähigkeiten zum Einsatz zu bringen, musste er ein mineralisches Wasser trinken. Danach konnte er durch Gedankenkraft die Frage ermitteln und eine Antwort ersehen.

Das Orakel von Delphi

Aus Maurice Clavels (1920–1979) Werk »Histoire des Religions« stammt diese Impression des französischen Künstlers Jeanron. Sie stellt nach schriftlichen Überlieferungen eine Weissagungsszene aus dem Orakel von Delphi dar. In der Mitte die sich in Trance windende Prophetin, um sie herum helfende Jungfrauen und die Fragenden.

Zu allen Zeiten hatten die Menschen den Wunsch, in die Zukunft zu sehen. In der griechischen Antike beantwortete die Seherin Pythia im Orakel von Delphi die Fragen von Königen, Feldherren und Philosophen. Die weisesten Männer ihrer Zeit kamen an diesen Ort, den sie den »Nabel der Welt« nannten und der in einer einzigartigen Landschaft gelegen ist. Das Heiligtum befindet sich in 550 Metern Höhe über dem von uralten Ölbäumen bewachsenen Plistos-Tal in Mittelgriechenland.

Appollons Heiligtum

Ursprünglich soll das Orakel von Delphi eine Wirkungsstätte der Erdgöttin Gaia gewesen sein. Mit den um 1000 v. Chr. eingewanderten Doren gelangte jedoch auch der Hirtengott Apollon dorthin. Er löste mit seinen Symbolen der Kraft, des Lichts und der Weisheit – die männlichen Prinzipien – das herrschende Matriarchat ab. Es heißt, Apollon, der Gott der Weissagung, habe Pythia stets persönlich informiert, so dass sie seinen Rat an die Besucher des Orakels weitergeben konnte. Leider wurden ihre Ratschläge von den wissbegierigen Kunden nicht immer richtig interpretiert.

Die Falle des Königs Krösus

Der griechische Historiker Herodot berichtet von Krösus, dem mächtigen König der Lyder, der zwischen 560 und 546 v. Chr. sämtliche bekannten Orakel auf ihren Wahrheitsgehalt überprüfen ließ und sich schließlich für Delphi entschied. Es ging um die Frage, ob er gegen das mächtige Reich der Perser zu Felde ziehen soll. Die Antwort des Orakels wurde für ihn zur Falle: »Wenn du den Halys (den heutigen türkischen Fluss Kizilirmak) überschreitest, wirst du ein großes Reich zerstören.« Krösus ahnte nicht, dass Pythia damit sein eigenes Reich gemeint hatte – er wurde vom Perserkönig Kyros II. besiegt.

Die Pythia als Institution

Pythia, die zum Symbol für Delphi wurde, war nicht eine bestimmte Frau, sondern vielmehr eine ganze Institution. Bei großem Andrang weissagten mehrere Pythien gleichzeitig in Wechselschichten. Ihre Aufgabe soll äußerst anstrengend gewesen sein. Das Orakel konnte zudem nur am siebten Tag eines jeden Monats befragt werden. In den Wintermonaten legte man eine Pause ein. Der Philosoph Plutarch (46–125 n. Chr.), der dem Orakel zeitweilig als Oberpriester diente, berichtete, dass in der Frühzeit von Delphi fünfzehnjährige Jungfrauen – einfache Mädchen aus dem Volk – als Pythien tätig waren. Deren teils verworrene Aussagen wurden von literarisch versierten Priestern in Verse gesetzt.

Bohnen und weise Sprüche

Im Tempel Apollons gab es mehrere Orakel-Kategorien: Sie reichten von einem umfangreichen Visions-Orakel über die Omen-Deutung bis hin zum Binär-Orakel, bei dem ärmere Kunden ihre Fragen so stellen mussten, dass sich die Antwort eindeutig mit einem »Ja!« oder einem »Nein!« geben ließ. Die Pythia griff dann lediglich in einen Topf mit weißen und schwarzen Bohnen: Weiß bedeutete »Ja!«, Schwarz »Nein!«
Delphi galt auch als Treffpunkt für die großen Geister der jeweiligen Epochen. In der Vorhalle des Apollon-Tempels, dem Pronaos, waren Lebensweisheiten in großen Lettern aufgeschrieben, wie das berühmte »Erkenne dich selbst!« oder »Nichts im Unmaß«! Thales von Milet (624–547 v. Chr.), Philosoph und Astronom, sagte Jahre vorher die Sonnenfinsternis vom 28. Mai 585 v. Chr. voraus.

Die Quellen versiegen

Fast tausend Jahre lang waltete Pythia auf der Höhe von Delphi. Im Jahre 362 n. Chr. wollte der Arzt Oribasius im Auftrag von Kaiser Julian wissen, wie lange die Orakelstätte in einer sich dem Christentum zuwendenden Welt wohl noch existieren wird. Die Antwort zeugte von prophetischer Gabe: »Künde dem König, das schöngefügte Haus ist gefallen. Apollon besitzt keine Zuflucht mehr, der heilige Lorbeer verwelkt. Seine Quellen schweigen für immer, verstummt ist das Murmeln des Wassers.« Sechs Jahre nach dieser Auskunft ließ Arkadiens, der Sohn von Kaiser Theodolits, die Orakelstätte zerstören.

Dies soll einst das Apollonheiligtum mit dem berühmten Orakel von Delphi gewesen sein. Nach dessen Verfall wurde es zum erstenmal wieder ab 1832 durch ein Team von französischen Archäologen freigelegt.

Antworten in Trance

Von dem griechischen Philosophen Plutarch stammt die Schilderung einer Weissagungs-Zeremonie aus der Frühzeit des Orakels. Danach nahm die unbekleidete Pythia zunächst ein reinigendes Bad in der Quelle Kastalia, bevor sie heiliges Wasser trank. Zwei Oberpriester begleiteten die junge Frau in den Apollon-Tempel, wo sie ein Zicklein mit kaltem Wasser besprengten. Blieb das Tier ruhig, fiel die Weissagung an diesem Tag aus und der Besucher musste sich einen weiteren Monat gedulden. Zuckte das Tier zusammen, wurde es geschlachtet und verbrannt.
Dann inhalierte die Pythia den Rauch eines Fichtenholzfeuers, in dem zusätzlich Weihrauch, Laudanum, Bilsenkraut und anderes halluzinogenes Räucherwerk verschwelt wurden. Sobald die Frau einen tranceähnlichen Bewusstseinszustand erreicht hatte, wurde sie von den Priestern in das Adyton geleitet, die eigentliche Orakelzelle, und dort auf einen dreibeinigen Hocker gesetzt. In einer langwierigen Zeremonie wurden der Pythia dann die Fragen des Orakels gestellt, die sie in einer blumigen, gleichnishaften Sprache beantwortete. War die Frau erschöpft, wurde sie durch eine andere abgelöst.

Externsteine – eine germanische Kultstätte

Im nordrheinwestfälischen Regierungsbezirk Detmold befinden sich die Externsteine – Sandsteinfelsen, denen neben einer kultischen auch eine energetische Bedeutung nachgesagt werden. Die Kraft der Externsteine lässt sich beim Erklimmen der Giganten erfühlen.

Kurz vor dem kleinen Ort Horn bei Bad Meinberg in Deutschland, in einer Mulde des Teutoburger Waldes, liegt eine bizarre Steingruppe, deren frühere Bedeutung bis heute nicht geklärt ist: die Externsteine. Manche Archäologen halten die gewaltigen, vor Millionen Jahren durch Eruption entstandenen Sandsteinfelsen für eine ehemalige Kultstätte der Germanen, die diese wiederum von ihren steinzeitlichen Vorfahren übernommen haben. Die vielen Besucher, die jährlich zu den Externsteinen kommen, betreten mit den sieben bis zu 30 Meter hohen Felsen, die zum Teil ausgehöhlt und über Treppen und eine kleine Brücke begehbar gemacht wurden, heiligen Boden. Noch im 18. Jahrhundert nannte man den Teutoburger Wald »Osninghain«, den Hain der Götter. Archäologische Ausgrabungen im 19. Jahrhundert förderten in der Umgebung auch zahlreiche germanische Wallanlagen und Hochburgen ans Tageslicht. Historiker sind deshalb davon überzeugt, in den Externsteinen ein zentrales germanisches Heiligtum vor sich zu sehen.

Das Ende des Feldherren Varus

Für diese Annahme spricht auch die Mittellage im einstigen Grenzgebiet von neun Germanenstämmen, die der Cherusker Arminius 9 n. Chr. in eine schicksalsschwere Schlacht gegen die Römer geführt hat. Ihr Anführer Varus, der damalige Statthalter Germaniens, stürzte sich nach der blutigen Niederlage in sein Schwert. Nach der Missionierung Europas wurde der Bereich der Externsteine zu einem christlichen Kultzentrum, und eine »Sacellum« genannte Höhle zu einer Kapelle umfunktioniert. Aufmerksame Besucher sehen unter einem Felsenrelief, das die Abnahme Jesu vom Kreuz symbolisiert, noch die stark verwitterte Darstellung eines frühgeschichtlichen Fruchtbarkeitskultes: ein von einem Drachen umschlungenes Menschenpaar.

Frühe Sternwarte

Dass die kleine Kapelle zur Zeit der Germanen – und möglicherweise schon in der Steinzeit – so etwas wie eine Sternwarte gewesen sein muss, ist heute noch ersichtlich. Durch ein kreisrundes Loch und eine entsprechende Peilvorrichtung können die Sommersonnenwende und der nördlichste Stand des Mondes bestimmt werden. Der Geomantie-Experte Walter Machalett billigt den Germanen und deren Vorfahren ein mathematisches, astronomisches und kosmisches Wissen zu, dessen Symbolik sich in den megalithischen Anlagen Nordeuropas langsam erschließt. Machalett verband auf

Die Externsteine sind ein beliebter Ort für spirituelle Zusammenkünfte jeder Art, sei es für Seminare zum Erfühlen kosmischer Energien oder wie hier zum Feiern der Sommersonnenwende.

einer Karte die Externsteine mit dem Standort der Cheopspyramide in Ägypten und dem Ort Salvage auf den Kanarischen Inseln, der für viele Atlantis-Forscher eine der Säulen des untergegangen Kontinents ist. Er erhielt ein klassisches gleichschenkeliges Dreieck – exakt 51° 51′ 14,3″. Auch im Stadtplan von Karlsruhe und im Dom zu Aachen will Machalett das Dreieck nachgewiesen haben, zum Beispiel in den Dreiecken des so genannten karolingischen Gitters im Norden und Süden des Karlsdoms. Die Externsteine und die alte Kaiserstadt liegen zudem exakt auf dem für die Geomantie bedeutsamen 51. Breitengrad, auf dem sich u. a. auch Stonehenge befindet.

Mikro- und Makrokosmos

»Eine Kultstätte wie die Externsteine ist ein Ort außergewöhnlicher Energien«, meinte der Geomantie-Experte Dr. Jens M. Möller (1937–2000) aus Karlsruhe. »Hier ist ein Verbindungspunkt zwischen dem irdischen und dem himmlischen, göttlich übergeordneten Prinzip, zwischen Mikrokosmos und Makrokosmos, wie es der große ägyptische Eingeweihte Thot (oder Hermes Trismegistos wie ihn die Griechen später nannten) lehrte.«

Die »Ohren der Erde«

Der Seminarleiter David Luczyn schlägt die Trommel. Unterstützt durch den monotonen Rhythmus wagen die Frauen und Männer aus seiner Gruppe eine Exkursion in die Welt ihrer Seele. Jeder von ihnen legt sich hintereinander in einen in den Fels gehauenen Sarkophag, der dem in der Königskammer der Cheopspyramide ähnelt. Bilder steigen aus dem Urgrund ihres Bewusstseins auf, Botschaften aus dem sonst verschlossenen Bereich ihrer Persönlichkeit, längst vergessene Gefühle sind plötzlich wieder da. Manche weinen, andere lachen. Einige wollen ihre Erlebnisse erzählen, die meisten aber schweigen. Jeder erlebt ein anderes, geistiges Abenteuer, in dessen Mittelpunkt er selber steht. Die Menschen an den Externsteinen spüren die mystische Kraft des Ortes, an dem schon ihre Vorfahren den Kontakt mit den Energien der griechischen Erdgöttin Gaia hatten. Schamanen nennen solche Plätze die »Ohren der Erde«, an denen das Bewusstsein der Menschen registriert wird.

Malta – Heiligtum der Erdmutter

Eingang zum neolithischen Tempelkomplex von Mnaidra auf Malta, der auch unter dem Namen Hagar Qim bekannt ist. Die Steine sind mit punktartigen Einkerbungen versehen.

In wenigen Regionen Europas gibt es eine so erstaunlich große Zahl antiker Bauten wie auf dem Mittelmeer-Inselstaat Malta, zu dem Gozo, Comino und Filfla gehören. Sie alle stellen Reste einer Landbrücke dar, die einst Afrika mit Italien verband. Hier blühte vor rund 5000 Jahren eine jungsteinzeitliche Kultur, deren Grundlagen für Forscher bis heute ein Rätsel sind. Neben faszinierenden Leistungen in der Kunst muss die Bevölkerung damals bereits mathematisch-astronomische und technische Kenntnisse besessen haben, wie sie eigentlich erst bei viel späteren Generationen bekannt waren.

Maltas historische Anlagen zu besichtigen, heißt Epochen zu durchwandern, die Jahrtausende zurückliegen und in denen Menschen Riesensteine zum Bau von Denkmälern und Gebäuden benutzten, als seien sie selbst Titanen gewesen. Möglich, dass einige der Tempel auch viele Epochen der Altsteinzeit durchlebt haben und dass die ersten Menschen dort bereits vor 130.000 Jahren siedelten.

Unbekannte Bauten und Erbauer

Im Sommer 1915 wurden in der Nähe der Hauptstadt Valletta die ersten Megalithbauten ausgegraben – architektonische Relikte aus großen Steinblöcken, wie sie vor allem für das 3. Jahrtausend v. Chr. für Europa typisch sind. Zwei Jahre später wurde die so genannte »Anlage von Hal-Tarxien« freigelegt, die sich als erstaunliche Konstruktion erwies: Jeweils zwei Räume mit ovalem Grundriss sind so angelegt, dass ihre Längsachsen parallel verlaufen. Seitenwände und Fußböden bestehen aus riesigen Steinplatten. Handelt es sich um einen Palast, einen Tempel, eine Grabstätte oder gar um Wohnungen? Niemand konnte bisher das Rätsel lösen.

Spuren des Matriarchats

In einem der Räume wurde eine überlebensgroße weibliche Figur entdeckt, die auf einem reliefverzierten Steinsockel saß. Weitere weibliche Statuenfunde lassen vermuten, dass die vorgeschichtlichen Bewohner Maltas eine weibliche Gottheit verehrten, eine Erdmutter, zu deren Ehren man Opfer brachte und Feste feierte. An einigen Fundstätten weisen Steinkammern auf ein System von Opferriten hin. Der frühere Direktor des Archäologischen Museums von Valletta, Professor Zammit, konnte nachweisen, dass damals auch Orakel mit steinernen Kugeln stattfanden. Dabei wurden unterschiedlich große Kugeln aus einiger Entfernung auf gelochte Steine geworfen.

Über fünf Meter hohe Steine und 65 Zentimeter dicke Steinplatten wurden von dem unbekannten Volk lange vor unserer Zeit über viele Kilometer Entfernung auf rätselhafte Weise zu den Baustellen transportiert – eine Leistung, die nach Ansicht heutiger Experten nur in jahrelanger gemeinschaftlicher Arbeit mit Hilfe von Hebebalken, Steinkugeln und Baumrollen bewältigt werden konnte. Bemerkenswert ist, dass alle Bauwerke mit Steinwerkzeugen errichtet worden sind, obwohl zu dieser Zeit Kupfer- und Bronzeguss im Mittelmeerraum bereits bekannt waren.

Gleise und Kugeln zum Transport

Überall auf Malta und Gozo findet man zudem Hunderte von tiefen gewundenen Karrenspuren, die nach allen Richtungen hin verlaufen. Wie frühzeitliche Gleise gruben sie sich in den harten Kalkstein ein, führen durch Täler und über Berge und sind noch heute gut zu erkennen. Oft verlaufen mehrere nebeneinander, dann vereinigen sie sich zu einer zweigleisigen Strecke, um plötzlich Kurven zu nehmen und direkt in den Tiefen des Meeres zu verschwinden oder an einem Riff zu enden.

Überlegungen, die Karrenspuren seien Überreste eines Transportsystems, wurden inzwischen von einigen Archäologen verworfen. Manche der Gleise haben eine Tiefe von über 70 Zentimetern, so dass ein frühzeitliches Fahrzeug Räder mit einem Durchmesser von mindestens 1,50 Metern gehabt haben müsste. Auch Schlitten mit Kufen kommen für dieses System nicht in Betracht. Steinkugeln, die man überall auf den Inseln fand, kommen als Teil eines Transportsystems ebenfalls nicht in Frage, da sie aus brüchigem Kalkstein bestehen. Um tonnenschwere Lasten zu bewegen, waren diese schlicht »zu schwach«.

Die Rätsel der neolithischen Bauwerke sind noch nicht gelöst. Aufgrund der Zusammenhänge mit ähnlichen Stätten in Frankreich und Großbritannien ist zu erwarten, dass die Geheimnisse aller europäischen Monolith-Monumente gemeinsam aufgedeckt werden.

Das Hypogäum auf Malta gilt als kulturgeschichtliche Sensation. Aus einem einzigen Fels wurde ein vierstöckiges Grabmal gehauen, in dem man, darauf lassen einige Funde schließen, auch Priesterinnen ausbildete.

Das geheimnisvolle Hypogäum

Das faszinierendste megalithische Rätsel von Malta ist das Hypogäum von Hal Saflieni. Der Name ist von dem griechischen Wort »Hypogeion« abgeleitet und bedeutet »unterirdisches Gewölbe«. Unbekannte Baumeister haben vor 6500 Jahren aus einem gigantischen Monolithen ein System mit Aushöhlungen, Gängen und Kammern unterschiedlicher Größe geschaffen. Dazwischen ragen immer wieder Stützsäulen auf. Der italienische Archäologe Luigi Ugolini hält die meisterhaft konstruierte Anlage für ein Orakel mit ungewöhnlicher Akustik. Wer mit tiefer Stimme gegen eine der künstlichen Nischen spricht, dessen Worte hallen von Wand zu Wand. Gegen Ende der Steinzeit diente das Hypogäum als riesige Totengruft. In den auf zwei Stockwerken angelegten Räumen fand man 7000 Skelette. Solche Gemeinschaftsgräber sind auch aus anderen Mittelmeerkulturen, z. B. aus Sizilien, bekannt.

Vermutlich herrschte in der Jungsteinzeit auf Malta eine matriarchalische Kultur. Zahlreiche Funde aus dem Hypogäum, die man in das Archäologische Museum in Valletta gebracht hat, weisen darauf hin. So auch die »Schläferin von Malta«, eine Terrakotta-Skulptur, die man vermutlich nach über 4000 Jahren Ruhe in unterirdischen Kammern fand.

Das Rätsel der großen Pyramide

Immer wieder entfachen die Pyramiden von Gizeh Mykerinos, Chephren und Cheops bei Sonnenuntergang einen unbeschreiblichen Zauber. Das Licht- und Schattenspiel lässt die spirituelle Bedeutung der Heiligtümer noch heute erahnen.

Auf dem Hochplateau von Gizeh, 16 Kilometer südöstlich von Kairo, ragen drei steinerne Denkmäler in den Himmel: die Pyramiden der Pharaonen Cheops, Chephren und Mykerinos. Sie sind Zeugnisse einer der ersten Hochkulturen dieser Erde, und sie bergen trotz intensivster Forschungen immer noch eine Fülle von Geheimnissen. Waren die Pyramiden als Grabmäler gedacht oder sind sie bloß Sinnbilder königlicher Macht? Fest steht: Die Pyramiden von Gizeh sind die letzten erhaltenen Weltwunder der Antike. 5000 Jahre nach ihrer Errichtung bewegen sie immer noch die Gemüter von Historikern, Archäologen und tausenden Besuchern aus aller Welt.

Cheops, Chephren und Mykerinos

Die beeindruckendste der drei Pyramiden ist die des Cheops. Er hat Ägypten etwa von 2551 bis 2528 v. Chr. regiert. Bis zur Mitte des 19. Jahrhunderts hatte die Cheops Pyramide eine Höhe von 146 Meter. Ägyptische Plünderer entfernten Teile der glatten Kalkstein-Verblendung, so dass ihre Höhe heute um acht Meter geringer ist. Das Grabmal besteht aus rund 2,3 Millionen Steinblöcken mit einem Durchschnittsgewicht von 2800 Kilogramm. Insgesamt wiegt die Pyramide nahezu 6.400.000 Tonnen. Die zweitgrößte Pyramide mit 136 Metern ist die von Chephren, dem Sohn Cheops'. Da sie auf einer Anhöhe steht, wirkt sie größer als die seines Vaters. Die kleinste Pyramide wurde für Mykerinos errichtet, Chephrens Sohn. Sein steinernes Denkmal ist nur 70 Meter hoch bei einer Kantenlänge von 108 Metern.

Vorläufer der Pyramiden

In der Zeit vor dem Bau der ersten Pyramiden wurden Pharaonen in einfacheren, aber nicht weniger wirkungsvollen Bauwerken bestattet. Die so genannte Mastaba gilt als Vorläufer der Pyramiden. Sie bestand aus einer unterirdischen rechteckigen Grube für den Leichnam und Grabbeigaben sowie einem Erd-, später Ziegel- oder Steinquaderdach, das die Grube sicher verschloss. Aus einer solchen Mastaba entwickelte Imhotep, Baumeister und engster Vertrauter von Pharao Djoser (2609–2590 v. Chr.), auf Geheiß seines Herrschers eine königliche Grabstätte, die als Vorbild der späteren Pyramiden diente. Imhotep setzte auf eine gewaltige Grabkammer und nach sechs nach oben immer kleiner werdende Dächer.

Die Väter der Pyramidenforschung

Im Jahr 1880 begann der britische Archäologe William Flinders Petrie mit der Vermessung der Pyramiden von Gizeh. 50 Jahre verbrachte Petrie in Ägypten. Seine Messungen an den Pyramiden ergaben eine so geringfügige Abweichung bei den einzelnen Längen und Winkelmaßen, dass er beim Anblick der steinernen Relikte von einem »Triumph menschlicher Fähigkeiten« sprach. Der britische Naturwissenschaftler Richard Anthony Proctor entwickelte aufgrund astronomischer Berechnungen die Theorie, dass die Große Pyramide vor ihrer Fertigstellung von ägyptischen Priestern als Sternwarte benutzt wurde. Wenig vorher wies schon der Brite Norman Lockyer, Begründer das Astro-Archäologie, nach, dass auch die ägyptischen Tempel astrologische Observatorien waren. Der gläubige Astronom Charles Piazzi Smyth erkannte zwar, dass die Maße der Großen Pyramide auf der Kreiszahl Pi beruhten, viel berühmter wurde er jedoch mit seiner Behauptung, er habe durch die Pyramiden das Datum der Rückkehr Christi erfahren. Leider behielt er dieses Geheimnis für sich …

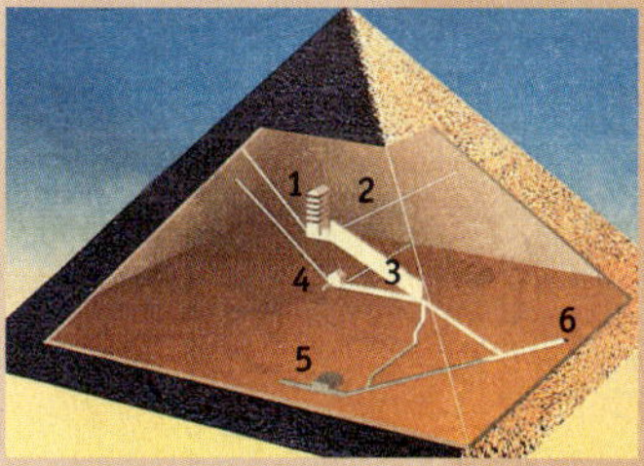

1 = Königskammer
2 = unerforschter Nordschacht
3 = Große Galerie
4 = Königinkammer
5 = Felskammer
6 = Besuchereingang

Elektrischer Strom in den Pyramiden

Archäologen rätselten lange Zeit, wie den Ägyptern die reichhaltige Wandverzierung in den dunklen Gängen und Kammern der Pyramiden möglich war. Die Malereien und Reliefs konnten unter keinen Umständen im Schein von Fackeln entstanden sein, da man nirgendwo Rußspuren an den Wänden fand.

Seit 1936 wissen Forscher, dass antike Völker bereits Kenntnisse von Elektrizität hatten und diese in Form von Glühlampen nutzten. Man nahm nach einer Ausgrabung bei Bagdad eine 2000 Jahre alte Tonlampe, die einen kupfernen Zylinder mit einem blau umkleideten Eisenstab enthielt, wieder in Betrieb – mit einer Spannung von einem Volt. Möglicherweise waren auch bei den Ägyptern solche Lampen in Gebrauch.

Die Augen des Licht- und Himmelsgottes Horus waren Mond und Sonne zugleich. Da jeder Pharao eine lebende Symbolisierung des Horus war, wurde das Auge auch in den Pyramiden als Relief oder als Zeichnung angebracht – wahrscheinlich schon bei elektrischem Licht!

Nach einer Zeichnung des Barockbaumeisters Johann Bernhard Fischer von Erlach (1656–1723) wurde dieser kolorierte Kupferstich angefertigt. Fischer von Erlach schuf die erste universale Achitekturgeschichte, in der er fantastische Rekonstruktionen berühmter Bauwerke veröffentlichte, wie hier die Pyramiden von Cheops, Cephren und Mykerinos.

Diese erste Stufenmastaba war zudem nicht aus lehmgetrockneten Ziegeln, sondern aus einem bislang nicht verwendeten Material: Stein. Djosers »Pyramide« steht oberhalb des Dorfes Sakkara, in der Nähe der berühmten Pyramiden von Gizeh.

Das Leben nach dem Tod

Nach ägyptischem Glauben waren jedem Lebenden ein »ba« und ein »ka« zur Seite gestellt. Ba war ein Falke mit Menschenkopf. Als eine Art Seele begleitete er den Menschen durch das Leben. Nach dessen Tod war der ba frei. Dennoch besuchte er den Leichnam, seine frühere »Heimat«, vornehmlich in der Nacht, um bei ihm zu sein. Ka ist als eine Art Schutzgeist zu verstehen, der ebenfalls den Menschen beseelte und nach dessen Tod zuerst den Körper verließ, um von der ägyptischen Liebesgöttin Speis und Trank zu empfangen, bevor er in das Grab »seines« Menschen zurückkehrte, um diesem in seinem neuen Leben, im Reich der Toten beizustehen. Ägyptische Gräber werden deshalb noch heute Häuser des ka genannt – gebaut für den Toten, sein ka und ba und somit für die Ewigkeit. In der Vorstellung der Ägypter zur Pharaonenzeit ähnelte das Leben im Jenseits dem Leben vor dem Tod. Man hatte denselben Beruf, ging denselben Vergnügungen nach, war von denselben Menschen umgeben. Daraus erklären sich die vielen Grabbeigaben: Der Tote sollte seine gewohnten Dinge des alltäglichen Lebens nicht vermissen müssen. Nur so blieb sein ehemaliger Status gewahrt. So erklärt sich auch, dass mit den Pharaonen oft deren gesamte Familien und die Bediensteten begraben wurden. Die

Vermutung liegt nahe, dass sie freiwillig mit dem Toten gegangen sind, um auch im Jenseits zu seinem Gefolge zu gehören.

Die Cheops-Pyramide

Cheops (2551–2528 v. Chr.) gab als junger Pharao sein Grabmal in Auftrag, einen Tempelkomplex, der dem Volk für viele Jahre Arbeit und Wohlstand verschaffte. Vor Baubeginn wurden ganze Siedlungen in die Wüste gesetzt, mit Nilwasser fruchtbar gemacht und als strategische Zentren verwaltet. Tausende von Arbeitern, Priestern und Baumeistern pilgerten zwischen den Baustellen und den Siedlungen. Noch bevor der erste Stein gesetzt wurde, war bereits ein reger Handel unter den Menschen in Gang. Nach Fertigstellung der Pyramide blieben die Anlagen weiter bestehen – als spirituelle Zentren und als Arbeitsstätten für Bäcker und Brauer, Viehzüchter und Handwerker. Der gewaltige Tempelkomplex – in dessen Mittelpunkt die Pyramide stand – wurde noch Jahrzehnte nach dem Tod des Pharaos von Priestern betreut. Sein steinernes Grab sorgte nach Ansicht seiner hinterbliebenen Untertanen für Ordnung im Universum, ließ Tage und Jahreszeiten kreisen und den Nil über seine Ufer treten. Die Pyramide war für die Ägypter der Antike Symbol für Leben und Licht, Tod und Untergang.

Für die antiken Weisheitsschulen verkörperte die Pyramide den Gang der menschlichen Seele auf ihrer Wanderung durch die Welt, von der Einheit der Pyramidenspitze in die Vielfalt des Pyramidensockels und von dort wieder zurück zur Einheit.

Ein leerer Sarkophag

Obwohl die Pyramiden für die Ewigkeit gebaut wurden, drang bereits um 830 n. Chr. der ägyptische Kalif Abd Allah-al-Ma'mun mit Gewalt ins Innere der Pyramide ein. Eingang und Tunnel, die er aufbrechen ließ, dienen Touristen heute als Tor für einen Rundgang durch die Totenwelt. Der ursprüngliche, mittlerweile verschüttete Eingang zur Pyramide, liegt an ihrer Nordseite in 18 Metern Höhe. Von dort aus führt ein 97 Meter langer Gang mit einer Neigung von 27 Grad in eine unterirdische Grabkammer. Ein weiterer Gang weist wieder schräg nach oben, verläuft dann waagerecht und wird höher, so dass man aufrecht darin gehen kann. Dieser Gang mündet in die Königinkammer, die sich direkt unter der Pyramidenspitze befindet. Sie wurde weder fertiggestellt noch je für eine Königin benutzt. Verlässt man die Königinkammer über den waagerechten Gang, gelangt man wieder zum Schräggang, der schließlich als Galerie weiter nach oben, direkt in die Königskammer, führt. In ihr steht ein Granitsarkophag. Er war bei seiner Entdeckung leer, der Deckel verschwunden. Viele Forscher bezweifeln, dass sich Cheops je in diesem Sarg befand. Es bleibt die Frage: Wo befindet sich die Mumie des Pharao? Sie wurde bislang nicht entdeckt, ebensowenig wurden Grabbeigaben gefunden.

Energien und Offenbarungen

Die Große Pyramide hat zahlreiche Theorien und Spekulationen sowohl über ihre eigentliche Entstehung wie auch über ihre astronomische Bedeutung ausgelöst. Der englische Naturwissenschaftler Richard Proctor argumentierte,

Der Blatthornkäfer Skarabäus (griech. Pillendreher) wurde im alten Ägypten sehr verehrt. Das war für die Ägypter ein Zeichen, dass es sich bei diesem Tier um ein Urwesen und eine Gestalt des Sonnengottes handelt.

Zwischen den imposanten Steinquadern der Pyramiden von Gizeh ragt die aus dem Fels gehauene, 20 Meter hohe und 73,5 Meter lange Figur der Sphinx auf. Die Sphinx stellte für die Ägypter ein Fabelwesen dar, das den Körper eines Löwen und den Kopf eines Herrschers, in diesem Fall vermutlich König Chephrens, hatte.

Magie der Zahlen

Die Cheops Pyramide wurde im Verlauf ihrer Erforschung mit immer genaueren Methoden vermessen. Stellt man zwischen den Zahlen Bezüge her, ergeben sich erstaunliche Zusammenhänge: Zu ihrer Blütezeit hatte die Pyramide eine Höhe von 146,6 Metern, eine Zahl, die der Entfernung Erde – Sonne in Millionen Kilometern entspricht.

Ihre durch die doppelte Zahl der Höhe dividierte Grundfläche ergibt die Zahl Pi

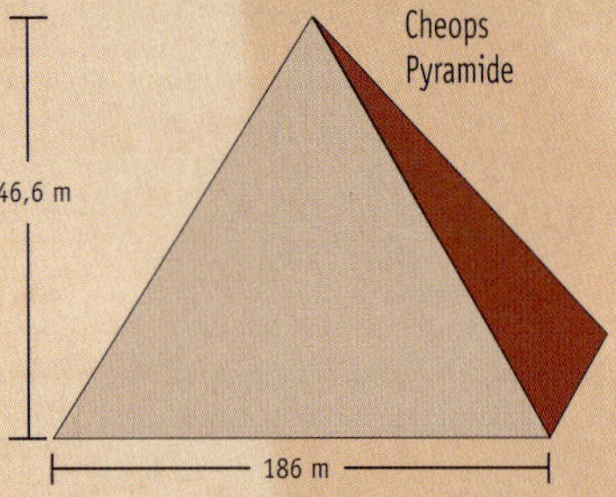

(gleich 3,1416). Der doppelte Umfang der Basis des Steinkolosses entspricht einer Bogenminute (der Entfernung, die ein Punkt am Äquator in einer Minute aufgrund der Erdrotation zurücklegt) am Äquator: 1.842,9 Meter.

Die Wahrscheinlichkeit liegt nahe, dass es sich hierbei nicht um Zufälle handeln kann, sondern um Hinweise darauf, dass die Ägypter Kenntnisse über Form und Gestalt der Erde und des Universums gehabt haben müssen.

Kritiker wenden ein, dass solche Messungen wohl eher dem Wunschdenken ihrer Erforscher entstammen, die viele Ungenauigkeiten akzeptieren.

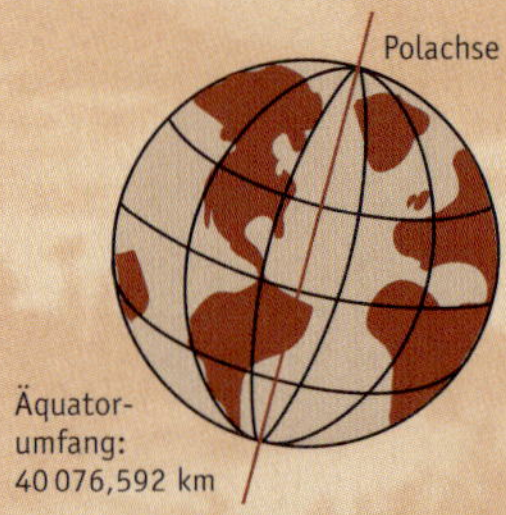

Im Vergleich mit den nebenstehenden Siedlungen lässt sich die immense Größe der fünf Bauwerke erahnen. Durch das Abschlagen der glatten Fassaden kann man die ausgefeilte Schichtung der Steinblockmassen gut erkennen.

dass die perfekte Nord-Süd-Ausrichtung der inneren Gänge, zusammen mit ihrem Winkel von 26 Grad, es ihren Erbauern ermöglichte, den Sternenhimmel zu beobachten und exakt zu vermessen. Die so genannten Luftschächte, die von der Königskammer schräg nach oben aus der Pyramide hinausführen, weisen auf bestimmte Sternbilder. Folgt man der Theorie, dass die Seele des Pharao nach dessen Tod zu einem Stern wird, so könnten die Schächte »Startrampen« für die Pharaonenseele gewesen sein.

Der Pyramidenforscher Robert Beauval sieht in den drei Pyramiden von Gizeh das exakte Abbild des Orion und seiner drei Gürtelsterne, wie sie zur Zeit von Cheops über Ägypten sichtbar waren. Die Gürtelsterne bestehen aus zwei hellen und einer nur schwach leuchtenden Sonne. Sie liegen auf einer leicht geknickten Achse. Die Differenz in der Leuchtkraft der Sterne entspricht dem Masseunterschied der beiden großen Pyramiden Cheops und Chephren zur kleineren Pyramide von Mykerinos. Die drei Pyramiden liegen ebenso, wie die Gürtelsterne, auf einer leicht geknikkten Achse. Die Schlussfolgerung, die drei Pyramiden wären das exakte Abbild der drei Gürtelsterne, liegt nahe. Angesichts der Tatsache, dass die Ägypter zur Zeit des Pyramidenbaus ausgezeichnete Astronomen waren, gewinnt diese Theorie an Bedeutung.

Die Kraft der Pyramide

Weitere überraschende naturwissenschaftliche Phänomene wurden bei Messungen in der Cheops Pyramide festgestellt. Der französische Forscher Antoine Bovis fand 1920 in der Königskammer mehrere tote Katzen und die Überreste anderer kleiner Tiere. Trotz der Feuchtigkeit in dem Raum waren die Kadaver perfekt mumifiziert. Bovis baute später zu Forschungszwecken ein verkleinertes maßstabgenaues Holzmodell der Cheops Pyramide und richtete dieses, wie das Original, nach Norden aus. Auch in der Mini-Pyramide hielten sich tote Kleintiere und rohes Fleisch, ohne zu verwesen. In den 1930er Jahren wurden der Pyramidenform deshalb magische Kräfte zugeschrieben: Angeblich heilten sogar Wunden in ihr besser, Pflanzenkeime wuchsen schneller und der Geschmack von Rotwein verbesserte sich nach Pyramidenlagerung. Der tschechische Ingenieur Karel Drbal entdeckte in den 50er Jahren des 20. Jahrhunderts, dass

Roboter UPUAUT vor der Cheopspyramide. Als Wunderwerk der Mikroelektronik begab sich das wendige Gefährt auf die Spur des Jahrtausende alten Rätsels.

sich Rasierklingen in Pyramiden selbst schärften. Mit einem maßstabgerechten Modell der Cheops Pyramide entwickelte er mit nachweisbarem Erfolg ein Verfahren zum Schärfen von Rasierklingen, dass er in Prag als Patent anmelden konnte.

Die Reise des UPUAUT

Mit den Methoden der klassischen Archäologie, unterstützt durch moderne Technik, sind auch heute noch innerhalb der Pyramiden erstaunliche Entdeckungen möglich. 1993 sorgte der Münchner Ingenieur Rudolf Gantenbrink für eine Sensation. In der Cheops Pyramide ließ er von der unterhalb der eigentlichen Grabkammer gelegenen Königinkammer einen mit einer Kamera ausgerüsteten Mini-Roboter den südlichen der beiden so genannten Luftschächte hinaufklettern. Zentimeter um Zentimeter tastete sich UPUAUT – der »Öffner der Wege« – voran. Nach 65 Metern stieß er jedoch auf einen glatt polierten Kalkstein. An der Seite der Steinplatte wurden zwei verwitterte Kupferbeschläge, das erste Metall in der Cheops Pyramide, entdeckt. Seitdem rätseln Ägyptologen, ob sich hinter dem Stein eine sagenumwobene Geheimkammer mit der bisher nicht gefundenen Mumie des Pharao verbirgt. Auch kultische Gegenstände könnten dort verborgen sein. Noch wurde kein Versuch unternommen, die Tür zu öffnen. Gantenbrinks Vorschläge, zunächst mit einem Endoskop durch eine kleine Öffnung an der Unterkante des Verschlusssteines hindurchzusehen, lässt die ägyptische Altertumsverwaltung seit Jahren unbeantwortet.

Auch das Angebot mehrerer Sponsoren, die finanziellen Mittel für die Öffnung der Kammer bereitzustellen, ist bisher auf keine Gegenliebe gestoßen. Der bekannte englische Ägyptologe Eddson Edwards vermutete hinter der Zurückhaltung der Ägypter den so genannten »Schliemann«-Effekt (Schliemann leitete als archäologischer Laie die Ausgrabungen von Troja), demzufolge einem Amateur-Forscher wie Gantenbrink niemals eine bedeutende Entdeckung gelingen könne. Es scheint, als ob kleinliche Eitelkeiten womöglich eine anstehende archäologische Sensation bis auf weiteres verhindern.

Die Geschichte von Isis und Osiris

Osirirs war der erste König der Ägypter, Isis seine Schwester und Gemahlin. Das Glück der beiden endete, als ihr gemeinsamer Bruder Seth Osiris tötete. Wie, darüber gibt es verschiedene Versionen. Einmal verwandelte sich Seth in einen Stier und trampelte Osiris tot, dann wieder zwang Seth den Bruder mit einer List in einen Sarg, den er von Außen verschloss. Isis suchte und fand ihren Gatten. Sie ließ den Leichnam, um ihn vor dem Verfall zu schützen, einbalsamieren und bandagieren – Osiris stellt so die erste ägyptische Mumie dar. Dann hauchte Isis ihrem Mann für kurze Zeit wieder Leben ein und empfing von ihm den gemeinsamen Sohn Horus. Als dieser erwachsen war, rächte er den Tod des Vaters und vernichtete Seth. Das Auge, das er im Kampf gegen den feindlichen Onkel verlor, ging als das sprichwörtliche Horusauge in die ägyptische Mythologie ein.

Osiris gehört zu den tragischsten und komplexesten Persönlichkeiten der ägyptischen Mythologie. Er ist Sohn der Himmelsgöttin Nut und des Erdgottes Geb. Als sein Sohn Horus Gott der Lebenden wird, besteigt er den Thron des Totenreiches. Dargestellt wird er deswegen als Mumie mit Geißel und Krummstab.

Mekka – das Herz des Islam

Einmal im Leben muss jeder Moslem, so seine Gesundheit und finanziellen Mittel dies zulassen, die Hauptmoschee in Mekka mit der »Ka'aba« besuchen. In diesem rechteckigen Gebäude befindet sich der geheimnisvolle »Schwarze Stein«, den man erst nach sieben Umrundungen der Ka'aba berühren darf.

Der Mann war zu Tode erschrocken. Wohin er auch in der Morgendämmerung blickte, überall stand die Gestalt eines Engels am Horizont. Eine Stimme erschütterte sein Innerstes: »Du bist zum Propheten berufen!«

Der Religionsgründer

Mohammed, der zukünftige Religionsgründer, verweigerte jedoch die Annahme der göttlichen Verkündigung. Erst als ihm der Erzengel Gabriel ein zweites Mal erschien, nahm er sein Schicksal an. Das Ereignis, das einen einfachen Mann zum himmlischen Boten und Gründer des Islam, einer der mächtigsten Religionsgemeinschaften der Welt, machte, fand 610 n. Chr. in Saudi-Arabien, in der Nähe der alten Handelsstadt Mekka, statt. Der Überlieferung zufolge verkündete Mohammed von da an: »Es gibt keinen Gott außer Allah.«

Allah ist groß!

Allah ist der Schöpfer der Welt und der Allmächtige. So steht es im Koran, den Mohammed angeblich auf Anweisung des Engels schreiben ließ und der eine göttliche Offenbarung enthält.

Die reiche Handelsmetropole Mekka wurde zum pulsierenden Herzen des Islam. Mohammed selbst hat sie im Namen seines neuen Glaubens geprägt und zum Mittelpunkt erklärt, denn hier hatte er die ersten göttlichen Offenbarungen empfangen und hier soll das erste Gotteshaus der Menschheit gestanden haben, das der biblische Urvater Abraham errichtet hatte.

Die heilige Ka'aba

Im Islam werden alle Gläubigen, Männer wie Frauen, dazu aufgefordert, einmal in ihrem Leben eine Wallfahrt, die so genannte »Hadsch«, nach Mekka zu unternehmen. Zielpunkt der Pilgerreise und zugleich Glaubenszentrum ist die »Ka'aba«, ein würfelförmiges Gebäude im Hof der Hauptmoschee. Dort wurde an der Südostecke der heilige »Schwarze Stein«, der »Hadschar al-Aswad«, eingemauert. Dieses rätselhafte Objekt, das viele für einen Meteoriten halten, war bereits Kultgegenstand von heidnischen Stämmen in präislamischer Zeit. Den Moslems jedoch galt er als Relikt aus der Urzeit Adams – er soll einst vom Himmel gefallen sein – und ist noch heute Ausdruck eines Bündnisses zwischen dem Schöpfer und seiner Schöpfung.

Metropole der Welt

Fünfmal täglich verneigen sich die Moslems in Richtung Mekka. Diese »Mutter aller Städte« liegt auf einer kargen Hochebene. Die Stadt, die in der Vergangenheit eine moderne Prägung erfahren hat, zieht jedes Jahr Hunderttausende von Pilgern an.

In langwogenden Menschenreihen, die alle die Ka'aba entgegen dem Uhrzeigersinn umkreisen, nähern sie sich dann unter Gebeten ehrfürchtig dem Heiligtum, das mit seinen 15 Metern Höhe wuchtig den Innenhof überragt. In zwei Metern Höhe befindet sich eine ovale, silberglänzende Einfassung, durch die der Gläubige mit seinen Lippen den heiligen »Schwarzen Stein« berühren kann. Nicht-Muslimen ist bis heute der Zutritt nach Mekka verboten. Auch eine Untersuchung des »Schwarzen Steins« ist strengstens untersagt. Man erzählt: wer ihn auf diese Weise schändet, verwirke sein Leben.

Die Ka'aba in Mekka war im 17. Jahrhundert Hauptmotiv dieser indischen Miniatur. Der Islam breitete sich auf dem indischen Subkontinent schnell aus – heute leben hier über 100 Millionen Mohammedaner, weltweit sind es fast eine Milliarde.

Der Gesandte Gottes

Wer war Mohammed, der mit seiner Botschaft die Menschen aller Nationen erreichte und durch den der Islam zur Weltreligion wurde? Mohammed wurde um 570 n. Chr. in Mekka geboren. Sein Vater und seine Mutter verstarben früh. Ein Großvater und ein Onkel nahmen sich des mittellosen Waisen an. Mit 21 Jahren bekam Mohammed eine gute Stelle bei der reichen Kaufmannsfrau Khadîdja. Bis nach Syrien führte der junge Mann als Handelsreisender deren Karawanen. Später wurde er von Khadîdja zum Verwalter ernannt und mit 25 heiratete er schließlich die um 15 Jahre ältere Frau. Wieder 15 Jahre später stieg Mohammed zu einem der bedeutendsten Religionsstifter auf. Wegen der Verkündigung des Monotheismus im heidnischen Mekka musste er 622 nach Medina fliehen. Von Medina aus kämpfte er bis kurz vor seinem Tode am 8. Juni 632 gegen den heidnischen Vielgötterglauben.

Jerusalem – die Heilige Stadt

Der Felsendom in Jerusalem mit seiner vergoldeten Kuppel ist sowohl Christen als auch Juden und Moslems gleichermaßen heilig.

»Gott will es!« Der fanatische Kampfruf drang aus tausenden Kehlen. Über brennende Belagerungstürme stürmten streng gläubige Kreuzritter die Mauern Jerusalems, um die heilige Stadt im Namen aller Christen aus moslemischer Herrschaft zu befreien. Über 70.000 Menschen fanden im ersten Kreuzzug am 15. Juli 1099 den Tod. Es war nicht das erste Mal, dass Jerusalem im Mittelpunkt von Glaubenskriegen stand und es sollte auch nicht das letzte Mal gewesen sein.

Die Gründungsväter Israels

Als heiliger Ort steht Jerusalem im Mittelpunkt dreier Weltreligionen. Christen, Juden und Moslems erheben aus historischen Grün-

den gleichermaßen Anspruch auf die Stadt, die man seit ihren Anfängen immer wieder im Namen einer Religion oder auch aus politischen Gründen erobert und zerstört hat.
Die historisch nachweisbare Geschichte Jerusalems ist auf nordsyrischen Tontafeln um 2500 v. Chr festgehalten. Der Israelitenkönig David (1004–965 v. Chr.) gründete den ersten jüdischen Staat und bestimmte Jerusalem zu dessen Hauptstadt. Unter David wurde auch das Heiligste des Judentums, die so genannte »Bundeslade« – eine vergoldete Truhe mit den Zehn Geboten Gottes – nach Jerusalem geholt. Zur sicheren Aufbewahrung der Gesetzestafeln ließ Nachfolger Salomon (bis 926 v. Chr.) den so genannten Salomonischen Tempel bauen.

König David übergibt das Zepter seinem Sohn Salomon - so stellte sich Cornelis Devos (1584–1651) die Machtübergabe in der Heiligen Stadt vor.

Eine Klagemauer für das Judentum

Nachdem Salomons heiliges Bauwerk 587 v. Chr. von einfallenden Babyloniern zerstört worden war, errichtete man einen zweiten Tempel in Jerusalem. Dieser Bau war, trotz mehrmaliger politischer Machtwechsel, über Jahrhunderte Mittelpunkt der Stadt und zentrale Pilgerstätte für die Einwohner Judäas. Um die Zeitwende ließ der unter römischer Oberherrschaft regierende König der Juden, Herodes, den Tempel zum größten sakralen Monument seiner Zeit ausbauen. Als sich sein Volk 70 n. Chr. gegen Rom erhob, wurde der heilige Bau zerstört. Übrig blieb lediglich die westliche Stützmauer. Sie wird heute als Klagemauer verehrt.

Die Klagemauer ist das religiöse Zentrum der Juden. Vor allem Orthodoxe kommen regelmäßig zum Gebet hierher.

Die Lade Gottes

Der Traum jedes Religionshistorikers ist es, die mysteriöse «Lade Gottes» mit den Zehn Geboten zu finden. Nach dem zweiten Buch Mose sah die Bundeslade folgendermaßen aus: »Macht eine Lade aus Akazienholz, zweieinhalb Ellen lang, anderthalb Ellen breit und anderthalb Ellen hoch! Überzieh sie innen und außen mit purem Gold, und bring daran ringsherum eine Goldleiste an! Gieß für sie vier Goldringe, und befestige sie an ihren vier Füßen, zwei Ringe an der einen Seite und zwei Ringe an der anderen Seite! Fertige Stangen aus Akazienholz an, und überzieh sie mit Gold! Steck die Stangen durch die Ringe an den Seiten der Lade, so dass man die Lade damit tragen kann.« (25,10–14) Die Bundeslade wurde vermutlich um das Jahr 1250 v. Chr. von Moses angefertigt und als Kultschrein im 10. Jahrhundert v. Chr. von König David in seine Hauptstadt Jerusalem geholt und unter Salomon im Salomonischen Tempel aufbewahrt. Seit der Zerstörung dieses Bauwerks im 6. Jahrhundert v. Chr. fehlt jedoch von der goldenen Lade jede Spur. Viele vermuten sie heute unter dem Tempelberg. Dazu meint der israelische Chefarchäologe Ronny Reich: »Wir haben mit Infrarot- und Thermoscannern den Tempelberg vermessen, und wir konnten jetzt beweisen, dass der gesamte Berg wie eine Honigwabe von geheimen Gängen durchzogen ist. Sollten wir die Bundeslade je finden, dann wäre das die größte Entdeckung aller Zeiten!«

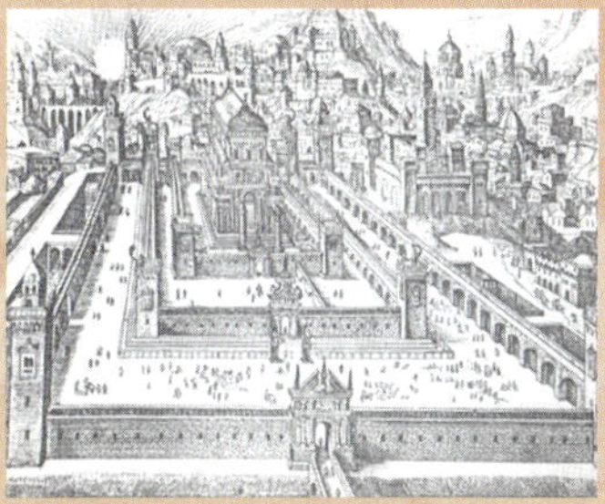

So könnte der Tempel Salomons vor seiner Zerstörung ausgesehen haben. (mittelalterlicher Kupferstich)

Das zeitgenössische Holzmodell zeigt Jerusalem zur Zeit Herodes' (ca. 20 v. Chr).

Kampf um Jerusalem

Im Jahr 1947 gab ein Teilungsplan der UNO Anlass zu Auseinandersetzungen im damaligen Palästina. Diesem zufolge sollte es neben einem arabischen und einem jüdischen auch einen internationalisierten Teil um Jerusalem geben. Damit waren die Araber und vor allem die arabischen Nachbarstaaten nicht einverstanden. Es entbrannte der erste Israelisch-Arabische Krieg, aus israelischer Sicht ein Unabhängigkeitskrieg. In ihm setzten sich die israelischen Streitkräfte gegen die arabischen Armeen aus Ägypten, Jordanien, Syrien, dem Irak und dem Libanon durch. Sie besetzten etwa 77 Prozent des früheren UNO-Mandatsgebiets und beanspruchten es als ihr eigenes Staatsgebiet. Das ging weit über das den Juden im Teilungsplan von 1947 zugesprochene Land hinaus. Im zweiten Israelisch-Arabischen Krieg im Oktober/November 1956 zogen sich die israelischen Truppen schließlich auf Betreiben der Vereinten Nationen aus den eroberten Gebieten zurück, doch die Auseinandersetzungen waren damit nicht gebannt.

Die arabischen Staaten verschärften ihren Kampf gegen die staatliche Existenz Israels. Zu seiner Verteidigung besetzte Israel 1967 in einem dritten Krieg (Sechs-Tage-Krieg) u. a. auch Teile Syriens. Es folgte 1973 der Jom-Kippur-Krieg und 1982 marschierten israelische Truppen im Libanon ein. Bis heute konnte keine Lösung für einen dauerhaften Frieden gefunden werden.

»Abrahams Felsen« im Jerusalemer Felsendom – von hier aus soll Mohammed, der Religionsstifter des Islam, in den Himmel aufgestiegen sein.

Ein Passionsweg für das Christentum

Was den Juden die Klagemauer, ist den Christen der Hügel Golgatha. Dort, außerhalb der Stadtmauern Jerusalems, vollzog sich einst die Kreuzigung von Gottes Sohn. Als im 4. Jahrhundert das Christentum, repräsentiert vom Römischen Reich, in Jerusalem die Oberhand gewann, wurde in Erinnerung an Christi Tod und Auferstehung die Grabeskirche ge-

Tausende von jüdischen und christlichen Pilgern besuchen täglich die Klagemauer.

baut, die wie viele andere Heiligtümer heute nicht mehr im Original erhalten ist. Weitgehend zerstört ist auch die Burg von Herodes, in der Pontius Pilatus einst das Todesurteil über Jesus Christus fällte und ihn geißeln ließ. Die Via Dolorosa, die Gassen, durch die Jesus das Kreuz trug, führt hingegen immer noch von der Altstadt nach Golgatha hinauf.

Rechts vom Portal der dort stehenden Grabeskirche soll das Kreuz gestanden haben, an dem Christus starb. Das Passionsmysterium schließt noch den Salbungsstein, auf den der Leichnam gelegt wurde und das Grab, aus dem Christus am dritten Tag auferstanden ist, mit ein.

Ein Felsendom für den Islam

Als Zentrum des islamischen Glaubens gilt heute der Tempelberg mit seinem gewaltigen Felsendom, einer Moschee, reich verziert mit blauen und gelben Keramikfliesen und Korantexten. Im Koran legte der Religionsgründer des Islam, der Prophet Mohammed (570–632) seine in Visionen erfahrenen Offenbarungen Gottes dar.

Aus dem Boden des Felsendoms tritt nackter Fels zutage. Von diesem Felsen aus, auf dem einst der Urvater des Judentums, Abraham, aus Gottesfurcht seinen Sohn Isaak opfern wollte, soll Mohammed in den Himmel aufgestiegen sein. Noch heute sind dort Mohammeds Fußabdruck, die Hufspuren seines Pferdes Burak und die Fingerabdrücke des Erzengels Gabriel, der laut Überlieferung den Felsen während der Himmelfahrt festgehalten hat, zu sehen.

Im jüdischen »Talmud«, entstanden in einem mehrere Jahrhunderte andauernden mündlichen und schriftlichen Überlieferungsprozess, wird behauptet, der Fels liege über der Öffnung eines Abgrundes, aus dem man das Rauschen der Sintflut hören kann. Laut moslemischer Erzähltradition soll der gesamte Felsen ohne Halt frei in der Luft schweben. Darunter fließt der Brunnen der Seelen, in dem sich die Verstorbenen zum Gebet versammeln.

Mythologie und Gegenwart

Ein friedliches Nebeneinander der beiden größten Bevölkerungsgruppen scheint gegenwärtig in Jerusalem nicht möglich. Juden und Moslems erheben Anspruch auf die Heilige Stadt, religiöse Kämpfe und Unstimmigkeiten schwelen beständig und lodern oft genug auf. Fast jeder jüdische Einwohner betont die Unverzichtbarkeit und die einzigartige Bedeutung des Besitzes von ganz Jerusalem, arabische Bewohner sprechen von der Unmöglichkeit eines Friedens unter den Bevölkerungsgruppen, wenn Jerusalem nicht auch dem Islam zugesprochen wird.

Der Tempelberg in Jerusalem mit dem Felsendom im Hintergrund. Die kolorierte Kreidelithographie aus dem Jahre 1839 zeigt den Zustand der Bauwerke in der Mitte des 19. Jahrhunderts. Die Person im Vordergrund verdeutlicht, dass Jerusalem zu jener Zeit unter türkischer Herrschaft stand.

Tempeltürme des Vorderen Orients

Der Turmbau zu Babel geht auf eine biblische Erzählung aus der Genesis, dem ersten Buch Mose im Alten Testament, zurück. (»Der Turmbau zu Babel«, 1595. Maerten von Valckenborch.)

Mesopotamien, Land zwischen den Strömen, nannten die Griechen ein Kulturland zwischen den Flüssen Euphrat und Tigris im heutigen Irak. Im vierten Jahrtausend vor unserer Zeitrechnung wanderte das Volk der Sumerer in den fruchtbaren südlichen Teil dieses Gebietes ein und brachte umwälzende Ideen mit, die das Gesicht der Welt veränderten. Aus ihren religiösen und ideologischen Konzepten entstand damals eine der ältesten Hochkulturen der Menschheit. Ihr Abglanz ist noch heute in jenen gigantischen, sandverwehten Türmen zu sehen, von denen schon die Bibel berichtete. Wer hat noch nicht vom legendären »Turmbau zu Babel« gehört, der den Zorn Gottes herausforderte und als Strafe zur Folge hatte, dass die Menschen seitdem unterschiedliche Sprachen sprechen und einander nur bedingt verstehen?

Wunder der Antike

Auch eines der sieben Weltwunder der Antike, die »Hängenden Gärten der Semiramis«, befand sich im Zweistromland, in Babylon. Unweit davon lag Eridu. Es war im Jahre 1946, als die beiden Archäologen Fuad Safar und Seton Lloyd vom Irakischen Direktoriat für Antiquitäten von den versteinerten Geheimnissen dieser altbabylonischen Stadt angezogen wurden. Einst war sie die heiligste Stätte Mesopotamiens. Sie galt als die erste Stadt der Welt. Wie man auf 4000 Jahre alten kleinen Tontafeln lesen kann, war Eridu dem Gott des Wassers, der Weisheit und der Magie, Enki, geweiht. Vor den Ausgrabungen im 20. Jahrhundert ließ nur noch eine eingesackte Zikkurat, ein Tempelturm, erahnen, dass sich an dieser

Zikkurat

2000 Jahre lang erbauten die Völker Mesopotamiens gewaltige stufenförmige Türme, deren Spitzen von einem Hochtempel gekrönt wurden. Wie übereinander gestapelte, kleiner werdende Kartons ragten sie zumeist 45 Meter in den Himmel. Symbolisch führten die Stufen bis in den Kosmos und verbanden so Himmel und Erde. An der höchsten Stelle der antiken Bauten aus Ziegelsteinen und Schilflagen erschien den Gläubigen die Gottheit. Eridus Tempelterrasse aus den Anfängen hatte noch bescheidene Ausmaße. Ihre aufgestockten Plattformen lassen aber bereits die kommenden gigantischen Tempeltürme erahnen.

Einem neuassyrischen Relief aus dem 8. Jahrhundert v. Chr. kann man entnehmen, welch große Anstrengungen für die Gläubigen mit dem Bau einer Zikkurat verbunden waren. Mehrere Männer schleppen Material für den Tempelbau an Seilen heran.

Hinter der Legende vom Turm zu Babel steht vermutlich die Zikkurat Etemenanki. Sie wurde unter Nebukadnezar II. (605–562 v. Chr.) errichtet und soll wie diese Rekonstruktion aus dem Jahre 1918 ausgesehen haben.

Stelle einmal ein imposantes Bauwerk befand. In mühevoller Kleinarbeit legten Safar und Lloyd, die mehr über die verschüttete Kultur erfahren wollten, jahrtausendealte Relikte frei. Schaufel um Schaufel brachten sie zerbrochene Ziegel hervor, aus denen die Zikkurat in biblischen Zeiten erbaut worden war.

Abenteuer der Forschung

Doch die Forscher entdeckten noch mehr. Plötzlich stießen sie auf Mauern einer früheren Epoche. Als sie in tiefere Sandschichten vorstießen, trafen sie auf immer ältere Heiligtümer, die im Verlauf der Jahrtausende überbaut worden waren. Am Ende hatten Safar und Lloyd 18 übereinandergetürmte Tempel, jeweils auf den Fundamenten des Vorgängers gebaut, freigelegt. Die dörflichen Fundamente in der Nähe des Tempels reichen bis in das sechste Jahrtausend v. Chr. zurück. Das bedeutet, dass schon lange vor den Sumerern Menschen in Eridu ein prähistorisches Kultzentrum angelegt hatten. Sie zählten zur so genannten Ubaid-Kultur, die man um 5900 v. Chr. in Vorderasien fand.

Damit gehört Eridu zu den ältesten geweihten Städten der Welt. Die Kontinuität im Stil der ausgegrabenen Heiligtümer und zahlreiche, im trockenen Klima erhalten gebliebene Grätenfunde von geopferten Fischen, sind für Historiker übrigens der Beweis, dass man in Eridu tatsächlich Enki, den Gott der Weisheit, verehrte, der gleichzeitig auch der Gott des Wassers war.

Ur – Spuren im Sand

»Schier unvorstellbar, dass eine derartige Wildnis irgendwann bewohnt gewesen sein soll«, vermerkte der britische Archäologe Sir Leonard Woolley (1880–1960), als er die Ruinen der Stadt Ur, die wie Babylon im Süden des Zweistromlands liegt, vor sich sah. Als Woolley 1922 eine angloamerikanische Expedition der University of Pennsylvania (USA) nach Sumer führte, glaubte er, in Ur die Geburtsstätte des biblischen Patriarchen Abraham gefunden zu haben. Äußerst umsichtig legte sein Team zwölf Jahre lang die dort untergegangene Kultur frei. Dabei stießen die Archäologen auf Königsgräber und Residenzen von Hohenpriesterinnen, auf Umfassungsmauern, eine Schatzkammer, ein Heiligtum des sumerischen Reichs- und Mondgottes Nanna sowie die Überreste einer Zikkurat von imposanten Ausmaßen. Woolley stellte fest, dass die Könige von Ur und ihre Nachfolger bis ins sechste Jahrhundert v. Chr. unter dem babylonischen König Nebukadnezar II. (605–562 v. Chr.) wiederholt profane und religiöse Gebäude erneuerten.

Stufenpyramiden für die Götter

Einer der herausragenden Herrscher von Ur war König Urnammu (um 2113 v. Chr.), der die III. Dynastie des Stadtstaates begründete. 23 Städte schloss er zu einem einzigen Reich zusammen und nannte sich »König von Sumer und Akkad«. Gleichzeitig begann er mit einem umfassenden Bauprogramm in der 30.000 Einwohner zählenden Hauptstadt, die damals direkt an den Ufern des Euphrat, mitten in einer blühenden Landschaft, lag.

Sein bedeutendstes Monument, das ihm einen Platz bei den Göttern sichern sollte, war die Errichtung eines riesenhaften Tempelturms zu Ehren des Reichsgottes Nanna. Eine dreiteilige Treppenkonstruktion aus gebrannten Backsteinen leitete eine völlig neue Dimension in der Baugeschichte ein. Eine optisch herausspringende, wuchtige Mitteltreppe musste sich in genau elf Metern Höhe auf der ersten Terrasse mit den beiden Seitentreppen treffen. Darüber ließ Urnammu ein zweites und drittes Stockwerk errichten, auf dem das Heiligtum des Nanna erbaut wurde. Mit einer Grundfläche von 63 x 43 Metern und einer Höhe von 24 Metern, muss dieses Bauwerk einen gewaltigen Eindruck auf die Pilger und Besucher der Stadt gemacht haben.

Der göttliche König

Auf einer Stele ließ Urnammu abbilden, wie er sich selbst mit den Göttern traf und von ihnen die Baugeräte für den heiligen Tempel erhielt. Einer solchen Macht traute sich niemand zu widersprechen, zumal zu allen Zeiten das Wohl des Königs mit dem Wohl des Staates verbunden war. Ein sumerischer Text erzählt, wie der Herrscher ein jährlich wiederkehrendes Hochzeitsritual mit der

Historische Hintergründe zu Babylon

Woher die Begründer der Mutterkultur des Vorderen Orients, die Sumerer, ursprünglich kamen, weiß man nicht. Funde zeigen Verbindungen zum Indus-Tal in Pakistan. Um 2600 v. Chr. gründeten sie erste Stadtstaaten und theokratische Monarchien (Herrschaft eines Priester-Königs). 700 Jahre später eroberten die Akkader Mesopotamien und schufen ein neues sumerisch-akkadisches Machtzentrum: Babylon. 1000 Jahre lang regierten babylonische Dynastien das Zweistromland, bis eine neue Machtballung im Norden, die der Assyrer, so stark war, dass sie um 883 v. Chr. die Herrschaft antrat. Das Neubabylonische Reich (625–539 v. Chr.) beendete jedoch nach 250 Jahren dieses Zwischenspiel.

4500 Jahre alt soll diese Gipsplastik eines Betenden sein, die man in Syrien in Mari im so genannten Ischtartempel fand. Ischtar war die babylonische Göttin des Kampfes und der Liebe. Bedenkt man die an Krisen reiche Geschichte Babylons, erhält man eine Vorstellung davon, wie sehr man Ischtar verehren musste, um sicher zu sein, von ihr geschützt zu werden. Die Plastik wurde vermutlich von den Sumerern geschaffen.

Das Weltwunder

Im zweiten Jahrhundert v. Chr. schrieb der Phönizier Antipatros von Sidon »Die sieben Weltwunder«, die auch heute noch Gegenstand zahlreicher literarischer und historischer Arbeiten sind. In Mesopotamien imponierten dem frühen Autor jedoch keine Ruinen, sondern die wunderbaren »Hängenden Gärten« von Babylon. Sieben Terrassen, zusammengefügt aus breiten Steinplatten, waren über einem Gewölbe aufgeschichtet und erreichten eine Höhe von 22,5 Metern. Pech und Schilf, gebrannte Ziegel und eine Bleischicht bildeten eine Feuchtigkeitssperre. Darauf wurde drei Meter Erde gehäuft, damit selbst große Bäume wurzeln konnten. Ein Bewässerungssystem sorgte für kühlendes Nass. Der Schöpfer dieses Gartens war Nebukadnezar, der für seine Frau Semiramis botanische Gewächse von seinen Feldzügen mit in den künstlichen Garten brachte.

Ein Relief vom Palast Nebukadnezars, der von 605 bis 562 v. Chr. das neubabylonische Reich regierte, zeigt den damaligen Statthalter von Auhi und Mari, Schamas-uschusur, bei der Anbetung der Götter.

Fruchtbarkeitsgöttin Inanna durchführte. Vermutlich wurde die Göttin damals von einer jungen Priesterin symbolisiert, die im Hochtempel mit dem König den Geschlechtsakt vollzog und auf diese Weise die Fruchtbarkeit des Landes und Glück für König und Volk brachte.

Der Turmbau zu Babel

»Und sie sprachen: Wohlauf, lasst uns eine Stadt und einen Turm bauen, dessen Spitze bis an den Himmel reiche«. (1. Mose 11,3) Der Turmbau zu Babel hat stets als Sinnbild für menschlichen Hochmut und die gerechte Strafe Gottes gedient, der den anmaßenden Bau zerstörte und die Sprache der Menschen verwirrte, damit sie sich nicht mehr verstanden. Gab es diesen Turm jemals?

1811 traf zum ersten Mal ein Archäologe, der Brite Claudius Rich, im Trümmerfeld von Babylon ein. 10 Tage reichten ihm aus, um einige Skizzen anzufertigen, Lehmziegel einzusammeln und eine Versuchsgrabung durchzuführen. Dabei wurde er auf einen quadratischen Hügel aufmerksam, den die arabischen Begleiter den »Turm zu Babel« nannten. Es sollte jedoch noch weitere 89 Jahre dauern, bis der deutsche Archäologe Robert Koldewey (1855–1925) in Babylon eintraf und die Freilegung der babylonischen Hinterlassenschaften in Angriff nahm. 18 Jahre blieb Koldewey. Was er fand, war eine Sensation.

Der Götterthron

Prunkvolle Prozessionsstraßen, ein grandioses, der babylonischen Liebes- und Todesgöttin Ischtar geweihtes Tor, einen Tempel für den mächtigsten Gott im Götterhimmel, Marduk, sowie zahlreiche Gräber und Schätze zählten zu Koldeweys Entdeckungen. Dann vermaß er einen mit Wasser gefüllten Graben.

Als er die Grundrisse aufgezeichnet hatte, ahnte er bereits, dass es sich um das Fundament eines enormen Baudenkmals handeln musste. Tatsächlich war es die Basis des legendären Turms von Babylon. Koldeweys Rekonstruktion stimmte mit der Beschreibung auf einer alten Keilschrifttafel überein, auf der die Zikkurat »Etemenanki« genannt wird, was soviel wie »Haus des Grundsteins von Himmel und Erde« heißt.

Zwei Seitentreppen führten in eine Höhe von 31 Metern, die erste Stufe der Zikkurat. Auf 48 Metern endete auf der zweiten Terrasse die freistehende Mitteltreppe. Vier Stufen zu sechs Metern und ein 15 Meter hoher Tempel, verkleidet mit blauglasierten Ziegeln, bildeten mit 91,5 Metern Höhe den Abschluss.

Ein Tonzylinder im Fundament enthielt den Namen des Bauherrn: Nebukadnezar. Dieser berühmteste König des Neubabylonischen Reiches hatte Babylon mit seinen Palästen und über fünfzig Tempeln restauriert. Damit knüpfte er an die glanzvolle Regierungszeit von König Hammurabi (1792–1750 v. Chr.) an, der seinerzeit bereits einen enormen Tempelturm am selben Platz errichten ließ.

Versunkenes Babylon

Doch Unheil zog über Babylon herauf. Der Perserkönig Kyros (559–530 v. Chr.) griff das Reich 539 v. Chr. an und machte sich selbst zum »König aller Länder«. Als Babylon unter seinem Nachfolger Xerxes (519–465 v. Chr.) einen Aufstand wagte, erteilte dieser den Befehl, den Turm dem Zerfall preiszugeben. Die babylonische Macht war damit zerstört. Mesopotamiens Wahrzeichen zerfiel und verschwand im Nichts. Sein Mythos jedoch lebt – bis heute.

Die Existenz der hängenden Gärten ist durch zeitgenössische Dokumente belegt. Antipatros sah sie noch mit eigenen Augen. Allerdings soll Semiramis nicht die Gattin Nebukadnezars, sondern möglicherweise die 300 Jahre zuvor herrschende Assyrerkönigin Sammu-ramat gewesen sein, womit sich die Legende, die sich um die Gärten rankt, etwas zerstreut. (»Die hängenden Gärten der Semiramis«, Kupferstich, 1679)

Troja und der Schatz des Priamos

Ihrem Gatten ist es zu verdanken, dass Troja, der denkwürdige Kriegsschauplatz aus Homers Epos »Ilias«, entdeckt wurde. Stolz präsentierte Sophia Schliemann in den 1870er Jahren den Goldschmuck, den ihr Mann, der Altertumsforscher Heinrich Schliemann, bei seinen Ausgrabungen in Troja fand. Er war schon als Kind von Homers Schilderungen über den Schauplatz des Trojanischen Krieges fasziniert. Sophia, die selbst Griechin war, hatte ebenfalls einen starken Bezug zu dieser Art mythischer Historie. Sie war bei den Ausgrabungen mesistens dabei.

Troja, an der Westküste der heutigen Türkei gelegen, gehört trotz reger Ausgrabungstätigkeit noch immer zu den ungelösten Rätseln der Geschichte. Über Jahrtausende blieb die Schilderung vom Aufstieg und Fall dieser Stadt eine Legende. Der griechische Dichter Homer hatte das Epos »Ilias« nach »Ilios«, dem ersten Namen von Troja, genannt und einige griechische Autoren haben immer wieder vermutet, dass in der Geschichte von der Belagerung Trojas ein wahrer Kern stecken könnte. Die Historiker wiesen diese Vermutung jedoch bis ins 19. Jahrhundert zurück, weil es keine Beweise für eine Existenz Trojas gab.

Heinrich Schliemann (1822–1890) wurde in Mecklenburg geboren und verstarb in Neapel. Auf der Suche nach dem historischen Troja war er ein Leben lang in den Ländern des Mittelmeers unterwegs.

Wie eine Legende zur Wahrheit wurde …

Nach der Erzählung Homers belagerte das griechische Heer unter Menelaos und seinem Bruder Agamemnon zehn Jahre lang die Stadt Troja, die Residenz des Königs Priamos. Die Entführung der schönen Helena, Ehefrau des mykenischen Königs Menelaos, durch den trojanischen Königsohn Paris, hatte diesen Feldzug ausgelöst. Doch die Festung blieb uneinnehmbar; enttäuscht zogen die Griechen ab. Als Weihegeschenk an die Göttin Athene ließen sie ein riesiges hölzernes Pferd zurück, das die Trojaner im Freudentaumel über den vermeintlichen Sieg in ihre Stadt zogen. Ein fataler Fehler: Aus dem Bauch der Trophäe kletterten nachts die griechischen Soldaten, öffneten die Stadttore für ihre Kameraden, besiegten die getäuschten Trojaner und machten die Stadt dem Erdboden gleich.

Gold und Juwelen aus der antiken Stadt

Seit 1870 ließ der deutsche Kaufmann Heinrich Schliemann, der bereits als Achtjähriger von den Geschichten Homers fasziniert war, in dem von Menschenhand künstlich aufgeschütteten Hügel von Hissarlik graben, unter dem er das antike Troja zu finden hoffte. Der weltgewandte Kaufmann, Sprachgenie und Amateur-Archäologe, hatte seinen Lieblingsdichter beim Wort genommen und machte damit selbst Geschichte. Mit seiner griechischen Frau Sophia und den zahlreichen von ihm engagierten Gehilfen fand er in dem Hügel tatsächlich die Reste einer antiken Stadt und – zu seiner Überraschung – goldene und silberne Gefäße, Juwelen, Streitäxte und ein kunstvolles Schmuckstück aus 4000 Goldblättern und 12.000 Kettengliedern – den so genannten Schatz des Priamos. Heute sind die Entdeckungen Schliemanns jedoch umstritten. Den Schatz und die Ruinen eines Palastes, die er fand, gehörten zur zweiten Siedlungsschicht der antiken Stadt, die um 2200 v. Chr. zu datieren ist. Schliemann hatte am Troja Homers, das rund 1000 Jahre später datiert wird, vorbei gegraben und doch bewiesen, dass die sagenhafte Stadt wirklich existierte.

Homer hatte Recht

Neueste archäologische Ausgrabungen bestätigen die Existenz jener »gut befestigten Stadt«, von der Homer schrieb. Dieses Troja erstreckte sich tatsächlich über 130.000 Quadratmeter, auf denen etwa 6000 Menschen lebten. 1992 konnte man nachweisen, dass die Unterstadt von Troja VI – der sechsten der insgesamt neun ermittelten Schichten des antiken Troja aus der Zeit zwischen 1700–1250 v. Chr. – tatsächlich von einer Befestigungsanlage umgeben war. Allerdings ist bisher in keiner Hügelschicht eine kriegerische Zerstörung nachgewiesen worden. Dagegen konnten Brandspuren sowie Verwüstungen durch Erdbeben festgestellt werden.

Zentrum einer Hochkultur

Für die Historiker blieb Troja 120 Jahre lang eine Ansammlung alter Ruinen. Dem deutschen Geoarchäologen Eberhard Zanger gelang inzwischen der Nachweis, dass Troja nicht nur eine unbedeutende Küstenstadt in Kleinasien war, sondern das politische und kulturelle Zentrum einer bisher nicht erforschten Hochkultur aus der Bronzezeit. Ob es allerdings griechische oder andere mysteriöse Seevölker waren, die Troja um 1200 v. Chr. den Untergang brachten, so wie es die »Ilias« erzählt, oder ob es Naturkatastrophen waren, denen auch die damaligen Metropolen Mykene, Ugarit und Hattusa zum Opfer fielen und damit Griechenland für Hunderte von Jahren in ein dunkles Zeitalter stürzten, bleibt vorläufig Spekulation.

Diese trojanischen Kunstgegenstände aus Troja II, die man im Museum für Vor- und Frühgeschichte in Berlin bewundern kann, sind leider nicht mehr im Original erhalten. Die echten Ausgrabungsstücke sind seit dem 2. Weltkrieg verschollen. Die Replika stellen eine Sauciere, einen goldenen Becher und eine goldene Kugelflasche aus der Zeit um 2300 v. Chr. dar.

Mayaland – versunkene Welten im Dschungel

Aus dem dichten Urwald von Belize, dem geschichtsträchtigen Staat in Zentralamerika, erhebt sich in der ehemaligen Mayastadt Caracol die weiße Canaa-Pyramide. Mit seinen 42,5 Metern stellt der Sakralbau das höchste Gebäude in ganz Belize und ein Symbol für den Glauben an überirdische Mächte dar.

Als einstiger Träger einer indianischen Hochkultur gibt das Volk der Maya, das zwischen 2000 v. Chr. bis etwa 1500 n. Chr. in Mexiko, Guatemala, Honduras, Belize und El Salvador wirkte, der Nachwelt viele Rätsel auf. Der Aufstieg der Maya-Reiche und vor allem die Gründe für ihr jähes Ende sind bis heute nicht geklärt. Wundervolle Städte, architektonisch noch immer von beeindruckender Aussagekraft, wurden so übereilt von ihren Bewohnern verlassen, dass die Zeit nicht einmal reichte, um die letzten Toten zu begraben. Von einer urweltlichen Flora überwuchert, versanken die heiligen Stätten der Götter, Geister und Ahnen in einen tausendjährigen Schlaf. Chichén Itzá, eine Ruinenstätte auf der mexikanischen Halbinsel Yucatán, ist eines der Beispiele für dieses Szenario. Um die letzte Jahrtausendwende war die Stadt politisch wie religiös noch sehr bedeutend – doch kurz darauf wurde sie von ihren Bewohnern verlassen.

Die letzte Wanderung

Im heiligen Buch »Chilám-Balám« – wörtlich: »Das Buch des Jaguarpriesters« – wird berichtet, dass der Stamm der Itzá-Maya gegen Ende des 8. Jahrhunderts entlang der yucatekischen Küste erste Festungen anlegte. Eigentlich waren seine Mitglieder Händler, die aber auch mit Waffen umzugehen wussten. Strategisch durchdacht, starteten die Krieger in der Maske von Händlern ihren Siegeszug gegen die alteingesessenen Maya der Region. Ein Geheimnis ihres Erfolges war vielleicht eine neue politische Organisationsform: Sie wählten keinen Einzelherrscher, sondern ein Führungsteam. Mit kosmopolitischer Weltsicht planten sie ihre Hauptstadt, gingen Zweckbündnisse ein oder rissen mit brachialer Gewalt die Macht an sich. Um 1250 folgte ihr plötzlicher Untergang. Die Bevölkerung war aus ungeklärten Gründen verschwunden. Die Übriggebliebenen vom ruhmvollen Volk der Itzá zogen in einer letzten großen Wanderung hinein in die mythische Region des uralten Tikal im heutigen Guatemala.

Astro-Götter

Chichén Itzá war nicht nur politisches, sondern auch religiöses Zentrum. Lange verlassen, war es noch in spanischer Zeit im 15. und 16. Jahrhundert Pilgerstätte für Maya-Nachfahren. Stets wurde ein Zugang zu einem heiligen Brunnen offengehalten, in dem einst Goldschmuck und Menschen geopfert worden waren. Die Sterbenden nahmen damals Botschaften für das Jenseits mit in den Tod.

Überlieferungen besagen, dass der Gott Kukulcán an diesem Ort regiert haben soll. Kukulcán war ein Zwitterwesen aus menschlicher Gestalt, Vogel und Schlange. Seine jährliche Herabkunft aus dem Kosmos zelebrierten die Itzá mit einem raffinierten Licht- und Schattenspiel.

Die Kukulcán-Pyramide der Stadt ist so exakt ausgerichtet, dass sich das Sonnenlicht am 21. März, dem Frühjahrsbeginn, längs der Treppenstufen wie eine Schlange herabwindet, um in einem steinernen Schlangenkopf zu münden.

Copán – Stadt der Sternenkulte

Zu den klassischen Maya-Stätten zählt das bis ins 9. Jahrhundert erbaute ehemalige Zeremonialzentrum von Copán im tropischen Regen-

Das Leben dieser Maya-Indianer aus Guatemala ist von traditionellen Ritualen und Kirchgängen geprägt. Andächtig zünden sie Kerzen an, um Ahnen und Götter zu besänftigen. Obwohl auch in Mittelamerika das Christentum Einzug hielt, haben sich die Nachfahren der großen Maya einen Teil ihrer Kultur bewahrt.

Heilige Landschaften

Vor 4000 Jahren entwickelten Bauernvölker in Mesoamerika Riten, die sich bis heute gehalten haben. Der Maiskolben war »Gottes heiliger Sonnenstrahl« – aus Mais formten Götter den Menschen. Anbau und Ernte war heiliger Ritus. Nach Tollán oder dem Land der Olmeken wurde das Mayaland als das letzte der magischen Länder bezeichnet. Heute noch rufen die Schamanen der Maya-Nachfahren den Segen uralter Götter auf die Ernte herab. Holzaltäre symbolisieren dabei die vierseitige Erde, das Kreuz ist Sinnbild für das Leben.

In Guatemala werden von Zauberpriestern zeremoniell Idole der klassischen Epoche mit Zuckerrohrschnaps besänftigt und viele Maya huldigen heute an antiken Orten den Naturgottheiten. Jetzt fordern sie die Ritualstätten ihrer Ahnen zurück.

Astronomen im Urwald

Astronomische Meisterleistung und raffinierte Kultstätte: 18 steinerne Erdungeheuer und Sternengottheiten blicken in Uaxactún im Tiefland von Guatemala von ihrem gestuften Sakralbau, einer 15 Meter hohen Pyramide, herab. Diese Welt lebendiger Magie zeigt Aspekte der Kosmologie – den »heiligen Berg«, wie er aus dem Urwasser auftaucht. Die Pyramide ist mit ihrer Hauptfront nach Osten gerichtet, ihr gegenüber befinden sich drei kleinere Tempel. Lässt man einen Peilstrahl über zwei bestimmte Stelen gleiten, ergibt sich der Punkt, an dem die Sonne zur Tagundnachtgleiche aufgeht. Aus fünf Metern Höhe treffen die Visierlinien die Ecken der äußeren Tempel und somit genau den Sonnenstand zur Sommer- und Wintersonnenwende.

Im Nationalpark von Tikal befindet sich dieser Altarstein, der zwei Personen in prunkvollen Kleidern zeigt, die sich beratend gegenüberstehen. Zwischen ihnen befindet sich ein kleiner Opferaltar.

wald von Honduras. Weil die mächtige Königsdynastie ihr Schicksal mit einem komplizierten astrologischen System verknüpft sah, gestaltete sie ihre Architektur in Harmonie mit dem Kosmos.

Copán wurde entlang astronomischer Grundlinien ausgerichtet, damit die Priester-Astronomen exakte Sonnenstandspeilungen durchführen konnten. Nacht für Nacht studierten sie den Sternenhimmel, in dem ihre Götter lebten und erstellten mit verblüffender Genauigkeit Voraussagen für Sonnen- und Mondfinsternisse – Jahrhunderte im Voraus. Als hellster Stern am Morgen- und Abendhimmel nahm die Venus in der Maya-Astronomie einen besonderen Platz ein. Man verehrte sie für ihre strahlende Kraft. Ihr Umlauf um die Sonne wurde mit 583,92 Tagen berechnet. Dieses Ergebnis wird durch heutige Computeranalysen bestätigt.

Für andere Städte wurden Beobachtungslinien der Sterne Castor und Pollux, die beide Teil des Sternbilds »Zwilling« sind sowie für Canopus, den zweithellsten Fixstern in der Nähe des Südpols, festgestellt.

Kalendergeheimnisse

Vom Phänomen der Zeitberechnung grenzenlos fasziniert, schufen die Maya komplizierte Kalender, die an Exaktheit den unseren gleichkommen. Genaue Datumsangaben wurden erstellt, die vor 90 und sogar 400 Millionen Jahren stimmten. Sie verwendeten bereits die Null, eine »Nicht-Zahl«, die selbst die mathematisch fortschrittlichen Griechen und Römer

damals noch nicht kannten. Es bleibt ihr Geheimnis, wie sie diese Berechnungen ohne moderne Technologie erstellten, da für manche Daten eine ununterbrochene jahrhundertelange Himmelsbeobachtung erforderlich ist. Leider ereilte auch den Zeitphilosophen von Copán dasselbe abrupte Ende wie den Maya von Chichén Itzá. Mitten in der Arbeit an einem Monument für den letzten Herrscher der Stadt, Yax-Pac, verließen sie Copán – das Denkmal für den König wurde nie fertiggestellt.

Land der Venuskrieger

Eine bis vor wenigen Jahren unbekannte Zentralmacht war der Stadtstaat Caracol an der westlichen Grenze Belizes zu Guatemala. Seinem göttlichen König »Te« war es gelungen,

Eine der letzten großen Maya-Städte im Norden der Halbinsel Yucatán war Chichén Itzá. Dort befindet sich der so genannte Tempel der Krieger, der, obwohl nur teilweise erhalten, einen beeindruckenden Anblick bietet. Vor den Säulen, die ursprünglich einer Schlangenform nachempfunden waren, thront Regengott Chac Mool.

Der Tempel des Großen Jaguars auf der neunstufigen Pyramide in Tikal in Guatemala gilt als Inbegriff der klassischen Mayakultur. Die Stadt selbst weist jedoch mehrere Baustile auf, woraus auf den Einfluss anderer mittelamerikanische Völker wie beispielsweise jenem aus Teotihuacán geschlossen werden kann. Der Jaguar selbst war das meistgefürchtete Tier, das es für die Maya gab. Man nahm an, dass sich die Sonne nach ihrem Untergang in einen Jaguar verwandelte.

Machtkonzentrationen wie Uaxactún im Norden Guatemalas und dessen Nachbarstaat Tikal zu besiegen. Ein Ausgrabungsteam legte zwischen 1989 und 1990 ein steinernes Dokument frei, das uns erzählt, wie »Te« seinen Rivalen »Doppel-Vogel« aus Tikal gefangen nahm und opferte.

Dafür gewährten die Himmlischen Caracol einen machtvollen Aufstieg. Es wurde zur beherrschenden Metropole, in der heilige Tempel und Pyramiden von seiner Größe kündeten. Doch Rache, Krieg und Chaos zogen ins Mayaland ein.

Krieg der Sterne

Ein Speerhagel ging auf die Krieger nieder. Obsidianspitzen bohrten sich in die schwarzrot bemalten Kämpfer, die blutbedeckt zu Boden sanken. Hölzerne Trompeten durchdrangen die Todesschreie. Zwei gewaltige Heere lieferten sich eine gnadenlose Schlacht. Gegen Ende der klassischen Mayazeit lagen fast alle Stämme im Streit.

Möglichst viele Gefangene wurden damals mit dem Ziel gemacht, Menschenopfer für die Götter zu besitzen. Solche dramatischen Szenen begleiteten die Lebenszyklen der Maya. In

ihrem Weltkonzept konnte nur so die irdische wie die jenseitige Macht des eigenen Schamanenkönigs, dessen Wohl den Stämmen lebenswichtig war, wachsen. Er nahm für alle Untertanen Verbindung zur jenseitigen Welt der Ahnen auf. Von dort kamen Hilfe und dämonische Kraft. Die jenseitigen Wesen verlangten jedoch nach Blut. Je mehr Blutopfer ihnen zukamen, desto mehr halfen sie dem König und seinem Staat.

Vor jedem Kampf wurde der »Venus-Gott« gnädig gestimmt. Günstige Planetenkonstellationen legten die Kriegszüge fest. Was einst harmlos begann, steigerte sich zu selbstmörderischen Ausmaßen, weil die Herrscher nach immer neuen Opfern verlangten.

Eines Tages sank der Glücksstern Caracols. Im Jahr 859 n. Chr. verschwindet die wundervolle Stadt im Dunkel der Geschichte.

Höhle der leuchtenden Schädel

Eine neue Hochkultur wurde 1994 im Nordosten von Honduras entdeckt. Mitten im Mosquito-Regenwald am Rio Talgua stießen Forscher auf eine sakrale Höhle, die »Höhle der leuchtenden Schädel«, in der sie Zeugnisse einer Zivilisation fanden, die vor 3000 Jahren existierte. Als die Archäologen mit Taschenlampen in die dunkle Unterwelt leuchteten, begannen Schädel und Skelette zu funkeln. Sie waren mit rotbrauner Farbe bemalt und mit phosphoreszierenden Kalziumkristallen überzogen. Wissenschaftler sind überzeugt, hier einen Kultort entdeckt zu haben, den es schon hundert Jahre vor Copán gab.

Der Götterplan

Der Niedergang der Maya fasziniert Wissenschaftler wie Laien seit Jahrzehnten. Insektenplagen, Seuchen, Klimawandel, Erdbeben, Revolten und Kriege wurden im Laufe der Forschungen als Erklärungsversuche herangezogen. Aber selbst die Summe aller Katastrophen löst ein Rätsel nicht. Warum blieb eine Wiederbesiedlung aus? Möglich ist, dass der Exodus planmäßig aufgrund göttlicher Voraussagen erfolgte. Bereits die Olmeken, die Mutterkultur Amerikas, schienen ihre heiligen Städte rituell begraben zu haben, um sie anderenorts neu zu erbauen. Dasselbe lässt sich für Maya-Siedlungen wie Tikal, Caracol, Palenque oder Chichén Itzá vermuten. Folgten sie alle einem geheimen Götterplan?

Töne aus vergessenen Zeiten

Die älteste Tonaufnahme der Welt ist 1300 Jahre alt. Der Tonträger: die Kukulcán-Pyramide in Chichén Itzá. Steht man vor ihrer Treppe und klatscht, schallt ein Echo zurück, das den Ruf des Quetzal-Vogels, dem Symbol Kukulcáns, nachahmt.

Der amerikanische Wissenschaftler D. Lubman, der dies 1998 erkannte, glaubt, dass während kultischer Feiern der Gesang des prachtvoll schillernden Vogels reproduziert wurde. Die Schallwellen erreichen zuerst die unteren Stufen und werden von den senkrecht abfallenden Abschnitten reflektiert. Der Zuhörer nimmt einen abfallenden Ton wahr, der dem Ruf des heiligen Quetzal, eine Art »biuup«, zum Verwechseln ähnelt. Der Quetzalvogel ist heute das Wappentier Guatemalas, in früheren Zeiten stellten seine blau-grünen Federn den Schmuck von Maya- und Aztekenfürsten dar.

Stelen dienten den Maya zur Demonstration historischer Eckdaten. Neben Inschriften werden auf ihnen auch Abbildungen von den Gottkönigen der diversen Stadtstaaten gezeigt. Den steinernen Relikten verdankt man zu einem großen Teil, dass die Vergangenheit des mystischen Volkes nicht ganz im Dunkel der Geschichte versank.

Teotihuacán – Stadt der Götter

Der Platz des Mondes. Im Hintergrund die mächtige Sonnenpyramide von Teotihuacán. Obwohl nicht so gewaltig wie die ägyptische Cheops-Pyramide, gilt das Bauwerk zumindest als das größte und beeindruckendste Relikt alter Kulturen Mittelamerikas.

Etwa 40 Kilometer nordöstlich von Mexiko City, 2 300 Meter über dem Meer, liegt eine historische Stadt mit beeindruckenden Pyramiden und Palastanlagen aus der Zeit um 200 v. Chr.

Archäologische Funde um und unter den Bauwerken lassen Rückschlüsse über deren Entstehung und Verwendung zu. Wer die wundervollen Pyramiden und Paläste gebaut hat und warum sie verlassen wurden, ist jedoch bis heute ungewiss. Fest steht, dass Teotihuacán, wie das Indianervolk der Azteken die Stadt später nannte, um 700 n. Chr. bereits wieder verlassen war.

Metropole der Götter

Teotihuacán bedeutet »Ort, wo man zum Gott wird«. Als die Azteken, die im 15. Jahrhundert (Aufstieg ab 1428) im mittleren Mexiko verbreitet waren, die verlassene Stadt fanden, waren sie von deren Anlage und Bauten so beeindruckt, dass für sie kein Zweifel bestand: Diese Stadt wurde von den Göttern selbst gebaut. In der Folge ließen sich die Azteken bei ihren Bauten von jenen in Teotihuacán inspirieren. Mit ihren Pyramiden und Palästen gilt die Stadt zudem als Vorlage für viele weitere Glanzwerke der mesoamerikanischen Hochkultur (ca. 200–900 n. Chr.). Zu welchem Zweck Teotihuacán gebaut wurde, lässt sich nur vermuten. Man fand keine schriftlichen Aufzeichnungen; man weiß nicht einmal, welcher Sprache sich die unbekannten Erbauer bedienten. Ihre Ruinen weisen ebensowenig auf konkrete Fakten hin. Einzig Funde von Menschenknochen und geo-astronomischen Berechnungen erlauben die Rekonstruktion einer möglichen Historie, nach welcher Teotihuacán vielleicht die Heimat eines, von Priestern kultisch dominierten, Volkes war.

Auf Menschenopfern gebaut

Dass es sich bei den Erbauern Teotihuacáns um ein kriegerisches Volk gehandelt haben könnte, darauf schließen manche Forscher aufgrund von Funden menschlicher Überreste auf dem Tempelgelände. Anfang der 1980er Jahre stieß das mexikanische Nationale Institut für Anthropologie und Geschichte bei archäologischen Ausgrabungen unter dem Quetzalcoatl-Tempel auf ein Massengrab. Geborgen wurden 120 Tote, die in Gruppen zu 20 Personen zusammengelegt und mit zahlreichen kostbaren Opfergaben und Körperschmuck, wie er von einer Kriegerkaste stammen könnte, versehen waren. Leider waren die Opfer »nur« zwischen zehn und 25 Jahre alt, was vor allem im Hinblick auf die Zehnjährigen die Kriegertheorie eher unwahrscheinlich macht.

Die Geschichte der göttlichen Stadt

2. Jh. v. Chr.:	Bau von Teotihuacán
1. Jh. v. Chr.:	Aufstieg der Stadt
2. Jh. n. Chr.:	Fertigstellung von Kultplätzen, Pyramiden und Tempeln
3. Jh. n. Chr.:	Handel mit und Einflussnahme auf weite Teile Mittelamerikas
5. Jh. n. Chr.:	In der Blüte, erste Anzeichen eines baldigen Zerfalls
7. Jh. n. Chr.:	Die Bewohner haben die Stadt verlassen – sie wird erst 800 Jahre später wieder entdeckt

Aztekische Jademaske eines Adeligen oder Hohepriesters.

Aus dem Völkerkundemuseum in Wien: Federschild mit der Darstellung eines Kojoten. Er wurde von den Einwohnern wegen seiner Flinkheit verehrt. Wer sich symbolisch mit dem Kojoten schmückt, nimmt, – so ein alter Indianerglaube – dessen Attribute an.

Alltag in einer blühenden Stadt

Teotihuacán erlebte seine Blütezeit um 500 n. Chr. Bis zu 200.000 Menschen sollen in etwa 70.000 Einzelhäusern gelebt haben. Mit einer Fläche von mindestens 13 km² war die meisterhaft geplante Stadt größer und moderner als jede andere ihrer Zeit. Pyramidenförmige Kultstätten zogen zahlreiche Pilger an, was auf einen florierenden Handel schließen lässt. Indizien dafür sind exklusive Beigaben in Gräbern aus der Zeit zwischen 150 und 600 n. Chr., die in Teotihuacán gefertigt worden waren und die man in ganz Mexiko fand.

Unter den Ruinen der Stadt finden sich Hinweise auf ein perfekt ausgearbeitetes Entwässerungssystem – damals zweifelsohne ein Komfort, der Einheimischen wie Besuchern zugute kam.

Heute sind die Touristen von drei Bauwerken besonders fasziniert: der Sonnenpyramide, der Mondpyramide und dem Tempel des Quetzalcoatl. Sie alle sind verbunden durch die »Straße der Toten«, der damaligen Hauptverkehrsader Teotihuacáns.

Die Sonnenpyramide

Dominiert wurde die einst blühende Stadt von der so genannten Sonnenpyramide. Mit ihren Seitenlängen von je 250 Metern und einer Höhe von 70 Metern ist sie die höchste Pyramide Mittelamerikas. Über zweieinhalb Millionen Tonnen Ziegel und Geröll wurden für den beeindruckenden Bau verarbeitet. 1971 entdeckten Archäologen, dass sich unter der Pyramide eine Höhle in der Form eines vierblättrigen Kleeblatts befindet. Diese Höhle ist wesentlich älter als die Pyramide selbst. Vermutlich war sie schon vor dem Bau des in den Himmel ragenden Denkmals die Wallfahrtsstätte, zu der es die Pilger der präkolumbianischen Kultur zog. Noch heute legen Nachfahren der Azteken Blumengaben vor den Eingang der Kulthöhle.

Die Mondpyramide

Die fünfstöckige Mondpyramide ist kleiner als die Sonnenpyramide und weist Seitenlängen von »nur« 145 Meter bei einer Höhe von 46 Metern auf. Unter der Mondpyramide hat ein Archäologenteam aus Mexiko, den USA und Japan, unter der Leitung von Dr. Ruben Carbera bei Ausgrabungen im Jahr 1998 zwei Gräber mit Menschenopfern entdeckt. Die Toten waren wie bei den ersten Ausgrabungen wieder in einer bestimmten Art arrangiert und auch hier hatte man Beigaben wie z. B. Jaguarskelette, Kojotenknochen, Adler, Schlangen, Messer, Pfeilspitzen, Kultfiguren und Schmuckstücke beigelegt. Die Tierbeigaben erklären sich aus einer präkolumbianischen Symbolik, die jedem Tier bestimmte Qualitäten zuschrieb, so z. B. dem Jaguar die Kraft und dem Kojoten Raffinesse sowie Schnelligkeit.

Das bedeutendste antike Bauwerk Mexikos ist der Tempel der gefiederten Schlange in Teotihuacán. Seine Westfassade ist mit in Stein gehauenen Schlangen verziert. Der Tempel selbst war vermutlich zentrales Monument eines Kriegerkultes, der später auch die Azteken und Tolteken beeinflusste.

Am Tag der Tag- und Nachtgleiche geht die Sonne genau über der Sonnenpyramide unter. Noch heute dient das Bauwerk deshalb als Kulisse für kultische Tänze und die Verehrung einer höheren Macht.

Die Pyramiden Teotihuacáns unterscheiden sich ein wenig von den ägyptischen Bauwerken. Während die Ägypter den Innenraum der steinernen Denkmäler als Grabstätten benutzten, waren die Pyramiden der mesoamerikanischen Stadt einem Berg nachempfunden und sowohl als Grabstätten als auch zum Besteigen gedacht.

Ihre abgeflachten Spitzen weisen auf eine Altarfunktion hin. Stufen führen durchgehend bis nach oben, wo sich, so vermuten Forscher, jeweils ein strohbedecktes Heiligtum befand, in dem kultische Handlungen und das rituelle Darbringen von Menschenopfern stattfanden. Vielleicht liegen darin auch die Wurzeln für die rituellen Tötungen der Azteken. Deren Krieger lebten in dem Glauben, dass es nur zwei ehrbare Wege zu sterben gäbe: in einer Schlacht oder durch Priesterhand.

Der Tempel von »Gott Federschlange«

Neben den Kultpyramiden zieht vor allem der Tempel des Quetzalcoatl die Besucher in seinen Bann. Quetzalcoatl war für die Erbauer Teotihuacáns vermutlich ein Vegetationsgott,

Rituelle Darstellung eines Jaguars.

Die Kraft der Grabbeigaben

Bei den Knochen der Menschen, die man unter der Mondpyramide fand, lagen Jaguarskelette als Grabbeigabe. In ganz Mittelamerika wurde der Jaguar – besonders von Kriegern – wegen seiner Stärke, seiner Schönheit und seiner Eleganz verehrt. Sein geflecktes Fell assoziierte man mit dem Sternenhimmel. Der Jaguar repräsentierte jedoch auch das Schicksal der Menschen, denn nachts, so erzählte man, verwandelte sich das Raubtier in einen grausamen Krieger, der eine Gefahr für jedes Leben war. Als zerstörende Kraft bedrohte der Jaguar sogar das Universum. Vielleicht haben ihn die Bewohner Teotihuacáns deshalb unter der Pyramide des Mondes beigesetzt – so schienen seine angeblichen destruktiven Energien gebannt. Auch Messer fand man als Grabbeigaben. Sie waren mehr oder weniger kostbar und zeigten wohl den Status des Verstorbenen innerhalb seines Volkes an. In jedem Fall symbolisieren Messer einen kämpferischen Geist.

Griff eines aztekischen Zeremonialmessers: Einlegearbeit mit Muscheln und Türkisen.

Im Talud-Tablero-Stil (Schrägwand/Steilwand) wurde der sechsstufige Pyramidentempel des Quetzalcoatl gebaut. Streng blicken die steinernen Schlangenfiguren auf die Besucher herab.

denn sein Bildnis, das einer gefiederten Schlange, wechselt sich mit dem des Regengottes Tlaloc, einem Maskenkopf, auf der reich mit Götterbildnissen verzierten Westfassade des Tempels ab. Zu den insgesamt 354 Reliefs kommen noch 12 Köpfe der Feuerschlange, die präkolumbianischen Vorstellungen zufolge die Sonne während ihres Tageslaufs über den Himmel trägt, hinzu.

Forscher bemerkten, dass die Zahl aller Steinköpfe 366 beträgt. Diese Zahl entspricht den Tagen eines Schaltjahrs. Vier Außentreppen zu je 13 Stufen führen zur Zahl 52, der Wochenanzahl eines Jahres. 13 Monate hätte ein Jahr, legte man ihm den Mondzyklus von je 28 Tagen zugrunde. All dies scheint ein Beweis dafür, dass sich das Volk der Erbauer im Rhythmus mit den himmlischen Gezeiten befand. Betrachtet man die ganze Stadt unter astronomischen Gesichtspunkten, wird tatsächlich Erstaunliches offenbart.

Dem Himmel so nah

In der Anlage Teotihuacáns ist das geometrisch-astronomische Wissen seiner Baumeister verschlüsselt. Als dessen Entdecker gilt der Ingenieur Hugh Harleston, dem 1974 die Entschlüsselung eines einheitlichen Maßstabes von 1,059 Metern gelang – des Grundmaßes aller Bauten Teotihuacáns. Wie eine Bombe schlug die Computerauswertung dieser Grundzahl ein, denn danach war deutlich zu erkennen, dass die Gebäude entlang der Hauptachse der Stadt die Bahndaten der Planeten unseres Sonnensystems in der richtigen Distanz zueinander darstellten. Nach der Mar-

kierung von Merkur, Venus, Erde und Mars folgt der Asteroidengürtel, symbolisiert durch einen Bachlauf mit Gesteinsbrocken, die für die kleinen Asteroiden stehen.

Zum Schluss kommen Bauten für Jupiter, Saturn und Uranus. Zur ihrer Verblüffung fanden Forscher genau an den berechneten Stellen für Neptun und Pluto die Ruinen zweier Tempel.

Der Bestsellerautor Erich v. Däniken vermutet den Einfluss einer außerirdischen Macht: »Haben Götter-Astronauten von fernen Sternen hier ein Zeichen setzen lassen, über das zukünftige Generationen stolpern sollten? Gaben sie den antiken Architekten ein Modell des Sonnensystems als steingewordene Botschaft für die Zukunft?« Unterstützung erhielt von Däniken durch weitere Auswertungen: Die Verhältniszahlen der Pyramidenmaße weisen auf das Dreifachsternsystem Alpha Centauri in 4,34 Lichtjahren Entfernung hin.

Das bittere Ende

Warum sich das Ende des hochentwickelten Teotihuacán so plötzlich vollzog, ist ebenso ungewiss wie es seine Anfänge sind. Ein Teil der Wissenschaft erklärt den Untergang der Stadt durch eine Reihe von Dürrekatastrophen im 5. und 6. Jahrhundert n. Chr., wodurch die landwirtschaftlichen Erträge der Handelsmetropole beeinträchtigt wurden. Andere Forscher vertreten die Meinung, dass es weder Dürrekatastrophen noch Hungersnöte gab, sondern religiöse Ursachen für das abrupte Ende der Stadt verantwortlich sein sollen. Welche Vermutung auch stimmen mag – das endgültige Aus von Teotihuacán wird wohl nie geklärt werden.

Blick von der Mondpyramide auf die Straße der Toten. Sie verläuft an der Sonnenpyramide vorbei, bis zur Ciudadela und dem Tempel des Quetzalcoatl

Der Mythos »Quetzalcoatl«

Der mythische Quetzalcoatl, den die Einwohner Teotihuacáns aller Wahrscheinlichkeit nach als Vegetationsgott verehrten und der sich im Laufe der Jahrhunderte bei den Azteken zum Schutzherrn der Priester, Beschützer der Handwerker und Erfinder des Kalenders entwickelte, nahm in fast allen mesoamerikanischen Kulturen eine Vorrangstellung unter den Göttern ein. Nach dem Auftreten eines realen Quetzalcoatl, eines Priesterkönigs der Tolteken, wurden vermutlich der mythische und der »echte« Quetzalcoatl vermischt, obwohl es dafür keine klaren Belege gibt. Dies kommt in einer Geschichte zum Ausdruck, in der man von Quetzalcoatls Rivalität mit Tezcatlipoca, dem Gott der Nacht und des Nordens, erzählt: Während der Priesterkönig Quetzalcoatl von seinen Untertanen nur Tieropfer wünschte, dürstete sein Widersacher nach Menschenblut. Es kam zu einer Auseinandersetzung, die Tezcatlipoca gewann. Quetzalcoatl wurde 987 aus seiner Hauptstadt Tula vertrieben. Man sagt, er hätte sich aus Gram selbst auf einem Scheiterhaufen verbrannt und sei als Planet Venus wiedergeboren. Die Venus wiederum wird mit einem Kriegersymbol der Azteken, der gefiederten Schlange, in Verbindung gebracht. Dies erklärt, warum man auch den »realen« Quetzalcoatl als gefiederte Schlange abbildete und verehrte.

Mosaikmaske des Quetzalcoatl aus Türkisen. Die Zähne sind aus Muscheln gefertigt worden.

Machu Picchu – verlorene Stadt

Im Jahr 1911 wurde in Peru durch Zufall eine der imposantesten Inkastätten Südamerikas entdeckt. 2360 Meter über dem Meer liegt der Ort Machu Picchu, der mehr als 400 Jahre den Augen der Öffentlichkeit verborgen war.

Im südlichen Zentralperu, auf einem Bergsporn über den Ufern des Río Urubamba, liegt majestätisch die Urwaldstadt Machu Picchu. Als 1911 die sensationelle Nachricht von ihrer Entdeckung durch Hiram Bingham (1875–1956), einem jungen Geschichtsprofessor der Universität Yale, durch die Weltpresse ging, begannen sich schnell Gerüchte um die Inka-Stadt zu ranken.

In der Region um Machu Picchu wurden bis zum Beginn des 21. Jahrhunderts mehrere Städte entdeckt, von deren Existenz bis dahin niemand wusste – auch die Überlieferungen der Inka kannten sie nicht. War die gesamte Gegend um Machu Picchu ein geheimer oder vor Jahrhunderten vergessener Landstrich?

Sensationen und Gerüchte

Von seiner Gier nach Gold getrieben, brach Pizarro 1527 auf, um in Südamerika das Reich der Inka zu erobern. Mit seinen etwa 200 gut ausgerüsteten Soldaten gelang dies zwar auch, doch scheint er nicht überall hingekommen zu sein, denn die Region um Machu Picchu hat er nie erreicht. Historiker vermuten, dass sie als letzte Bastion der Inka vor den Spaniern geheim gehalten werden konnte.

Wissenschaftler haben zahlreiche Theorien aufgestellt, um zu erklären, warum diese Stadt erbaut wurde und was für eine Funktion sie hatte.

War Machu Picchu eine »Stadt der Frauen«? Darauf deuten die ausschließlich weiblichen Skelette hin, die auf dem Friedhof der Stadt gefunden wurden.

War es eine Grenzbefestigung? Der Inka-Staat musste sich womöglich vor Überfällen der Waldindianer schützen.

Soll Machu Picchu eine Strafkolonie für Koka-Anbauer gewesen sein? Die vielen Terrassenfelder im Umkreis der Stadt geben dieser Vermutung Nahrung, zumal die Inka damals tatsächlich das von ihnen besiegte Indianervolk der Antis zu Zwangsarbeiten einsetzte.

Oder diente die Stadt als Zufluchtsstätte des letzten Inka-Kaisers Tupac Amaru, der 1572 starb? Dies ist nur eine kleine Auswahl der Vermutungen, die aber bislang nicht bewiesen werden konnten.

Explosive Kulte

Ein besonderes Rätsel umgibt den »torreon«, einen Felsen auf dem Huayna Picchu, der wie ein grüner Zuckerhut die »Perle der Anden«, wie Machu Picchu genannt wird, überragt. Auf ihm befindet sich ein Altarblock, der Spuren einer gewaltigen Verbrennung trägt. Die obersten Schichten sind förmlich weggeplatzt. Hiram Bingham notierte: »Die Oberfläche musste eine extrem hohe Temperatur erleiden.« Brannte einst ein starkes Opferfeuer auf diesem Monolith? Rund um die Welt gibt es Brandaltäre, aber keiner zeigt nur annähernd die Auswirkung solcher zerstörerischen Kräfte. Fast ist man geneigt, anzunehmen, hier sei eine moderne Energiewaffe zum Einsatz gekommen. Oder experimentierten prähistorische Alchemisten mit uns unbekannten Stoffen?

In Machu Picchu ist es den Besuchern gestattet, sich frei in der Inkastätte umzusehen. Auf den Spuren der Vergangenheit kann man so auf Wegen und durch Tore wandern, die das Indiandervolk einst vor der Welt verborgen hielt.

Götter, Geister, Zauberriten

Auf den Zaubermärkten Boliviens und Perus lassen sich Indios wie schon zur Zeit der antiken Inka aus schimmernd-grotesken Bleigebilden die Zukunft weissagen. Sie kaufen getrocknete Lama-Föten oder Talismane, um vor Verwünschungen und bösen Geistern sicher zu sein. Der Pacha Mama, der Mutter Erde, wird wie vor Jahrhunderten geopfert – hoch in den Bergen oder in den großen Städten zwischen modernen Wolkenkratzern. Es ist derselbe Glaube an die Macht der Götter, der schon zur Zeit Machu Picchus gelebt wurde. Nach diesem Glauben hoffen viele Indios auch auf die Wiederkehr des letzten Inka-Prinzen, dessen Name nicht bekannt ist. Eine Legende erzählt, er soll im Jahre 1550 im Kirchturm der Kathedrale von Cuzco, der alten Reichshauptstadt der Inka, verschwunden sein, ganz in der Nähe der Stelle, wo der letzte Herrscher, Tupac Amaru, hingerichtet wurde. Die Prophezeiung besagt, der Prinz werde einst an dieser Stelle wieder hervortreten.

Dem Entdecker Machu Picchus, Hiram Bingham, war der Weg zur geheimnisumwobenen Inka-Stätte vage aus alten Indio-Mythen bekannt. Einheimische hatten ihm von einem versteckten Ort auf der Bergkette Vilcabamba, oberhalb des Flusses Urubamba, erzählt. Den entscheidenden Hinweis erhielt der Entdecker von einer Gruppe Indios, die sich in der Nähe Machu Picchus niedergelassen hatte.

Eine vergessene Kultur?

Der peruanische Archäologe Dr. Victor Angles ist der Ansicht, die Inka hätten Machu Picchu nicht vor den Spaniern geheimhalten können. Die Ruinenstätte muss einst eine viel zu große Bedeutung gehabt haben, als dass die Spanier nicht von ihr gehört hätten. Die Spione der Eroberer waren schließlich überall im Land und sie arbeiteten mit bedeutenden Mitgliedern des Hofstaates zusammen. »Und doch wussten die Spanier nichts von Machu Picchus Existenz. Warum?«, fragte 1971 der amerikanische Altertumswissenschaftler John Hemming. Seine Antwort: »Die einzig mögliche Erklärung ist, dass die Inka selbst nichts davon wussten.«

Machu Picchu (»alter Berg«) hat eine verblüffend strukturierte Bauweise. Es ist deutlich in mehrere Bezirke eingeteilt. Der Intihuatana-Fels im astronomischen Bezirk diente den Inka als Observatorium zur Bestimmung der Sonnenstände.

Es könnte sein, dass dieses Gebiet schon lange vor der Eroberung Perus verlassen war. Kriegszüge der furchterregenden Antis, Indianer aus den tropischen Wäldern, könnten möglicherweise dafür verantwortlich sein, dass um 1550 niemand mehr von Machu Picchu wusste. Der Direktor des Anthropologischen Museums in Lima, J. E. Nuñez, sagt zum heutigen Forschungsstand: »Gegenwärtig ist kein professioneller Archäologe imstande, die offenen Fragen zu Machu Picchu zu beantworten.« Und der Archäologe Luis A. Pardo aus Cuzco in Peru ist der Überzeugung, dass die »verlorene Stadt das sibyllinische Geheimnis eines uralten Volkes wahrt.«

Ein prä-inkaischer Staat

War Machu Picchu bereits aus den Erinnerungen der Anden-Indianer verschwunden, als die Spanier Peru eroberten? Manches im Baustil deutet auf die imperiale Epoche des Inka-Königs Pachacuti (1438–1471) um 1440 n. Chr. hin. Die Inka-Dynastie, die erst um 1230 mit einem kleinen Indianerstamm in Peru eingewandert war und ab Mitte des 14. Jahrhunderts ihr Reich auszudehnen begann, hätte demnach lediglich hundert Jahre Zeit gehabt, um Machu Picchu in seinen gewaltigen Ausmaßen, mit seinem Kanalsystem und den in die Felswände getriebenen Terrassen zu erbauen, zu bewohnen, zu verlassen und – zu vergessen. Viele Forscher halten dies für unmöglich. Der Archäologe und Astronom Dr. Muller gelangte vor kurzem aufgrund mathematischer Berechnungen zu dem Schluss, dass das »Astronomische Observatorium« der Stadt auf 4000 Jahre v. Chr. datiert werden kann. Der Architekt und Ingenieur Oswaldo Paez Patiño von der Universität Cuzco weist Machu Picchu »einen älteren Platz als den ägyptischen Pyramiden« zu.

Tatsächlich fand ein Archäologenteam dort 3000 Jahre alte Scherben. Damit bestätigten sich die Annahmen des renommierten peruanischen Forschers Dr. Julio C. Tello, der bereits um 1930 dieses Alter annahm. Als 1990 ein Absinken des Haupttempels befürchtet wurde, stieß man bei Stützarbeiten auf zyklopische Steinblöcke, die 150 Meter tief lagen. Die Grundfeste der Stadt ruhen somit auf wesentlich älteren Strukturen, als man bislang annahm.

Zyklopenstädte

Entlang der Anden trifft man häufig auf Gigantenstädte aus gewaltigen zugeschnittenen Felsblöcken. Auch Machu Picchu gehört zu einem netzförmigen System von »Ceques«, monolithische Orte. Sie stammen alle aus einer weit zurückliegenden Periode, denn schon die Inka staunten über die Reste dieser sehr präzisen Bauten. Wie die antiken Völker

die riesigen Steine schneiden, schleifen und oft über weite Strecken transportieren konnten, bleibt ein Rätsel. Überlieferungen besagen, die Erbauer hätten einen Pflanzensaft gekannt, mit dem sie die Steine butterweich machen und zuschneiden konnten. So sollen auch andere Monolith-Kulturen aus anderen Teilen der Welt ihre riesigen Bauten und Skulpturen errichtet haben.

Machu Picchu besaß durch seine Gesamtkonzeption eine herausragende Stellung. Eine Legende erzählt, der erste Inka-Herrscher Manco Capac habe seinem Bruder um 1200 n. Chr. befohlen, einen »Tempel mit drei Fenstern« zu erbauen. Und tatsächlich ist ein solches Gebäude, das in ganz Südamerika einmalig ist, in Machu Picchu zu sehen. Das Bauwerk sollte an dem Ort errichtet werden, an dem Manco Capac und sein Bruder durch den Strahl der Sonne erzeugt worden waren. Und so fragte sich schon der Entdecker Machu Picchus, Hiram Bingham, ob er etwa diesen mythischen Erscheinungsort gefunden hatte. Wenn dem so wäre, dann könnte die versunkene Stadt noch zahlreiche Geheimnisse bergen.

Wer nach Machu Picchu möchte, hat die Möglichkeit, den »alten Inkapfad« zu gehen. Nahezu vier Tage ist man entlang des Flusses Urubamba und auf kleinen Trampelpfaden unterwegs, die in einer Höhe von 2300 Metern beginnen. Dass sich die Mühen des Aufstiegs gelohnt haben, weiß man, wenn man vor den Ruinen der alten Inkastätte steht. Deutlich sind die einstigen Häuser und Tempel, die sich an den Bergrücken anlehnen, zu sehen.

Das Indianerorakel Chavín de Huántar

Im nördlichen Hochland von Peru, in einem tief eingeschnittenen Tal, liegt das Zentrum der Chavín-Kultur, Chavín de Huántar. Die Menschen dort haben von ca. 850 bis 200 v. Chr. eine große Anzahl von Bauten, Skulpturen und Goldarbeiten hergestellt. Vieles davon ging zu Zeiten der spanischen Eroberung im 15. Jahrhundert verloren. Die Kultur von Chavíns, die ihr Gold aus naheliegenden Flüssen gewann, beeinflusste alle nachfolgende Indianderstämme der Region, so auch die Inka. Diese Inka-Goldfigur wurde in Cuzco gefunden.

Ehrfurcht gebietend thronte der Tempel auf drei U-förmigen Ebenen aus gigantischen Steinquadern. Ein heiliger Schauer durchfuhr die Hochlandindianer, als sie an seinen hohen Mauern hinaufblickten. Zehn Meter über ihnen ragten aus Stein gehauene Menschenköpfe mit riesigen Fangzähnen aus der Wand. Die mythischen Mischwesen ließen das Volk erstarren. Sie befanden sich unmittelbar vor dem Eingang zum Allerheiligsten – der Orakelstätte Chavín de Huántar in Peru. Und wie durch ein Wunder erschienen plötzlich im Hauptportal, dem Neuen Tempel, die mit goldenen Kopfkronen und Federmänteln geschmückten Schamanenpriester der Indianer und verkündeten ihrem gläubigen Volk den Willen der Götter.

Der lächelnde Gott

Chavíns Anfänge reichen in das erste vorchristliche Jahrtausend zurück. Innerhalb kürzester Zeit wurde damals in nur zwei Bauphasen eine glanzvolle, 5400 Quadratmeter große Tempelstätte mit vielfältigen Reliefs und Skulpturen errichtet. Die energiereiche Aura des Ortes zog die Menschen selbst aus entlegensten Tälern in das damals bedeutendste Kultzentrum Südamerikas. Doch welches Geheimnis verbarg sich hinter den Säulen des Eingangs? Welches Rätsel hielt der friesgeschmückte Tempel bereit?

Es war ein imposantes Götterbild, »El Lanzón«, herausgemeißelt aus einem viereinhalb Meter hohen, zwei Tonnen schweren Monolithen. Die anthropomorphe Gottheit, halb Mensch, halb Raubkatze, wurde von den Indianern als höchstes Wesen unter vielen Göttern verehrt. Ein grausamer Gott war dies wohl nicht, denn er lächelt noch heute, im mystischen Dunkel der Tempelreste verborgen, seinen Besuchern entgegen.

Die Chavín Götter

Die Hauptgötter der Chavín-Kultur sahen alle etwas grausam aus. Ihre Haare bestanden mitunter aus Schlangen, Jaguarzähne bleckten aus riesigen Schnauzen und Raubtierklauen hielten seltsame Stäbe. Doch sie waren den Menschen Helfer in der Not, denn man bat sie um landwirtschaftlichen Segen, um von sintflutartigen Regenfällen und katastrophalen Dürreperioden verschont zu bleiben.

An der Spitze des Sozialwesens stand die Priesterkaste. Sie setzte, wie in Chavín de Huántar, ihre astronomischen Kenntnisse u. a. zur Anlage und Kontrolle von Wasserkanälen ein. Daraus kann man schließen, dass die zeremonialen Zentren der Chavíns sowohl religiöse wie soziale Zwecke hatten: Man erzog sich die Menschen durch das Propagieren Ehrfurcht gebietender Götter, aber auch durch das Vermitteln von Wissen zu dankbaren und gefügigen Untertanen.

Götter wurden als Mittler zwischen gegensätzlichen Kräften angesehen. Die Religion Chavíns entsprang einer dualistischen Weltsicht, in der Menschen- und Götterwelt sich bipolar gegenüberstanden. Das Einflussgebiet dieses Glaubens erstreckte sich auf eine Region von 200.000 Quadratkilometern rund um die Tempelanlage.

Aufstieg und Fall

Der Zeremonialkomplex von Chavín (Blütezeit 850 bis 200 v. Chr.) konfrontiert uns mit einer der großen formativen Kulturen der Erde. Seine religiöse Inspiration bezog Chavín jedoch aus noch älteren Kulturen. Archäologen fanden in Cerro Sechín (Peru) Steinreliefs, die bereits um 1300 v. Chr. Figuren und Dekorationen im chavinoiden Stil zeigen. Was schließlich um 900 v. Chr. den jähen Verfall der Städte längs der Pazifikküste auslöste und zum glanzvollen Höhepunkt Chavíns, östlich der Weißen Kordillere, dieses gewaltigen Gebirgszuges in Peru, führte, bleibt ein Rätsel. Vielleicht war es bereits damals das El-Niño-Phänomen, eine anomale Warmwasserströmung im tropischen Pazifik, das man heute so sehr fürchtet, weil es eine Änderung der Temperatur und damit der Regenmengen bewirkt und somit immer wieder zu verheerenden Klimakatastrophen, aber auch durch Fisch- und Seevogelsterben zum Durchbrechen der natürlichen Nahrungskette führt.

In zahlreichen Museen Perus sind Kunstschätze der Chavín-Kultur, einer nahezu 3000 Jahre zurückliegenden Epoche, ausgestellt. Dass viele Relikte noch so gut erhalten sind, ist zu einem großen Teil auf die Existenz des Kultortes Chavín de Huántar zurückzuführen – er wurde als ein im Gebirge »versteckter« Wallfahrtsort vor Plünderungen geschont.

Über vieles, das die Menschen aus Chavín de Huántar der Nachwelt hinterlassen haben, muss nach wie vor gerätselt werden. So fand man diesen Stein mit insgesamt sechs Vertiefungen – er stellt entweder Kultschalen dar oder er weist eine astronomische Symbolik auf, die noch entschlüsselt werden muss.

»El Lanzón« (die große Lanze) wird dieses Standbild einer Gottheit genannt, das mit Reißzähnen und Klauen bewaffnet ist.

Geisterwelten

Was war dies für ein Kult, den die Pilger von Chavín de Huántar betrieben? Die präkolumbianischen Gemeinschaften lebten in einer Welt schamanischer Vorstellungen. Sie war von Beschwörungsritualen um Geister, bösem Zauber, Krankheit und Tod geprägt – eine übernatürliche Welt, die nur mit Zauberkräften besänftigt werden konnte. Schamanenpriester versetzten sich durch die Einnahme von Rauschmitteln und den rhythmischen Schlag von Trommeln oder Rasseln in einen bewusstseinserweiternden Zustand. In Trance nahmen sie Kontakt zu Jenseitswelten und Göttern auf.

Heilige Drogen

Die meisten Andenvölker verwenden bis auf den heutigen Tag Kokablätter unter Zusatz von Kalk als Katalysator für ekstatische Trancezustände. Den präkolumbianischen Völkern stand zudem eine vielfältige Pflanzenwelt zur Verfügung, aus denen sie Halluzinogene herstellen konnten, die auf das zentrale Nervensystem einwirkten und Visionen erzeugten. Auf Abbildungen in Chavín sieht man beispielsweise den säulenförmigen San-Pedro-Kaktus, der die Psychodroge Meskalin enthält und der bewirkt, dass man Farben hören und Klänge sehen kann. Der San Pedro wird noch heute für magische Heilungsrituale in Peru und Bolivien verwendet. Die spanischen Eroberer notierten zum San Pedro, dies sei die Droge, womit der »Teufel die Indianer betrog« – offensichtlich fehlte den

Eroberern das Verständnis für den Sinn einer absichtlich herbeigeführten Bewusstseinserweiterung.

Die Schamanen gelangten mit Hilfe des Meskalin in ferne Welten des Kosmos und in andere Seins-Dimensionen, aus denen sie neues Wissen über Heilungsmethoden und die Zukunft bezogen. In einer beeindruckenden Zeremonie verkündeten sie die Orakel, die sie von ihrer transzendenten Reise mitgebracht hatten.

Fauler Zauber?

Die gesamte Tempelanlage war in ihrem Inneren von einem unterirdischen Labyrinth aus Tunneln und Aufgängen durchzogen. In ihrem Zentrum befand sich das »El Lanzón«. Der Monolith stand – und steht heute noch – in einem länglichen Raum. Er war so groß, dass er die Decke zum darüberliegenden Gemach durchbrach. Der Archäologe Thomas Patterson vermutet, dass die Orakelpriester durch dieses Loch in der Decke sprachen, das wie ein Schalltrichter wirkte. So wurde der »Lächelnde Gott«, das »Große Idol«, der steinerne Monolith, zu einem »redenden Orakel« und zu einer Legende, die sich selbst noch im 17. Jahrhundert hielt, als man Chavín de Huántar wiederentdeckte.

Als die Inka im 13. Jahrhundert die Anden eroberten, fanden sie neben den Traditionen Chavíns noch viele andere, aus denen sie schöpfen konnten. Eine davon war das Indianerorakel von Chavín de Huántar, das man im Tempel von Pachacamac, in der Nähe von Lima, praktizierte.

Tosende Schrecknisse

Der peruanische Archäologe Luís Lubreras erkundete 1966 ein geschickt installiertes Kanal- und Rohrsystem im Chavín-Tempel. Als er Wasser in dieses hydraulische Netz einfließen ließ, erscholl ein furchterregendes Dröhnen, gleich dem gewaltigen Händeklatschen einer großen Menschenmenge. Der ohrenbetäubende Lärm muss einen unglaublichen Eindruck auf die Besucher hinterlassen haben. Wahrscheinlich hat man das Tosen als Zeichen aus der Götterwelt gesehen. In Angst und Schrecken versetzt, nahmen die Indianer der darauf folgenden Orakelstimme wohl jede Weissagung ab. Diese »Technik« war in Lateinamerika weitverbreitet. Ein ähnlicher Kult wurde noch bei der Ankunft der Spanier 1534 in Pachacamac nahe Lima ausgeübt.

Der Kailasa-Tempel in Ellora im heutigen indischen Bundesstaat Maharashtra wurde im 8. Jahrhundert aus einem mächtigen Felsen herausgemeißelt. Als beeindruckend erweist sich der Tempel schon, wenn man vor ihm steht, doch offenbart sich seine ganze Pracht vor allem aus der Vogelperspektive.

Die indischen Felsentempel

Wenn man in Ellora im Bundesstaat Maharashtra an einer nach Westen gerichteten Felswand entlanggeht, kann man insgesamt 34 Höhlen besichtigen. Keine gewöhnlichen Höhlen, wohlgemerkt, denn Handwerker arbeiteten fünf Jahrhunderte daran, für Hinduisten, Buddhisten und Jains, den Angehörigen der indischen Religion des Dschainismus, kunstvolle Tempel, Klöster und Versammlungshallen aus dem gewachsenen Fels zu schlagen. So sind die außergewöhnlichsten Schöpfungen südindischer Architektur entstanden.

Ein einzigartiger Bau

Am Ende des Weges, wenn man meint, alle staunenswerten Gebäude gesehen zu haben, wartet das eindrucksvollste Bauwerk auf den Betrachter: der Kailasa-Tempel. Er gehört sicherlich zu den kühnsten architektonischen Unternehmungen der Menschheit. Ein kompletter Tempel, ein höchst komplexes räumliches Gebilde, mit allen inneren und äußeren Formen, ist aus dem gewachsenen Felsen herausgemeißelt worden.

Man muss sich seine Größe vor Augen führen. Er nimmt zweimal so viel Raum wie der Parthenon-Tempel in Athen ein und ist eineinhalbmal so hoch. In über 100 Jahren Bauzeit wurden 200.000 Tonnen Gestein entfernt. Der

In der Höhle Nummer 17 der mehrstöckigen Höhlen bei Ajanta befinden sich bezaubernde Fresken mit Motiven aus dem Leben des Siddharta Gautama. Hier hofieren Untertanen den jungen Prinzen.

Malereien

Bei Ajanta in der Wand einer halbmondförmigen Schlucht, die der Fluss Waghora geformt hat, finden sich etwa 30 mehrstöckige Höhlen. Die ältesten stammen aus der Zeit von 200 v. Chr. bis 200 n. Chr. Erst 400 Jahre später wurden die restlichen Höhlen errichtet. Einige dieser Tempel beherbergen bemerkenswerte Wandmalereien. Sie haben sich nur so gut erhalten, weil sie hier vor Regen und Hitze geschützt blieben. Die historischen Szenen aus dem Leben des Buddha Siddhartha Gautama stellen das großartigste Denkmal buddhistischer Malerei in Indien dar. Sie zeigen die berühmten Ausfahrten des Prinzen aus seinem Schloss, bei denen er das Leiden der Menschen kennen lernt und den Entschluss fasst, der Welt zu entsagen und die Ursache des Leidens finden zu wollen. Man sieht die Verführungsversuche Maras, einer Verkörperung des Todes, der Gautama davon abbringen will, den Menschen seine Lehre zu verkünden. Auf Bildern der so genannten Jatakas, den buddhistischen Legendensammlungen, werden die Erzählungen über die früheren Existenzen des Buddha dargestellt. Sie bieten einen gründlichen Einblick in das Leben in Indien vor zweitausend Jahren.

Buddhistische Bildwerke

Am Eingang zu einem der buddhistischen Höhlentempel in Ellora erscheint eine monumentale Plastik Buddhas als asketischer Wandermönch. Die schiere Größe der Abbildung soll weithin jedem in Erinnerung rufen, dass die Entsagung den Anfang des buddhistischen Pfades darstellt. Darunter sieht man Buddha im Lotossitz wie er predigt – er setzt das Rad der Lehre in Bewegung. Ganz unten seine Erscheinung als Maitreya, die Verkörperung der allumfassenden Liebe. In der Lehre von den fünf irdischen Buddhas erscheint dieser als letzter. Er wird erst in einem kommenden Zeitalter erwartet. Seine Darstellung in gewöhnlicher Sitzstellung deutet an, dass er im Begriff ist, sich zu erheben.

Nicht nur die Eingangsportale dieses Felsentempels in Ellora sind mit ungezählten Buddhadarstellungen geschmückt, auch im Inneren finden sich zahlreiche Figuren des Religionsgründers, der in seiner typischen Meditationshaltung verharrt.

Kailasa ist dem Gott Shiva geweiht und repräsentiert den Berg Kailasa im Himalaja, den Sitz des Shivas. Der Tempel steht auf einem massiven Sockel, was die erhabene Wirkung noch verstärkt.

Der Kailasa-Tempel

Im Kailasa-Tempel spiegelt sich die mystische Geisteshaltung der indischen Religionen wider. Sein Plan basiert auf der sakralen Geometrie des Mandala – das konzentrische Gefüge als grundlegende Struktur des Universums. Der Mensch erzeugte nur das Unwesentliche, den leeren Raum. Der Tempel selbst war schon immer im gewachsenen Felsen verborgen anwesend. Er musste nur aus ihm gleichsam befreit werden. Von Anbeginn der Welt hatte Shiva in diesem Felsen seinen Wohnsitz. Nun ist er auch für die Augen des Volkes sichtbar geworden.

Tempel für drei Religionen

Die reinen Hindu-Tempel sind anders angelegt. Sie wurden von oben nach unten gearbeitet und mussten weitgehend geplant werden, zumal Generationen vonnöten waren, um ihre komplizierte Architektur zu vollenden. Bisweilen wurden ursprünglich buddhistische Klöster zu hinduistischen Shiva-Heiligtümern umgestaltet, indem Buddhas zu Hindugöttern gemacht wurden.

Die Tempel der Glaubensgemeinschaft der Jains machen die strikte Askese dieser Religion deutlich. Sie sind nicht so überbordend mit Figuren und Ornamenten geschmückt wie die buddhistischen und hinduistischen, weisen aber außerordentlich detaillierte Arbeiten auf, und sind auch nicht von so großer Dimension wie diese.

Göttliche Architektur

Die ältesten Höhlentempel von Ellora wurden im 5. Jahrhundert von den Buddhisten geschaffen. Die meisten dieser Höhlen sind Aufenthaltsräume für Mönche (Viharas). In den Felsentempeln betritt man geräumige Hallen mit über sechs Meter hohen Buddhastatuen. Zurecht werden diese einmaligen Bauwerke Vishvakarma-Höhlen genannt, denn Vishvakarma ist im Hinduismus die personifizierte Schöpferkraft, der göttliche Architekt. Nur ein solcher konnte diese wunderbaren Konstruktionen ersinnen.

Symbolik der Höhle

Von alters her galt die Höhle als Ort der Initiation und der Mysterien. In archaischer Zeit wurde der Initiand in die heilige Höhle geleitet, um in die religiösen Geheimnisse eingeweiht zu werden.

In der Höhle fanden, da sie das Symbol des Schoßes der großen Mutter Natur war, Riten um den Tod und die Wiedergeburt statt. Die Dunkelheit der Höhle beförderte Versenkung und Konzentration auf das Innerste des Selbst. In diesem Innersten manifestiert sich die Gottheit. Aus der Höhle entwickelte sich das Allerheiligste, das Zentrum des Tempels, das man in Indien Garbha-Griha (»Schoß-Raum«) nennt. Hier befindet sich das Bild der Gottheit. Nicht nur in den Tempeln, die in die Felsen gehauen wurden, son-

dern grundsätzlich blieb in Indien der Raum mit dem Allerheiligsten oft eine schmucklose dunkle Kammer.

Mystische Aura

In einer buddhistischen Versammlungshalle für Meditationen in Ellora wurde die Decke so gestaltet, als ob Holzbalken eingezogen seien. Durch die Dunkelheit entsteht eine eminent mystische Aura. Der Lichtstrahl vom Eingang beleuchtet immer nur Ausschnitte des Inneren. Wenn sich das Auge an das Halbdunkel gewöhnt hat, erscheinen schemenhafte Gestalten an den Wänden. Geheimnisvoll ziehen die Stationen von Buddhas Leben am Betrachter vorbei.

Generationen von Steinmetzen und Bildhauern haben vom 4.–10. Jahrhundert an dem Tempelkomplex des Kailasa-Tempels gearbeitet, der 1983 zum Weltkulturerbe der UNESCO erklärt wurde.

Heilige Berge – Orte der Götter

Pyramiden sind Nachbildungen des heiligen Weltenberges. Die Maya in Mexiko errichteten auf dem oberen Plateau Tempel, so, wie man sich die Wohnstatt der Götter auf den heiligen Bergen vorstellte (Kukulkan-Pyramide von Chichén Itzá, Mexiko)

Im Canyon de Chelly in Arizona ragt eine Felsnadel 244 Meter in die Höhe, der Spider Rock. Nach den mythologischen Vorstellungen der Navajo Indianer handelt es sich um Tsé Náashjéé ii (die heilige Spinnenfrau), eine der wichtigsten Navajo-Gottheiten. Sie brachte den Menschen das Spinnen bei. In Navajo-Liedern, wie dem »Song of the Earth«, wird die heilige Spinnenfrau besungen: »Ich bin tatsächlich ihr Kind. Es gibt keinen Zweifel, dass ich ein Kind der Erde bin.«

Von bestimmten Bergen fühlten sich die Urvölker besonders angezogen. Eine eigenartige Kraft schien von dort auszugehen. Man sah in ihnen Verbindungsstellen zu den Göttern und himmlischen Mächten, über die sie den Kontakt mit den Menschen pflegten. Vielleicht waren die heiligen Berge die ersten Bereiche, die aus der gewöhnlichen Welt ausgesondert wurden. Ehrfürchtig musste man sich ihnen nähern. »Tritt nicht heran«, sprach der Herr zu Moses, »ziehe die Schuhe von den Füßen, denn die Stätte, darauf du stehst, ist heiliges Land.«

Himmelstürme

Nicht nur Pyramiden waren dem Weltenberg nachempfunden, dessen Spitze bis zum Sitz der Götter reichte, sondern auch die eindrucksvollsten Elemente der südindischen Tempelarchitektur, die so genannten Gopurams. Es handelt sich dabei um Tortürme, die pyramidenartig in den Himmel ragen. Sie sind üppig mit Szenen aus der Mythologie der Hindus geschmückt. Auf manchen Gopurams ist der Aufbau der Welt festgehalten: die Tiere auf der untersten Stufe, gefolgt von den Menschen, darüber himmlische Wesen, schließlich die Götter.

Wie ein Bergmassiv stehen die heiligen Tempel Indiens da. An den Seitenwänden wird die vielgestaltige Götterwelt, bisweilen in erotischen Verschlingungen, dargestellt. Im südöstlichen Bundesstaat Tamil Nadu steht dieser Gopuram.

Der Olymp, der mit 2917 Metern höchste Berg Griechenlands, ist auch der Namensgeber für den Gebirgszug, der in Mittelgriechenland, an der Grenze Thessaliens und Makedoniens, liegt. Seit Urzeiten ist hier der Sitz der griechischen Götterwelt, wo Zeus, für den Menschen unerreichbar, in luftiger Höhe thront. Die farbige Aquatintazeichnung wurde um 1801/1806 von Edward Dodwell (1767–1832) angefertigt.

Berg der Schöpfung

In Kalifornien, an der Grenze zwischen den USA und Mexiko, erhebt sich der Cuchama, »die erhabene Stätte«. Die Indianer glaubten, dass der Berg auf mysteriöse Weise errichtet wurde, damit die Menschen auf ihm mit den Göttern Zwiesprache halten mögen. Sie nennen ihn auch »Berg der Schöpfung«. Wo Himmelsgott und Erdmutter ihre heilige Hochzeit feierten, dort offenbaren sich auch heute noch die Himmlischen jenen Menschen, die mit dem »Auge des Herzens« schauen können, wie die nordamerikanischen Indianer sagen.

Berg der Offenbarung

Auf den heiligen Bergen ereigneten sich Offenbarungen und Inspirationen von Propheten. Auf dem Sinai hielt Moses mit dem Gott der Juden Zwiesprache und empfing von ihm die Gesetzestafeln. Auch der Prophet Elias stieg auf einen Berg, wenn er mit Jahwe sprechen wollte. Jesus hielt die bedeutendste seiner Predigten bezeichnenderweise auf einem Berg und er wurde auf einem Berg verklärt. Der Engel Gabriel umfing Mohammed auf dem heiligen Berg Hera und gebot ihm, seine Prophetenrolle anzunehmen.

Wohnstatt der Götter

Dass Götter auf den Gipfeln hoher Berge wohnen, gehört zu den häufigsten mythologischen Motiven. Am bekanntesten sind wohl die Wohnstätten des griechischen Gottes Zeus auf dem Olymp und des indischen Shiva auf dem Kailas. Für die Hindus ist der Kailas der heiligste Berg, das Ziel vieler Pilgerreisen.

Auch die sibirischen Stämme kennen heilige Berge. Bei den Jakuten ist es der Dzokuo-Berg und bei den Altaiern der »eiserne Berg« Temir Taixa, deren Spitzen in den Himmel reichen. Adams Peak, der weithin sichtbare Berg in Sri Lanka gilt Hindus, Muslimen und Buddhisten gleichermaßen als heilig. Eine Hohlform im Gestein am Gipfel wird als Fußspur Adams oder Buddhas gedeutet.

Der Weltenberg

Ein heiliger Berg ist ein Spiegel des Kosmos. In der indischen Mythologie gilt der Berg Meru als die Heimat des vedischen Himmelsgottes Indra. Er steht im Zentrum des Universums. Auf seinem Gipfel befinde sich die viereckige goldene Stadt Brahmas. An seinen Ausläufern liegen die acht Städte der Lokapalas, der Wächtergötter, die über die acht Hauptrichtungen des Weltkreises herrschen. Unter dem Berg befinden sich die sieben niedrigen Welten. In der untersten lebt die Riesenschlange Vasuki. Sie trägt den Berg Meru und die anderen Welten. Am Ende eines Weltzeitalters vernichtet sie diese mit ihrem feurigen Atem.

Tai Shan

Bereits vor 4000 Jahren soll der legendäre Kaiser Shun am Berg Tai Shan (»Erhabener Berg«) dem Himmel und der Erde Opfer dargebracht haben. Der Tai Shan ist der bedeutendste unter den fünf heiligen Bergen der Taoisten. Um zum Tempel des Jadekissens auf dem Gipfel des Berges zu gelangen, erklimmen die Pilger 7000 Stufen. Entlang des Weges sind die Wohnstätten zahlreicher Gottheiten, denen die Anhänger der Taoisten und Buddhisten ihre Verehrung erweisen.

Tempel-Berge

Durch die Zikkurats in Mesopotamien oder durch Pyramiden an anderen Orten – Bauwerke, die Bergen nachempfunden sind – versuchte man den Göttern näher zu kommen. Auch die Pyramiden sind Spiegelbilder des Kosmos. Ihre Stufen entsprechen Himmelsstufen, der quadratische Grundriss den Himmelsrichtungen. Bei den Azteken und Maya befand sich ein Tempel auf dem Gipfel der Pyramiden, entsprechend der Götterwohnstatt auf einem heiligen Berg.

Um die beeindruckenden Überreste der mittelalterlichen Glastonbury Abbey ranken sich viele Sagen, in dessen Zentrum häufig die Geschichte des mythischen König Artus steht.

Der Glastonbury Tor

In Glastonbury, dem Ort der Legenden um König Artus, erhebt sich der Berg Tor. Auf ihm soll sich einst eine Festung Artus' und der Eingang in die Unterwelt Annwn befunden haben. Im Mittelalter errichteten Mönche eine Kirche auf dem heiligen Hügel, die später durch ein Erdbeben zerstört wurde. In der Nähe befindet sich ein heiliger Baum. An jener Stelle soll Joseph von Arimathea seinen Stab in die Erde gerammt haben, worauf dieser zu blühen begann. Aus dem verwandelten Stab soll so der Glastonbury Thorn entstanden sein, ein unscheinbarer Baum, der, gestützt von einem Drahtgeflecht, noch heute jedes Jahr von Neuem junge Triebe hervorbringt und so der Legende ein Quentchen Wahrheit hinzufügt.

Zwei tibetische Pilger auf ihrem Weg zum Berg Kailas, dorthin wo die Götter wohnen. Für die Hindus ist hier der Sitz des Gottes Shiva, aber auch den Buddhisten gilt der Berg als heilig.

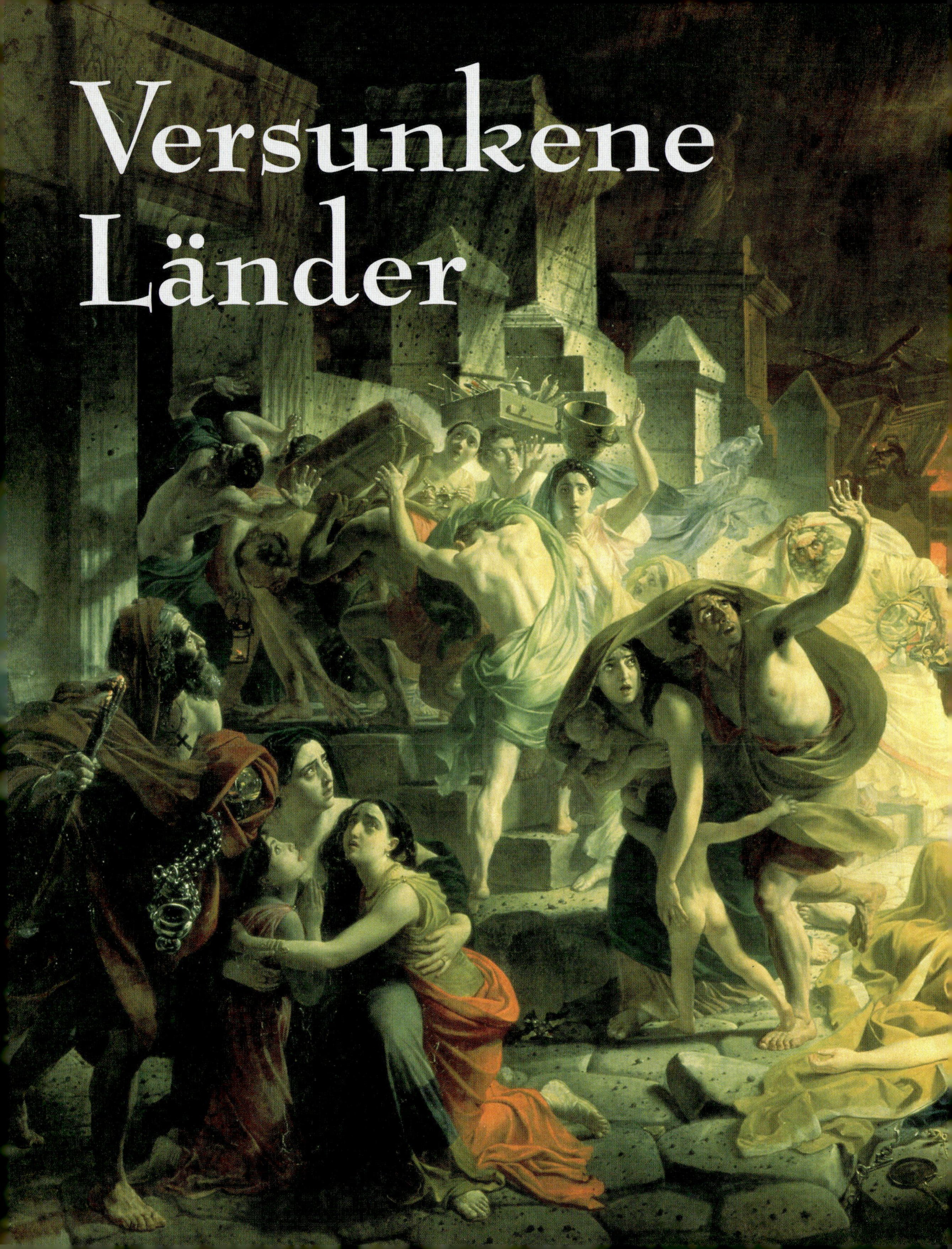
Versunkene
Länder

Das Geheimnis versunkener Welten zieht Wissenschaftler wie Abenteurer, Schriftsteller wie Leser mit fast magischer Kraft an. Denn uralte Legenden erzählen von wunderbaren Städten in den Wüsten Afrikas, von Ruinen, überwuchert vom undurchdringlichen Dschungel Brasiliens und von unbekannten Hochkulturen Südamerikas. Zwischen Fantasie und Wirklichkeit nehmen frühe Zivilisationen, die auf mysteriösen Inseln oder untergegangenen Kontinenten lagen, ihren Platz in unserem Denken ein. Und wie kaum ein anderer Mythos projiziert die Suche nach dem versunkenen Atlantis all die Ängste und Wünsche des Menschen auf ein verlorenes Paradies, das von Erdbeben und Wasserfluten unwiderruflich ausgelöscht wurde. Moderne Forschungen werfen jedoch ein neues Licht auf die fernen Horizonte der menschlichen Geschichte.

Atlantis – das verlorene Paradies

Alle Welt kennt Atlantis, aber niemand hat es je gesehen. Der zeitgenössische Künstler Dovilio Brero stellt das versunkene Reich in Anlehnung an Platons Beschreibungen als konzentrische Ringstadt dar, deren einzelne Kreissegmente mit Wassergräben voneinander getrennt sind.

Um das sagenumwobene Atlantis ranken sich Legenden und Träume der unterschiedlichsten Epochen und Kulturen. Friedvoll, technisch hoch entwickelt und vor allem glücklich sollen seine Bewohner gewesen sein.

Das Goldene Zeitalter hätte Atlantis repräsentiert, sagen alle, die an den versunkenen Kontinent glauben wollen, denn seine Existenz und sein Untergang sind keinesfalls gewiss. Überliefert ist der Mythos dieses im Meer versunkenen Kontinents durch den griechischen Philosophen und Schriftsteller Platon (427–347 v. Chr.).

In zwei schriftlichen Dialogen, »Timaios« und »Kritias«, betonte er, dass die Existenz des Kontinents, von dem er spricht, keine Fiktion sondern Wahrheit sei.

Ein Mythos wird geboren

Als Dialogfigur Kritias berichtet Platon, er habe von Atlantis durch einen seiner Vorfahren, dem griechischen Staatsmann Solon, erfahren. Dieser habe von der Geschichte des versunkenen Kontinents auf einer Reise durch Ägypten gelesen. haben will. Dass Platons Atlantik nicht unserer Bezeichnung von Atlantik entsprochen haben muss, wird deutlich, wenn man bedenkt, dass das Wort für die alten Griechen nur ein Synonym für »weltumfassender Ozean« war – womit Atlantis überall gewesen sein kann: in Troja, auf Santorin, in Indien.

Nach den Beschreibungen Platons stellten mittelalterliche Kartographen einen Lageplan von Atlantis her. Die Karte belegt nicht nur einen riesigen Kontinent zwischen Afrika und Amerika, sondern auch ein nie enden wollendes Interesse am versunkenen Kontinent.

Platon erwähnt in seinen Dialogen einen Krieg, der vor 9000 Jahren zwischen Atlantis und Ur-Athen stattgefunden haben soll und grenzt dabei die kriegsführenden Parteien geografisch voneinander ab, indem er angibt, dass die einen innerhalb der »Säulen des Herkules«, dem heutigen Gibraltar, und die anderen außerhalb lebten. »Die Atlanter lebten außerhalb dieser Säulen, auf diversen Inseln in offener See.« Diese Angaben haben zu heftigen Spekulationen über die Lage von Atlantis geführt.

Einige Forscher vermuten, dass Atlantis im Gebiet der heutigen Azoren im Atlantik gelegen hat, andere rücken es näher an Amerika, z. B. an Bimini, eine Inselgruppe vor Florida, heran, wo man tatsächlich unter Wasser Zeichen einer versunkenen Kultur gefunden

Der ideale Staat

Nach Platon war Atlantis ein ganz normaler Kontinent. »Es erstreckte sich von Norden nach Süden, hatte Berge, Flüsse, Seen und Ackerland.« Die Hauptstadt von Atlantis war ringförmig angelegt. Sie breitete sich von einem Hügel über drei Kanäle und zwei Landgürtel aus, die von einer Prachtstraße überspannt wurden. Geistiges Zentrum soll ein Poseidontempel gewesen sein, ein prachtvolles Gebäude inmitten von Palastanlagen, denn Atlantis wurde von weisen Königen, Nachfahren des Meeresgottes Poseidon, regiert.

Atlantis – ein historischer Irrtum?

In Dialogen erzählt Platon, sein Urahn Solon hätte auf einer Reise von ägyptischen Priestern von einem Krieg Ur-Athens mit Atlantis 9000 vor seiner Zeit erfahren. Zu dieser Zeit gab es jedoch das Volk der Griechen noch nicht. Die ersten griechischen Völker tauchen erst im 2. Jahrtausend vor unserer Zeit auf. Verwunderlich ist deshalb auch, dass Atlantis von griechischen Göttern dominiert wurde. Atlas, der erste König von Atlantis, soll ein Sohn des Meeresgottes Poseidon gewesen sein.

Historiker machten sich Gedanken über diese Diskrepanz und stellten eine Vermutung an: Vielleicht wurde eine historische Zahl falsch interpretiert und besagter Krieg habe statt 9000 erst 900 Jahre vor Solon stattgefunden. Das wäre ca. im Jahr 1500 v. Chr. gewesen. Zu dieser Zeit gab es auf der ägäischen Insel Santorin tatsächlich einen Vulkanausbruch.

Stimmt die Zeiten-Theorie, war Atlantis möglicherweise ein Teil des heutigen Griechenlands, was wiederum die Vorherrschaft der griechischen Götter dort erklären könnte.

Platon, der griechische Philosoph und Schriftsteller, war für seine so genannte Ideenlehre bekannt. Die besagt, dass Ideen die Urgestalten aller Dinge seien. Heute gilt Platon vor allem unter Atlantis-Forschern als einzige Informationsquelle zum versunkenen Kontinent.

Auszüge aus Platons Kritias

»Diese Insel war, wie bemerkt, einst größer als Asien und Libyen zusammen, ist aber durch Erdbeben untergegangen und hat dabei eine undurchdringliche, schlammige Untiefe hinterlassen, die jeden, der die Fahrt in das jenseitige Meer unternehmen will, am weiteren Vordringen hindert. [...] Viele Generationen hindurch hatten sie, so lange noch die göttliche Abkunft in ihnen wirksam war, den Gesetzen gehorcht und waren freundlich gesinnt gegen das Göttliche, mit dem sie verwandt [...] Als aber der von dem Gott stammende Anteil ihres Wesens durch die vielfache und häufige Vermischung mit den Sterblichen zu verkümmern begann und das menschliche Gepräge vorherrschte, da waren sie nicht mehr imstande, ihr Glück zu ertragen, sondern entarteten [...].«

Immer wieder »sehen« Menschen in Trance Atlantis, hier in einer Zeichnung der Berliner Architektin Marete Mattern. Diese Aussage deckt sich mit einem Aspekt der Entstehungsgeschichte der griechischen Mythologie, die wiederum Ähnlichkeit mit der biblischen Version der Sintflut hat. Zeus soll, nachdem die Halbgöttin Pandora Leid und Elend unter die Menschen gebracht hatte, beschlosssen haben, die Übeltaten der Menschen zu bestrafen. Er ließ es neun Tage und Nächte regnen. Alle bis auf zwei Menschen kamen um. Aus ihnen sollen die Hellenen gezeugt worden sein.

Santorin: Thera, wie das griechische Urlaubsparadies früher hieß, soll einigen Forschern zufolge, das sagenumwobene Atlantis gewesen sein. Die südlichste Kykladeninsel in der Ägäis umrahmt den Krater eines um 1525 v. Chr. ausgebrochenen Vulkans, der für den Untergang der Atlanter verantwortlich gewesen sein soll.

Das Zusammenleben der Menschen auf dem sagenumwobenen Kontinent, schildert Platon als demokratische Idealgesellschaft, eine Staatsform, die er seinen Zeitgenossen immer wieder empfahl. Möglicherweise, so Kritiker, sei Atlantis nur eine ideologische Erfindung Platons gewesen, um seine philosophischen und politischen Anschauungen besser untermauern zu können.

Alltag in Atlantis

Platon und die mit Vorbehalt zu betrachtenden Aussagen des amerikanischen Sehers Edgar Cayce (1877–1945) sind die einzigen Quellen zum Alltag in Atlantis. Bei Platon erfahren wir von einer prachtvollen Architektur. Naturstein, der in weiß, schwarz und rot vorhanden war, diente als Baumaterial. In Atlantis gab es zwei Quellen: eine mit heißem, eine mit kaltem Wasser. Dank der heißen Quelle richtete man üppige Bäder für alle Bevölkerungsschichten ein. Das Land war reich und bot jedem, was zum täglichen Leben nötig war. Dennoch betrieb man auch einen florierenden Handel mit anderen Hochkulturen und es wurden viele schöne und köstliche Dinge aus dem Ausland importiert. Nach Visionen von Edgar Cayce waren die Atlanter eine äußerst fortgeschrittene Zivilisation. Angeblich konnten sie bereits leitende von nichtleitenden Metallen unterscheiden und hatten Kenntnisse in Atomphysik. Sie waren dadurch in der Lage, Energie zu erzeugen und Energieströme zu kontrollieren. Trotz allen Wissens: Atlantis war dem

Untergang geweiht. Warum, erfährt man von Platon: Anfangs entsprachen die Könige von Atlantis noch den Gesetzen der Götter.

In ihrem Geist waren Milde und Weisheit vereint. Zunehmend jedoch begannen die Herrscher und ihre Untertanen, so Platon, menschlichen Begierden, z. B. »Gold und Eigentum«, zu verfallen. Dadurch wurde die göttliche Natur des ganzen Kontinents in den Hintergrund gedrängt, woraufhin der Gottvater Zeus seinen Untergang beschloss.

Der Untergang einer ganzen Zivilisation

Eines Tages soll Atlantis, so Platon, einfach einer Naturkatastrophe, einem Erdbeben, zum Opfer gefallen sein. Entspricht das der Wahrheit, dann müsste es sich nach Angaben von Experten um eine gigantische submarine vulkanische Explosion gehandelt haben, die durch eine Flut und ein drastisches Ansteigen des Meeresspiegels Atlantis unter sich begrub.

Laut Aussagen von Edgar Cayce beschworen die Atlanter in ihrem Hochmut insgesamt drei Katastrophen herauf. Diese waren alle soweit vorhersehbar, dass viele der Bewohner vor Eintritt der Katastrophen auswanderten. Die erste Katastrophe soll sich, so Cayce, ca. 50.000 v. Chr. ereignet haben. Die zweite teilte den Kontinent um 28.500 v. Chr. in drei kleinere Inseln mit den Namen Poseidia, Og und Aryan auf. Die letzte Katstrophe, ein Erdbeben, sei schließlich jene gewesen, die auch bei Platon Erwähnung fand. Sie führte zum endgültigen Untergang des sagenumwobenen Atlantis.

Ausgrabungen auf Santorin: Die griechische Kultur könnte von den Atlantern geprägt worden sein.

Archäologen legten auf Santorin diese, durch Lava konservierte Stadt frei. Einige Forscher sehen darin Reste von Atlantis.

Unerreichbares Lemuria

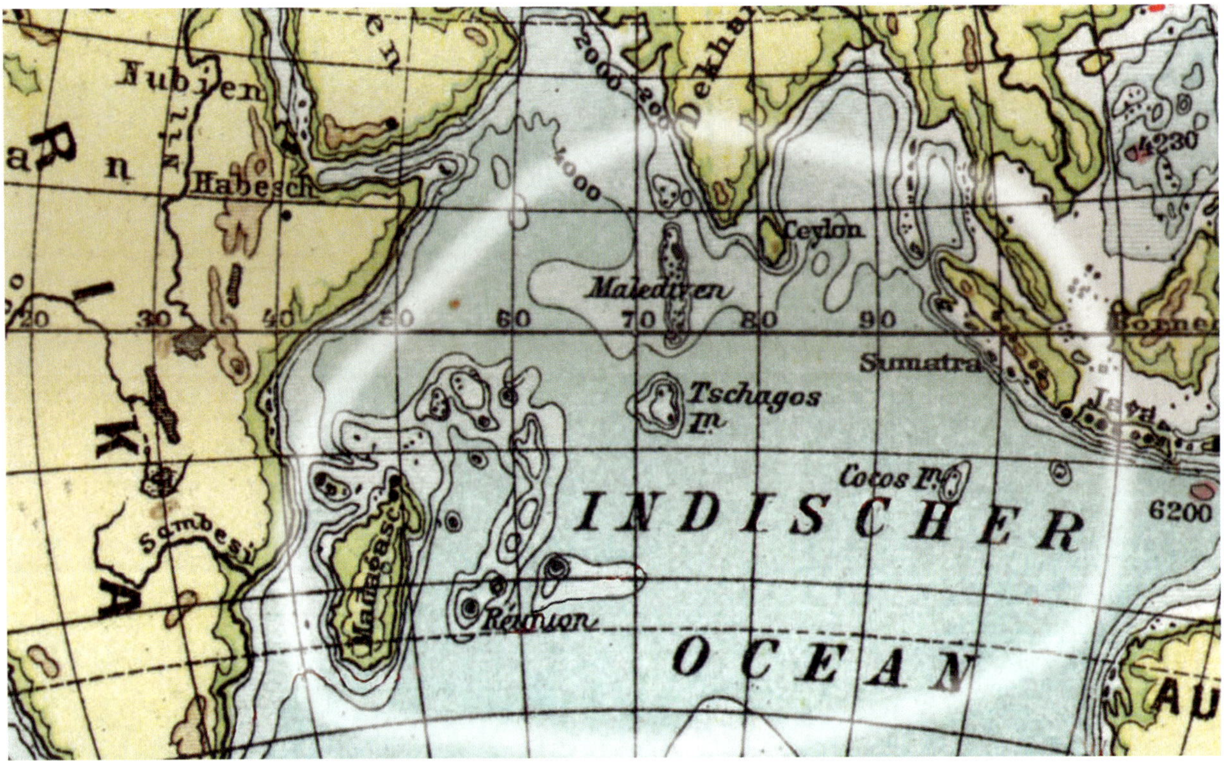

Der Kartenausschnitt zeigt Madagaskar, das südliche Indien sowie Malaysia und Sumatra. Die Landbrücke von Madagaskar nach Indien könnte über die Seychellen und die Malediven verlaufen sein.

Drei Kontinente sollen im Laufe der Erdgeschichte bereits in den Wellen der Meere versunken sein: Atlantis – einst zwischen Afrika und Amerika vermutet, Mu im Pazifik und Lemuria im Indischen Ozean. Von allen gibt es weder nachweisliche archäologische Funde, noch erhaltene Schriften und vor allem keine authentischen Überlieferungen. Man kann nur vermuten, was vielleicht einmal war und wer dort lebte.

Halbaffen auf zwei Kontinenten

Etwa zwischen 90.000 und 30.000 v. Chr. soll Lemuria an Stelle des heutigen Indischen Ozeans als gigantische Landbrücke Madagaskar mit Malaysia und dem südlichen Indien verbunden haben. Der Name des hypothetischen Kontinents ist von den Lemuren abgeleitet, gnomartigen Halbaffen, die heute noch sowohl in Madagaskar wie auch in Indien und Malaysia heimisch sind. Da sie gleichzeitig auf zwei Kontinenten verbreitet sind, haben diese nachtaktiven Säugetiere schon früh das Interesse der Zoologen erregt.

Darwins Theorien

Nachdem der britische Naturforscher und Evolutionstheoretiker Charles Darwin (1809–1882) 1872 sein bahnbrechendes Werk »Über den Ursprung der Arten« veröffentlicht hatte, postulierte der englische Zoologe Philip L. Sclater die Existenz von Lemuria als gewaltige Landmasse, die vor Tausenden von Jahren Afrika mit Indien und der Inselwelt Südostasiens verbunden haben soll. Die Lemuren und einige andere Tiere zeigen, nach den Beobachtungen Sclaters, in allen Verbreitungsgebieten das gleiche Verhalten, obwohl die einzelnen Stämme durch die Weiten des Indischen Ozeans voneinander getrennt sind. Nach der Evolutionstheorie Darwins müssten sich die einzelnen Tierarten jedoch ihrer jeweiligen Umgebung anpassen und von dieser abhängig sein.

Obwohl schon bald nach Darwin Wissenschaftler davon ausgingen, dass sich Tierrassen an jedem Platz der Erde unabhängig voneinander identisch entwickeln können, erfreute sich die Idee vom Urkontinent Lemuria vor allem bei den Theosophen großer Beliebtheit. Helen Petrowna Blavatsky (1831–1891), die Mitbegründerin der Theosophischen Gesellschaft, stellte die Theorie der »sieben Wurzelrassen« auf: unter ihnen als »riesige, hirnlose, affenartige Wesen« die Bewohner Lemurias. Sie gelten der Theorie nach als dritte irdische Rasse, die in einer Naturkatastrophe unterging.

Die vierte Rasse soll beim Ende von Atlantis ausgelöscht worden sein. Die Nachfahren der fünften Rasse, die heute lebenden Menschen, werden, so Blavatsky, als sechste Rasse in das bald wieder auftauchende Lemuria zurückkehren. Unsere Nachfahren, die siebte Rasse, könnten schließlich die Erde verlassen und den Weltraum besiedeln.

Der Garten Eden

Befürworter von Lemuria berufen sich gern auf alte Weltkarten, auf denen in der südlichen Hemisphäre ein »großer, unbekannter, südlicher Erdteil« als Terra Australis Incognita eingezeichnet ist. Dass das später erforschte Australien mit seinen ausgedehnten Wüsten dieses verschollene Paradies sein könnte, weisen Lemuria-Forscher stets zurück. Sie beharren darauf, dass der Kontinent als »Wiege des Menschengeschlechtes« bereits Millionen Jahre existiert hat und dann während eines Polsprungs unterging.

Der deutsche Astronom und Geophysiker Alfred Wegener (1874–1948) stellte 1915 die Theorie der Kontinentalverschiebung auf, nach der die gewaltigen Landmassen des Planeten sich wie Eisberge auf der inneren Erdkruste langsam bewegen. Für Wegener existierte anfangs eine einzige riesige Landmasse, die über eine lange Zeit hinweg auseinanderbrach. Einige frühe Kontinente versanken dadurch, anderen stiegen aus den Meeren empor.

Die Tafeln von Mu

Ein Ergebnis dieser Landverschiebungen sei der Pazifische Ozean, auf dessen Grund nach Ansicht des englischen Kulturhistorikers James Churchward die Überreste eines großen Kontinents und die Kultur von Mu liegen. Autoren beziehen sich immer wieder auf sein 1926 erschienenes Werk »Der versunkene Kontinent von Mu«, in dem Churchward als seine Hauptquelle die »Naacal-Tafeln« nennt, die ihm von hinduistischen Priestern gezeigt worden sein sollen.

Diese »Heiligen Schriften von Mu« seien etwa 15.000 Jahre alt und berichteten von einer Schöpfungsgeschichte ähnlich der aus der Bibel und von einem Land mit 64 Millionen Einwohnern, die schon vor 50.000 Jahren einen zivilisatorischen Stand erreicht hatten, der dem unseren in vieler Hinsicht überlegen war.

Die Legende von Atlantis konzentriert sich auf die Macht und Stärke der Atlantider, ihre Nutzung kristalliner Kräfte und einer zerstörerischen Energie, die schließlich zum Untergang des Kontinents führte. In Lemuria und Mu existierten, alten Mythen zufolge, unbeschwerte, friedfertige und spirituell ausgerichtete Südsee-Völker, die Opfer einer Naturkatastrophe geworden sein sollen.

Fasziniert vom Mystischen kamen sogar in Goethes Faust II Lemuren vor. Stahlstich nach einer Zeichnung von Engelbert Seibertz (1813–1905).

Das Auge am Hinterkopf

Der Engländer William Scott-Elliot war bereits 1896 der Auffassung, Astronauten von der Venus hätten vor Tausenden von Jahren in die menschliche Entwicklungsgeschichte eingegriffen. Das Ergebnis ihrer Bemühungen waren die Lemurier. Diese beschrieb Scott als vier Meter groß, zweigeschlechtlich, eierlegend und mit einem dritten Auge am Hinterkopf. »Im Laufe ihrer Entwicklung bildete sich das dritte Auge in das Gehirn zurück und ist heute unter dem Begriff Zirbeldrüse bekannt«, so Scott.

Auch erlangten die Lemurier danach eine normale Heterosexualität, mischten sich aber törichterweise mit anderen Tieren. »Aus dieser Verbindung gingen die Lemuren hervor, die noch heute unseren Planeten bevölkern.«

Die Lemuren gehören zur Halbaffenfamilie der Makis. Sie sind nachtaktiv und ernähren sich vor allem von Insekten und Früchten. (Weiblicher Mohrenmaki)

Shangri-La – das geheime Utopia

*»Mystery Man« hat der österreichische Maler Karl Käfer (*1947) sein Bild genannt. Es zeigt einen spirituell erleuchteten Meister mit magischem Mantel inmitten einer steil aufragenden Himalaja-Gebirgslandschaft.*

Seit Jahrhunderten hält sich die Legende, dass in einem verborgenen Tal des Himalaja die letzten spirituellen Geheimnisse der Menschheit von geistigen Lehrern gehütet werden. Indem diese Meister ihre Lehre an ihre Anhänger weitergeben, haben sie indirekt auch Einfluss auf die Geschicke der Menschheit. Das geheime Direktorium, dessen Mitglieder übersinnliche Kräfte besitzen sollen, lebt in der Kolonie Shangri-La (auch Shamballa genannt). Wird das Wirken der Menschheit von unsichtbarer Hand gelenkt? Gibt es eine Art Weltregierung im tibetischen Hochland? Zahlreiche Hinweise antiker Autoren deuten auf eine »höhere Macht«, die in historische Ereignisse eingriff – meist durch »himmlische Manifestationen«. So sollen beispielsweise leuchtende Balken in den Wolken erschienen sein, als die Spartaner in der Seeschlacht von Knidos (394 v. Chr.) ihre Herrschaft an die Athener abtreten mussten.

Geistiges Zentrum

In den Überlieferungen Asiens ist Shangri-La das geistige Zentrum des Planeten Erde, in dem die spirituelle Erneuerung der Menschheit vorbereitet wird. Das neue Ideal eines friedfertigen Menschseins soll von dort noch im 21. Jahrhundert in die Welt getragen werden. Buddha, Zarathustra, Lao-Tse und Jesus sollen in ihren jungen Jahren bei den Meistern gewesen sein. Im »Tibetischen Totenbuch« heißt es über das geheime Direktorium: »Als schweigende Wachposten schauen sie mit göttlichem Mitleid von ihren Bollwerken auf die Welt bis zum Ende des Kali Yuga – des dunklen Zeitalters – bis der Tag des Erwachens über alle Nationen hereinbricht.«

Der Graf von Saint Germain

Der Name Shangri-La wird auch in indischen Schriften (Puranen) erwähnt und dort als ein wirklich existierender geographischer Ort angesehen. Auch nach den Lehren der Adyar-Theosophie, der Muttergesellschaft aller späteren theosophischen Vereinigungen, ist Shangri-La der Aufenthaltsort der Meister und Sitz ihrer spirituellen Adepten und Anhänger, wie des legendären Grafen von Saint Germain. Dieser soll ein gern gesehener Gast an den Königshöfen des 17. und 18. Jahrhunderts gewesen sein und galt als Mann ohne Geburtsurkunde und Totenschein. Er war Alchemist, Philosoph, Komponist, Geigenvirtuose und Erneuerer geheimer Logen. Seine wahre Existenz gilt jedoch als umstritten. Von ihm sprach der Philosoph Voltaire als »der Mann, der alles weiss und niemals stirbt.«

Westliche Okkultisten rückten die Lage von Shangri-La in unzugängliche Bereiche der Wüste Gobi. Nach den Lehren der Arkanschule (1923 in New York als Übungsstätte für Meditationstechniken gegründet) ist Shangri-La »das Zentrum oder der Zustand göttlichen Bewusstseins«. Die Gründerin der Theosophischen Gesellschaft, Helena Petrowna Blavatsky (1831–1891), die von ihren Anhängern als Beauftragte der »Geheimen Meister« verehrt worden war, will ihr Wissen von verstorbenen und lebenden »Meistern aus dem Hochhimalaja« erhalten haben.

Parallelen zur modernen Wissenschaft

Ihre 1888 erschienene vierbändige »Geheimlehre», das »magnus opus«, versteht Madame Blavatsky als »Synthese von Wissenschaft, Religion und Philosophie«. Denker wie der Astronom Camille Flammarion (1842–1925), der Erfinder Thomas Alva Edison (1847–1931) und der Maler Wassily Kandinsky (1866–1944) fühlten sich von der Veröffentlichung angesprochen. Der Biophysiker Professor W. D. McDavid (*1929) von der Universität Texas fand 1984 während eines Symposiums »verblüffende Parallelen zwischen der alten Geheimlehre und den Schlussfolgerungen der modernen Wissenschaft in Bezug auf die Entstehung des Universums und des Lebens auf der Erde.«

Die Expedition des Nikolai Roerich

Zusammen mit einer kleinen Gruppe von Mitstreitern machte sich 1925 der russische Maler, Wissenschaftler und Friedensstifter Nikolai Konstantinowitsch Roerich (1874–1947) – er hat den so genannten Roerich-Pakt, einen Vertrag zum Schutz der Kulturgüter, der am 14. April 1935 von den 21 Mitgliedstaaten der »Panamerikanischen Union« für den Kriegsfall unterzeichnet wurde, intiiert – zur Durchquerung des Himalaja auf. Obwohl sich die Gruppe das Ziel gesetzt hatte, das kulturelle Erbe der Menschen Zentralasiens zu erkunden, war ihre eigentliche Hoffnung, das geheimnisvolle Shangri-La zu finden. Ein »plötzlich am Himmel auftauchendes großes, leuchtendes Objekt« wertet Roerich in seinem Buch »Shambhala« als ein »gutes Zeichen von beschützender Kraft.«

Hatte Nikolai Roerich sein Märchenland erreicht? Er selbst schwieg darüber, aber auf einem seiner schönsten Bilder »Burning of Darkness« ist eine Gruppe von Männern in langen Gewändern zu sehen, die in einer mondhellen Nacht aus einer Felsspalte eines Berges im Himalaja treten. Unter ihnen ein barhäuptiger Mann mit Vollbart – zweifelsfrei Roerich selbst, der wie ein Mönch einer geheimnisvollen priesterlichen Gemeinschaft anzugehören scheint.

Der Abenteurer, der sich als Graf von Saint-Germain ausgab, war wahrscheinlich portugiesischer Herkunft. Er nannte sich auch Aymar oder Marquis de Betmar und trat seit 1770 in Paris und an deutschen Fürstenhöfen auf. (Zeitgenössischer Kupferstich)

El Dorado – das goldene Reich

Als sich im 19. Jahrhundert ein verstärktes Interesse an fernen Ländern durchsetzte und zu vielen Expeditionen auch Maler und Zeichner hinzugezogen wurden, stellte man sich das sagenhafte El Dorado und seine Einwohner inmitten einer fruchtbaren Hochebene an den Ufern eines Sees vor, also in einer paradiesischen Landschaft. Der hier in einem Aquarell von George Barnard (1832–1890) dargestellten Landschaft dienten Vorbilder aus dem südamerikanischen Guyana.

Die Muisca-Indianer folgten gebannt dem Zeremoniell auf dem See. Auf einem über und über mit Goldstaub bedeckten Floß aus Schilfrohr stand ein königlicher Jüngling, auch er mit einer matt glänzenden Hülle aus feingemahlenem Gold überzogen. Sein Blick war starr auf die dunkelgrüne, glatte Wasseroberfläche gerichtet, zu seinen Füßen lagen unvorstellbar reich verzierte Gaben aus purem Gold: aufwändig ziselierte Becher und anderer durchbrochener Zierrat, Smaragde und Amulette. Die gesamte Lagune war vom Duft des wohlriechenden Moque-Harzes erfüllt, und die in fantastische Federgewänder gekleideten Indianer jubelten dem Goldkönig zu. Blasinstrumente und Trommeln unterstrichen die Geräuschkulisse, die durch ein geheimes Zeichen auf einen Schlag erstarb. Daraufhin warf der goldene Mann all die herrlichen Schätze in den See, wo sie lautlos in den dunklen Tiefen verschwanden. Durch diesen Ritus wurde der junge König in den Kreis der Häuptlinge aufgenommen. Das alles soll sich am Guatavita-See in der Nähe von Bogotá in Kolumbien ereignet haben.

Gold als Droge

Gold macht besessen, Gold macht süchtig – vorausgesetzt man hat nicht im Überfluss davon. Immer wieder gab es Völker, die in einem von Gold gesegneten Landstrich lebten, sei es im alten Ägypten, in Mexiko, an der Westküste Afrikas und vor allem in den nördlichen Regionen Südamerikas. Dort haben unermessliche Goldvorkommen eine Kultur begründet, die durch die spanischen Eroberer im 16. Jahrhundert vollkommen zerstört wurde. In dem Wahn, den sagenhaften Reichtum, vor allem die versenkten Schätze im Guatavita-See, zu bergen, haben sie die indianische Urbevölkerung niedergemetzelt und die Landschaft verwüstet. Die Suche nach dem geheimnisvollen Goldland El Dorado dauerte Jahrhunderte und kostete vielen der Schatzgräber und unzähligen Menschen der Urbevölkerung das Leben. Noch heute werden Funde aus den verschiedensten Jahrhunderten entdeckt, die die Legenden vom Goldschatz belegen.

Der Naturforscher und Geograph Alexander Freiherr von Humboldt (1769–1859) ließ nach eigenen Skizzen den Guatavita-See als Aquatintadruck anfertigen. Deutlich ist auf dem Druck die Kerbe zu sehen, die Antonio de Sepulverde 1580 in das Ufer schlagen ließ.

Das Zentrum des Goldes

Aufgrund der Überlieferungen vom versenkten riesigen Vermögen im Guatavita-See nahmen die Konquistadoren an, dass noch viel größere Schätze auf ihre Entdeckung warteten. Zunächst jedoch beschränkte sich die Suche auf diesen See. Gerade 170 der 1000 Spanier überlebten 1536 den Marsch nach Guatavita. Antonio de Sepulverde, Kaufmann aus Bogotá, ließ 1580 schließlich von 8000 Indianern eine Kerbe in das Ufer des Sees schlagen, um den Wasserspiegel zu senken. Der riesige Einschnitt ist heute noch zu sehen. Als bei den Arbeiten durch einen Einsturz Hunderte von Indiandern begraben wurden, stoppte man das gigantische Vorhaben. Immerhin konnten hühnereigroße Smaragde, Brustpanzer und Stöcke aus purem Gold an den spanischen König Philipp II. überbracht werden.

In den folgenden Jahren entsandte Königin Elisabeth I. von England den Seefahrer Sir Walter Raleigh in den Amazonas-Dschungel, um die Stadt Manoa zu suchen, wo selbst die Kochtöpfe aus Gold sein sollten. Seine ergebnislose Suche kostete ihn den Kopf. Weil Elisabeth I. an eine Verschwörung glaubte, wurde Raleigh eingekerkert und im Interesse der neuen spanienfreundlichen Politik 1618 hingerichtet. Schließlich geriet über dem ausufernden Goldfieber die Sage um den goldenen König vom El Eldorado und sein Land in

Trinkbecher aus getriebenem Gold wurden auch von den Inka gefertigt, die neben anderen Stämmen in präkolumbianischer Zeit das Gebiet besiedelten, in dem auch El Dorado vermutet wird.

Manoa

Das Wunderland Manoa, ein zweites El Dorado, so hörten es die europäischen Forscher von den Indianern Südamerikas, läge auf einer magischen Insel inmitten eines großen Salzsees: »Das gesamte Essgeschirr im Palast ist aus reinem Gold oder Silber und ebenso die unbedeutendsten Gegenstände.« Im Zentrum der Insel soll ein Sonnentempel stehen, umrahmt von goldenen Statuen, die Riesen, einen Prinzen und Bäume darstellen. Vermutet wird Manoa südlich des Orinoco im heutigen Venezuela, aber bislang hat die Suche nach dem goldenen Paradies nur unsägliches Leid über die Ureinwohner Südamerikas gebracht.

Nicht nur Manoa gilt als mögliches El Dorado, sondern auch Stätten in Guyana, Ecuador und Peru, deren Ureinwohner ebenfalls große Goldvorkommen besaßen. Dieser vergoldete Affenkopf entstammt der Moche-Kultur (200–800 n. Chr.) im nördlichen Peru.

Aus der nordperuanischen Lambayeque-Kultur (um 100–1450 n. Chr.) stammt der Griff eines Zeremonialmessers.

Metallurgie

Die geologisch vielgestalteten Landschaften zwischen Panama und Peru stellen das so genannte eldoradische Goldland der Indianer dar. Alle Länder der südlichen Pazifikküste sowie die Isthmusländer rund um Panama gelten als Wiege des Gold- und Keramikhandwerks. Schon sehr früh können Funde datiert werden wie dieser peruanische, goldene und silberne Trinkbecher in Form eines Beines (wahrscheinlich ein Hinweis auf eine Opfergabe) aus dem 5. Jahrhundert v. Chr. Der goldene Griff eines Zeremonialmessers (oben), der ebenfalls aus Peru stammt, wird der Lambayeque-Kultur zugeschrieben, in der die Metallurgie, die Kunst Metalle zu verarbeiten, ebenfalls beherrscht wurde.

Aus einer frühen Zwischenperiode der peruanischen Vicus-Kultur (500 v.–500 n. Chr.) stammt dieses Beingefäß, vermutlich eine Ritualbeigabe.

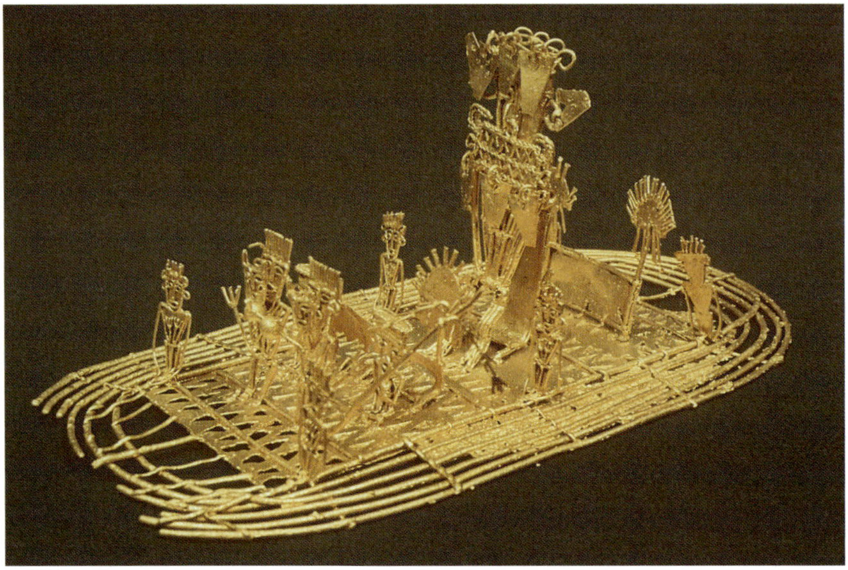

Diese fein ziselierte kolumbianische Votivgabe, in Form eines Floßes, stellt die königliche Zeremonie von El Dorado dar.

den Hintergrund. Doch noch heute konzentriert sich der Ursprung des sagenhaften Goldlandes auf die Gegend rund um den Guatavita-See.

Gran Moxo

Als 1622 der Portugiese Barco Centenera verstarb, nahm er ein goldenes Geheimnis mit in den Tod. Centenera hatte tief im undurchdringlichen Urwald Brasiliens eine rätselvolle versunkene Stadt entdeckt, über die er 1601 schrieb: »In der Mitte des Sees lag eine Insel mit prachtvollen Gebäuden. Ihre Schönheit überstieg die menschliche Fassungskraft.« Diese von den Indianern Gran Moxo genannte Stadt wurde zum Traum und Alptraum zahlreicher Expeditionen der folgenden Jahrhunderte.

Dem Geheimnis auf der Spur

Das Dokument mit der Nummer 512 der Nationalbibliothek von Rio de Janeiro enthält eine Sensation, einen detaillierten Bericht einer portugiesischen Goldsuchergruppe von 1743 über eine Ruinenstätte in Brasilien: das geheimnisumwitterte Gran Moxo. Sechs Portugiesen mit einem Tross von einem Dutzend afrikanischer Sklaven und etwa 30 Indianern hatten sich aufgemacht, der früheren Entdeckungsreise ihres Landsmannes nachzugehen. Die Expedition wandte sich nach Norden, bis sie im Zentral-Hochland auf eine jähe und ausgezackte Bergkette stieß. Die Abenteurer erklommen eine steil aufragende Felswand und gelangten unversehens auf eine Hochebene, von der aus sie in der Ferne die Umrisse einer Stadt wahrnahmen. Massive Steinblöcke umschlossen ihre Häuser. Doch sie war völlig verlassen und schien durch ein Erdbeben zerstört zu sein. Man fand einige Goldstücke und mehrere Bergwerksgruben und im nahe gelegenen Fluss ließen sich Goldnuggets waschen.

Weiße Indianer

Die Portugiesen beschlossen, besser ausgerüstet in die Stadt zurückzukehren, um die weiteren Goldvorräte ausbeuten zu können. Vom Fluss Paraguassú aus sandten sie einen vorläufigen Bericht durch Indianerläufer an den Vizekönig in Bahia voraus. Es war das letzte verbürgte Lebenszeichen, das man von ihnen hörte. Keiner der Teilnehmer wurde je wieder gesehen. Hatten sie sich verirrt? Waren sie von ihren Indianern oder den Sklaven überwältigt worden? In ihren zuletzt überlieferten Notizen hatten sie erwähnt, dass sie zwei Menschen mit weißer Haut und langem schwarzem Haar gesehen hätten, was sich auch mit früheren Berichten deckt. Existierte im Amazonasgebiet ein rätselhafter weißhäutiger Stamm, die Wächter einer versunkenen Kultur? Auch alle späteren Expeditionen, durchgeführt von Franzosen und Briten, endeten tragisch. Hält der riesige brasilianische Urwald eines seiner letzten Geheimnisse verborgen?

Der britische Seefahrer Sir Walter Raleigh sollte als einer der ersten den lange anhaltenden Fluch El Dorados erfahren – seine Forschungen musste er mit dem Tod bezahlen.

Die Tragödie des Oberst Fawcett

In der festen Überzeugung, die Lage El Dorados durch die von den Nafaqua-Indianern erhaltenen Informationen genau zu kennen und eine verschollene brasilianische Hochkultur zu finden, brach 1922 auch der englische Abenteurer Percy Fawcett zu einer Expedition auf. 1925 verließ Oberst Fawcett, begleitet von seinem Sohn Jack und einem jungen Engländer namens Raleigh Rimmel, den letzten Vorposten der Zivilisation, um in das unerforschte zentralbrasilianische Hochland des Mato Grosso aufzubrechen. »Ich habe nur ein Ziel: Die Geheimnisse zu erforschen, die so viele Jahrhunderte lang im Dickicht des Urwalds verborgen lagen. Wir sind in unserer Hoffnung bestärkt, die Ruinen einer alten, weißen Zivilisation zu finden«, notierte er vor seiner Expedition, die auch ihm zum Verhängnis werden sollte. Spätere Expeditionen fanden zwar Spuren seiner Unternehmung, er selbst aber blieb verschollen und wurde zum Mythos des Dschungel.

Auf 900 –1200 n. Chr. wird das altkolumbianische Pektoral, ein kostbar verzierter Brustschmuck, datiert, das einen Schamanen in Alligatormaske darstellt.

In einem Stich von Theodor de Buy aus dem 16. Jahrhundert wird die Bestäubungszeremonie des goldenen Mannes von El Dorado beschrieben. Derweil bringen sich die Untertanen mit berauschenden Getränken aus goldenen Bechern in Hochstimmung, um das Zeremoniell des Initianten enthusi astisch zu erleben.

Sagenhafte Städte der Nord- und Ostsee

In der Ostsee soll einst das sagenhafte Vineta gelegen haben – eine reiche Handelsstadt, die unter mysteriösen Umständen unterging. Um 965 von einem jüdisch-maurischen Kaufmann namens Ibrahim Ibn Jakub al Israeli als »eine große Stadt am Weltmeer, die zwölf Tore und einen Hafen hat«, dokumentiert, wird bereits 1165 berichtet, dass ein König diesen wohlhabenden Platz mit seiner Flotte angegriffen und zerstört haben soll. Andere, auf mysteriöse Weise verschwundene Städte im Norden, z.B. Rethre und Rungholt, sollen weniger durch menschliche Willkür als von natürlicher Gewalt zerstört worden sein. Man sagt, sie wurden von Flutwellen ins Meer gespült. (Vineta, Holzstich aus dem Jahr 1881 nach einer Zeichnung von Bernhard Mörlins)

In rauhen Winternächten erzählen an den Küsten Deutschlands und Skandinaviens die Alten von längst versunkenen Städten und verwunschenen Schätzen. Im kollektiven Gedächtnis der Menschen hat sich die Erinnerung an sturmumtoste Inseln, an alles vernichtende Flutwellen und an irisierende Polarlichter bewahrt. Vor allem aber sind da die Sagen von Rethre, Vineta und Rungholt, den drei verfluchten Städten im Meer.

Das heidnische Heiligtum

Als vor über 1000 Jahren das Seefahrervolk der Wikinger mordend über die Küstenstädte herfiel, eilte ihm der Ruf großer Skrupellosigkeit voraus. Die Wikinger eroberten und plünderten die Küstenregionen. Die Kämpfe hatten aber auch religiöse Gründe. Die besiegten Städte wurden vernichtet – so wie einst eines der bedeutendsten Heiligtümer der heidnischen Wikinger durch christliche Missionierungsversuche zu Schaden kam: das legendäre Rethre, das an der Mündung des Baltischen Meeres gelegen haben soll.

Adam von Bremen, ein junger Kanoniker, der zu den seriösesten Geographen und Chronisten seiner Zeit zählte, überlieferte in einer Aufzeichnung aus dem Jahre 1066 die Geschichte der nördlichen Heidenstämme und ihres geheimnisvollen Heiligtums: »Diejenigen, die am zentralsten wohnen und von allen die mächtigsten sind, sind die Retharier. Ihre weitberühmte Hauptstadt ist Rethre, ein Sitz der Götzenverehrung. Dort ist ein großes Heiligtum für die Götzen erbaut worden, von denen Redigast der Oberste ist. Sein Denkmal wurde aus Gold gefertigt, und sein Lager ist mit Purpur bereitet. Diese Stadt hat neun Tore und ist von allen Seiten von tiefem Wasser umgeben [...], zu welcher nur diejenigen, die Opfer bringen oder Orakelrat suchen, Zutritt haben [...]. Zu diesem Heiligtum sind es vier Tagesreisen von Hamburg.«

Schätze im Meer

Aufgrund einer Verwechslung suchte man den Ort jahrhundertelang an einer völlig falschen Stelle. Man vermutete, dass Adam von Bremen die Reise nach Rethre von Oldenburg in Norddeutschland aus beschrieb. Was man erst heute weiß: Es gab einen zweiten Ort dieses Namens an der Ostseeküste. Von dort aus traf ein See-

Der Bann über Vineta

Vineta ist eine verschollene Stadt Skandinaviens, die vermutlich bei Vendsyssel in Dänemark lag. Ursprünglich nannte man sie Jumne, »Stadt des Lichts«. Adam von Bremen berichtet, dass sie dasselbe Schicksal wie Rethre – die christliche Missionierung – traf. Er hat Jumne 1075 in seiner »Hamburger Kirchengeschichte« erwähnt. 1170 soll der heidnische Ort schon wieder Vergangenheit gewesen sein, wenn man dem Chronisten Helmold von Bosau (ca. 1125–1177) glauben kann. Er schrieb damals, dass »ein König der Dänen diesen wohlhabenden Platz [...] zerstört haben soll.«

Mehrmals waren im ersten Jahrtausend christliche Missionierungsversuche in dieser Region gescheitert. Bischöfe und Missionare waren bei dem Versuch enthauptet worden, Götter durch die Heilsbotschaft der Christen zu ersetzen. Als schließlich doch die Christen die Oberhand gewannen, wurden Vineta und Rethre dem Erdboden gleich gemacht und ihre Namen mit einem kirchlichen Bann belegt. Die Erinnerung an die sagenhaften Schätze blieb bestehen.

Im ersten Jahrtausend sorgte der christliche Missionierungseifer in den Ländern der Nord- und Ostsee für erheblichen Aufruhr: Menschen wurden getötet, ganze Städte zerstört. Der wohl berühmteste christliche Missionar dieser Zeit war der heilige Bonifatius. Er wurde 754 bei einem Tauffest von Heiden erschlagen. (»Taufe von Germanen und Märtyrertod des Bonifatius«, Buchmalerei um 975)

Rungholt, die einst so ruhmreiche, untergegangene Hafenstadt der Edomsharde auf der alten Insel Strand, lag zwischen den heutigen Halligen Südfall, Nordstrand und Pellworm. Auf dem Bild ist die Insel Pellworm von Nordstrand aus zu sehen.

fahrer nach viertägiger Fahrt tatsächlich auf die dänische Insel Eskeholm. Dort ließen sich vom Flugzeug aus runde Wallstrukturen und überwachsene Straßenzüge ausmachen. Vermutlich haben sie einst zu dem Zentrum heidnischer Verehrung geführt. Noch wartet Rethre unter meterdicken Schlammschichten darauf, von Archäologen wieder zurück ans Tageslicht geholt zu werden und ein neues Kapitel in seiner Geschichte aufzuschlagen. Diesmal nicht als Trutzburg und Orakelstätte, sondern als Schatzkammer für Forscher und alle, die einer schon fast vergessenen Zeit nachspüren.

Verflucht im Wattenmeer

Ein weiterer Ort, der zwischen Fantasie und Wirklichkeit liegt, ist Rungholt. Die Stadt ist in der Welt der Sagen ebenso zu Hause wie in Forschungsberichten und Chroniken. Sie soll einst im nordfriesischen Uthland in Deutschland gelegen haben, wo die Brandung der Nordsee gegen das flache Geestland anrollte. Obwohl oder gerade weil Rungholt im Meer versank, lebt sein Mythos weiter. Seit dem Mittelalter und verstärkt im letzten Jahrhundert haben Abenteurer und Forscher, Kartographen, Dichter und Maler den Ort zum

Gegenstand ihres Interesses gemacht. Was macht die Faszination des »friesischen Atlantis« aus?

Die Todesflut

Einstmals war Rungholt Hafenstadt und ein bedeutender Handelsort der Edomsharde, einer nordfriesischen Landschaft, doch in einer verheerenden Sturmflut um das Jahr 1360 – manche Chronisten nennen als genaues Datum den 16. Januar 1362 – holte sich das Meer große Teile der der Küste vorgelagerten Marschfläche zurück. Die zerstörerischen Kräfte der heranrollenden Todeswellen rissen Menschen, Tiere und Gebäude von Rungholt mit in die Tiefe.

Die reiche, glückliche Stadt wurde schon bald nach ihrem Untergang zum Mythos. Die Menschen des Küstenlandes fragten sich, warum das blühende Handelszentrum in der schlimmsten Strumflut seit Menschengedenken hatte untergehen müssen. »Grote Mandränken« (großes Menschenertrinken) nannten die Nordfriesen dieses erschütternde Ereignis, weil Tausende von Menschen an jenem schrecklichen Tag ertranken.

Waren die Einwohner wegen ihres Reichtums zu arrogant geworden? Hatten sie einen Frevel begangen, wie man einst beim Untergang von Atlantis vermutete? War eine Strafe Gottes über sie hereingebrochen wie über die Bewohner des biblischen Sodom und Gomorrha? Die Menschen jener Zeit, abergläubische Seemänner und geschickte Kaufleute, nahmen das nach so viel Unglück an.

Die Tragödie von Rungholt

Erst im Jahre 2001 präsentierte der Bremer Ethnologe Professor Hans Peter Duerr für den Untergang von Rungholt eine nüchterne Erklärung. Der sich absenkende Wattenboden, so der Wissenschaftler, sei Schuld an der Tragödie gewesen. Zudem setzte im 14. Jahrhundert eine extreme Klimaänderung ein. Diese hatte Missernten, Viehseuchen und eine schlechte Ernährungslage zur Folge. Als dann auch noch die Pest, die nur jeder Vierte überlebte, die Menschen hinwegraffte, wurde der Küstenschutz vernachlässigt. Der Zustand der Deiche war äußerst kritisch, als die ungewöhnlich hohe Flut nach Rungholt kam.

Als die Menschen endlich ihrer Ehrfurcht und ihres Aberglaubens Herr wurden und sich aufmachten, nach Spuren der untergegangenen Stadt zu suchen – viele Forscher vermuten die Überreste des nördlichen Atlantis unter der Hallig Südfall – war die Erinnerung an sie und ihre genaue geographische Lage bereits verblasst. Doch in der Fantasie der Küstenbewohner hat sich bis heute die Legende von dem immensen Reichtum und dem Hochmut der Bewohner, die für ihr Verhalten von Gott mit einer tödlichen Flutwelle bestraft wurden, als warnendes Beispiel erhalten.

Die Strafe Gottes

Die Bewohner der norddeutschen Küste glaubten an einen göttlichen Fluch, der auf Rungholt lag. Wenige Jahre vor dem Untergang ließ die Pest in Friesland ein grauenvolles Bild des Todes zurück. Kurz darauf fiel das Heer des dänischen Königs Waldemar Atterdag über Rungholt her. Anton Heimrich schilderte 1666 in seiner »Nordfresischen Chronick« eine Überlieferung, der zufolge die unbelehrbaren Rungholter in ihrem Hochmut eine Gotteslästerung begangen hatten. Sie zwangen angeblich ihren Pfarrer dazu, einer betrunkenen Sau das Heilige Abendmahl zu reichen und übergossen das Heilige Sakrament mit Bier. Daraufhin erhielt der Prediger von Gott eine Warnung: Er und drei redliche Jungfrauen sollten noch in derselben Nacht den Ort verlassen, bevor er in einer sintflutartigen Welle vernichtet wurde.

Dieses Relief zeigt zwei Krieger – einer mit gehörntem Helm, einer mit Wolfsmaske – beim Waffentanz für Odin, den Obergott, der auch als Kriegsgott verehrt wurde.

Tartessos – goldene Stadt Iberiens

Aus dem Park von Elche (bei Alicante) stammt dieser Sphinx aus Sandstein. Er wird von den Archäologen in das 5. Jahrhundert v. Chr. datiert. Obwohl auf der Iberischen Halbinsel zu dieser Zeit neben den Iberern auch Kelten siedelten, gab es vor allem an der Südwestküste Kolonien des Seefahrervolks der Phönizier.

Vor mehr als 3000 Jahren breitete sich im äußersten Westen Europas, an der Atlantikküste der Iberischen Halbinsel, der machtvolle Einfluss einer mit schier unermesslichen Reichtümern gesegneten Königsstadt aus. Von Tartessos kennen wir heute nur noch den Namen, wissen jedoch nicht, wo sie einstmals genau gelegen hat. Kann es gelingen, Spuren dieses »Spanischen Atlantis« wiederzufinden?

Das verschwundene Königreich

Anders als der sagenhafte Kontinent Atlantis ist Tartessos für uns nicht unerreichbar. Tartessos wurde weder von den Wellen des Ozeans verschlungen noch rissen grauenhafte Erderschütterungen die blühende Stadt in tiefe Erdspalten hinab. Tartessos, das die Bibel Tarschisch nennt und von dem Propheten Jesaia (Jesaia 23, 1) als »die fröhliche Stadt, die sich ihres Alters rühmt« bezeichnet wird, liegt fast zum Greifen nahe. Das Alte Testament betitelt die Tartessier als »Einwohner der Insel«. Diese Insel lag vermutlich unweit des heutigen Sevilla, inmitten der Flussdelta-Landschaft des Guadalquivirs. Dort jedenfalls suchte sie schon in den 1950er Jahren der deutsche Gelehrte Adolf Schulten, der in Tartessos die Hauptstadt des berühmten Atlantis sah und sich bei seinen Ausgrabungen auf den römischen Geschichtsschreiber Junian Justinus (3./2. Jahrhundert v. Chr.) stützte. Dieser hatte recht detailliert die Reisen, Künste und Wissenschaften der Tartessier geschildert und einen König namens Gargoris genannt.

Segen und Fluch der Metalle

Über die Herkunft der Tartessier gibt es jedoch nur Vermutungen. Wahrscheinlich waren sie Abkömmlinge der aus Kleinasien eingewanderten Tyrsener. Als sie um 1100 v. Chr. den Atlantik erreichten, begannen sie einen regen Seehandel. Die Rohstoffe stellten sie selbst zur Verfügung, da in ihrer Umgebung Kupfervorkommen ausgebeutet und aus dem andalusischen Bergland Silber und Gold herangeschafft wurden. Aus England erhielten sie das begehrte Zinn, das ihren Reichtum überaus vergrößerte, denn Zinn war die Grundlage für Bronze, die begehrteste aller Metalllegierungen in der europäischen Bronzezeit. Schulten vermutete, dass die Phönizier, die von der nordafrikanischen Küste aus ein gewaltiges Handelsimperium errichtet hatten, verantwortlich für den Untergang des reichen und glücklichen Tartessos waren. Denn sie sahen in den Tartessiern nicht nur Konkurrenten als führende Handelsmacht, sondern neideten ihnen auch ihr wohlhabendes Leben und ihre Schätze sagenhaften Ausmaßes.

Die Gold- und Erzschätze, die um 500 v. Chr. zum Untergang des frühantiken Königreiches führten, könnten eines Tages auch wieder zu dessen Entdeckung beitragen. Denn irgendwo an der Westküste Spaniens liegen unter Dünen und Schlamm die Trümmer einer versunkenen Metropole und vielleicht werden diese und die vielfältigen Erzreste Archäologen oder Schatzsucher mit Metalldetektoren eines Tages auf die richtige Fährte zu der legendären Hochkultur der Iberischen Halbinsel führen.

Spurensuche

Der Forscher Adolf Schulten suchte Tartessos im Gebiet des heutigen Naturparks »Doñana« im Mündungsgebiet des Guadalquivirs. Dort entdeckte er zwar eine phönizische Turmruine, die die Anwesenheit der nordafrikanischen Seemacht belegt, auf tartessische Ruinen oder Grundfesten stieß er jedoch nicht und weitere Untersuchungen wurden bisher nicht gemacht, weil das Grundwasser im Gebiet des riesigen Mündungsdeltas fast bis an die Oberfläche reicht und Ausgrabungen zu einem kostspieligen Unterfangen werden ließe. In jüngerer Zeit wird Tartessos auch mit Casa Doña Blanca (an der Südküste Spaniens bei Huelva) in Verbindung gebracht. In mehreren Metern Tiefe stießen spanische Archäologen auf sieben übereinander liegende, mehrfach zerstörte Stadtschichten.

Aufgrund vielversprechender Hinweise glauben Archäologen Tartessos im Gebiet des Doñana-Nationalparks suchen zu müssen. Allerdings dürfte sich diese Annahme nur schwer nachweisen lassen, zu aufwändig wäre es, mit Hilfe genauer Forschungen dieses These belegen zu wollen.

Bimini – versunkenes Land vor Florida?

Bimini, eine kleine Inselgruppe im Atlantik, war einst die Heimat der Arawak-Indianer. Nach ihrer Entdeckung durch Christoph Kolumbus im 15. Jahrhundert wurden die Eingeborenen von den Inseln vertrieben. Jahrzehnte lang blieben sie unberührt zurück. Erst 1629 fiel Bimini als Teil der Bahamas dem Britischen Königreich zu und wurde einer breiteren Öffentlichkeit bekannt. War die Insel im 18. Jahrhundert Zufluchtsort für Piraten und im 19. Jahrhundert Bühne für Kämpfe gegen Sklaverei, bot sich Bimini zu Beginn des 20. Jahrhunderts zu Zeiten der Prohibition den Schmugglern als idealer Umschlagplatz an. In den 1930er Jahren gewinnt die Inselgruppe endlich an Ansehen. Sie macht sich einen Ruf als beliebtes Hochseeangelgebiet und avanciert nach mystischen Unterwasserfunden zum modernen Atlantis.

Bimini, die kleine zu den Bahamas gehörende Inselgruppe östlich von Miami, Florida, ist den meisten Menschen nur als Urlaubsparadies und als eines der besten Hochseeangelgebiete der Welt bekannt. Verträumt erinnern sich ältere Sportangler an den US-amerikanischen Schriftsteller Ernest Hemingway (1899–1961), der in den 1950er Jahren vor Bimini einen 223 Kilogramm schweren Thunfisch fing. Für Wissenschaftler hegt die Inselgruppe im Pazifik eine andere Faszination: Unter Wasser fand man Hinweise auf eine versunkene Kultur – möglicherweise stumme Zeugen eines verlorenen Kontinents.

Rätselhafte Unterwasserwelt

Bereits 1968 entdeckten Unterwasserforscher in der Nähe von Bimini eine 570 Meter lange J-förmige Struktur aus riesigen Steinen auf dem Meeresgrund. Viele Geologen taten diese Steine als natürlich ab, doch einige waren nach näherer Untersuchung überzeugt: Was vor Bimini unter Wasser liegt, stammt von Menschenhand und ist über 12.000 Jahre alt. Es sollen Hinterlassenschaften mysteriöser Vorfahren sein.
Riesige Steinblöcke, zyklopische Mauern, gleisähnliche Strukturen und andere überdimensionale geometrische Unterwasserformationen lösten in der Folge einen Gelehrtenstreit aus, in dem immer wieder der Name »Atlantis« fiel. Vor allem, weil in den 1930er Jahren der amerikanische Seher Edgar Cayce (1877–1945) die Entdeckung von Atlantis vor Bimini vorausgesagt hatte.

Streit der Gelehrten

Während Geologen wie der Amerikaner Neil E. Sealy weiterhin standhaft behaupten, die unterseeischen Strukturen können nur natürlichen Ursprungs sein, vertreten Archäologen wie sein Landsmann David Zink das Gegenteil. Er hat den Meeresgrund vor Bimini im Jahr 1974 eingehend untersucht und neben der J-förmigen Mauer noch andere Funde entdeckt, darunter einen geformten Stein mit Spund- und Nutkanten sowie ein Stück Marmor, das vermutlich von einer antiken Skulptur stammt. Auch erkannte Zink ein geometrisches Muster in der Anordnung der Unterwassersteine, das an die Formation der sieben Sterne des Sternbilds der Plejaden erinnert. Möglicherweise hat Zink Recht, denn als Kolumbus auf seiner zweiten Reise (1493–1496) u.a. auch das Archipel von Bimini entdeckte, traf er auf den Stamm der Arawak-Indianer. Sie berichteten von einem sagenhaften Reich, in dem einst Jungbrunnen sprudelten und in dem die Götter von den Sternen kamen. Das Reich, so sagten sie vor über 500 Jahren, sei längst vom Wasser verborgen, die goldenen Zeiten seien dahin.

Vermutlich durch eine Erzählung der Arawak-Indianer entdeckte der Spanier Ponce de Leon im Jahre 1513 Florida. Eigentlich wollte er jenen Jungbrunnen suchen, der laut den Eingeborenen einst auf Bimini zu finden war.

Forschung in Trance

Für einen Archäologen bediente sich Dr. David Zink bei der Erforschung der Bimini-Strukturen ungewöhnlicher Maßnahmen. Unter seinen Studenten fand er sensitive Menschen, die mental und in Trance zu der verschollenen Zivilisation zurückkehren sollten. In dem Experiment notierten die jungen Leute streng getrennt voneinander ihre Eindrücke.
Übereinstimmende Berichte wurden später detailliert ausgewertet. Zink ist nach seinen umstrittenen Untersuchungen davon überzeugt, dass es sich bei den Mauern von Bimini »nicht nur um einen heiligen Ort, sondern um eine Stätte geistiger Weihen von besonderer Energie« handelt. Er schließt nicht aus, dass »eine geistige Inspiration aus dem Universum« dabei am Werke gewesen sein könnte.

Ernest Hemingway besuchte wie viele andere Berühmtheiten Bimini einige Male und machte die kleine Inselgruppe als Paradies für Hochseeangler bekannt.

Nan Madol – Venedig der Südsee

In Mikronesien auf der kleinen Insel Temuen liegt das geheimnisvolle Nan Madol – 82 künstlich geschaffene Inseln mit steinernen Bauten und Wallanlagen, entstanden vermutlich schon um 200 vor unserer Zeitrechnung.

Mitten im Stillen Ozean liegt die Inselwelt von Mikronesien. Auf einem kleinen, dschungelbewucherten Eiland befinden sich die sagenhaften Ruinen von Nan Madol – gigantische Basaltblöcke, die von Archäologen und Historikern gern als das achte Weltwunder bezeichnet werden. Die zahlreichen, geheimnisvollen Bauwerke wurden aus etwa 400.000 Säulen errichtet, von denen manche bis zu zweieinhalb Tonnen wiegen. Wer hatte die Idee zu diesem »Venedig der Südsee«? Zu welchem Zweck wurde es erbaut? Auf welche Weise wurde das tonnenschwere Material durch den feucht-heißen Dschungel und über das seichte Wasser der Buchten gebracht?

Das himmlische Riff

Viele Archäologen vermuten, dass die Anlage Anfang des 13. Jahrhunderts erschaffen wurde. Ältere Unterwasserfunde wiederum scheinen dafür zu sprechen, dass sie schon um 200 v. Chr. entstanden ist. Nan Madol liegt auf der kleinen Insel Temuen, die zur größten der Karolinen-Inseln, Pohnpei, gehört. Der Archipel ist etwa dreimal so groß wie das Fürstentum Liechtenstein. Die polynesische Bezeichnung Nan Madol bedeutet »Ort der Zwischenräume«. Die vorgelagerte gewaltige Wallanlage, die die Küste wie ein Riff beschützt, nennen die Bewohner Nan Mwoluhsei, was so viel wie »Wo die Reise endet« heißt. Noch vor zweihundert Jahren nannte man die Inselgruppe Soun Nan-leng, das »himmlische Riff«, weil nach den polynesischen Mythen dort die Götter vom Himmel zur Erde herabstiegen.

Unbekannte Bauhilfen

Es müssen in der Tat wunderliche Wesen gewesen sein, die Hunderte von mächtigen Bauten errichteten, kanalartige Wasserwege an-

Särge aus Platin?

Während der japanischen Besetzung der Karolinen zwischen 1919 und 1944 sollen Marine-Taucher nicht nur Wohnstätten, Straßen und Steingewölbe auf dem Meeresgrund entdeckt haben, sondern auch das in vielen Legenden beschriebene »Haus der Toten«. In ihm wurden, Erzählungen zufolge, die ehemaligen Herrscher des Inselreichs bestattet.

Es wird berichtet, die Taucher hätten wasserdichte Platin-Särge gefunden und Teile des wertvollen Materials an die Oberfläche gebracht. Erstaunlich ist, dass zu den Hauptausfuhrartikeln in den 30er Jahren des letzten Jahrhunderts neben Kobra, Vanille, Sago und Perlmutt auch Platin gehörte. Dieses vor Nan Madol gefundene Edelmetall soll über Jahre hinweg die Zahlungsfähigkeit des japanischen Kaiserreichs aufgebessert haben.

Erst als zwei Taucher von ihrer Unterwasserexkursion zu den in Platin gebetteten Verstorbenen nicht zurückgekehrt waren, wurde der Abbau eingestellt.

Auf den künstlichen kleinen Inseln von Nan Madol sind noch heute die Fundamente für die steinernen Bauten und Wallanlagen der mythologisch verklärten Erbauer zu sehen. Viele Menschen glauben, dass die Initiatoren des historischen Relikts Götter gewesen sind.

Die Legende vom fliegenden Schiff

Studenten des Community College of Micronesia auf Pohnpei, der größten der zu Mikronesien gehörenden Karolinen-Inseln, schrieben in mühevoller Kleinarbeit die zahlreichen, bisher nur mündlich überlieferten Erzählungen ihrer Vorfahren auf. In ihnen wimmelt es von himmlischen Göttern, die magische Kräfte besaßen, wie der folgende Text beweist:

»Dereinst segelte ein Kanu vom Himmel herab. Es kam nicht vom offenen Meer her, sondern vom hohen Himmel. An Bord waren drei Männer. Das fliegende Schiff kam nach Nan Madol. Es schwebte über der Insel dahin. Schließlich gelangte es in den Westen. Die Männer nahmen einen der hohen Häuptlinge des westlichen Nan Madol an Bord. Sie flogen mit ihm weg. Niemand wusste, was sie besprachen. Aber als sie wieder zurück kamen, da wurde der hohe Häuptling zum ersten König ernannt.«

Der Eingang zu einem unterirdischen Gang reicht von einer der künstlichen Inseln Nan Madols bis weit unter den Meeresboden. Was die Erbauer des Tunnels bezwecken wollten, ist bis heute unbekannt. In jedem Fall ernannte das U.S. Department für innere Angelegenheiten die Ruinen auf Temuen im September 1985 zu einem nationalen historischen Wahrzeichen. Verwaltet werden die Steinbauten vom lokalen Bürgermeister, dem Nahnmwarki.

legten und tonnenschwere Basaltsäulen bewegten. Temuen besteht aus 82 künstlich geschaffenen Inseln, deren mystische Konstrukteure zunächst unter Wasser ein Fundament aus gewaltigen Steinbalken errichteten. Auf diesen Grundmauern, die mit Steinabfällen, Korallenstaub und Erde verfugt wurden, türmten sie riesige Gebäude im Blockhausstil. Die bis zu neun Meter langen, sechs- und achteckigen, quergeschichteten Säulen trotzen seit Jahrhunderten den Gewalten der Natur. Der Engländer James G. O'Conell, der 1827 als Schiffbrüchiger bei Pohnpei gestrandet war, beschrieb das geheimnisvolle Nan Madol in seinem Werk »Adventures of James G. O'Conell«. Verwundert stellte er fest: »Die immense Größe der Steine in den Mauern machte es unmöglich, dass sie ohne Hilfe einer mechanischen Apparatur hätten eingebaut werden können. Ein solches Gerät hat es bei den Insulanern jedoch nie gegeben!«

Jahrhundertealtes Tabu

Oder vielleicht doch? War hier die gleiche Intelligenz am Werk, die in der europäischen Steinzeit Menhire auftürmte und astronomisch-ausgerichtete Steinkreise errichten ließ? Für die Bewohner der Nachbarinseln war die Ruinenwelt von Nan Madol jahrhundertelang ein absolutes Tabu. Sie wurden nicht müde, westliche Forscher vor einem bösen Zauber zu warnen, der über der geheimnisvollen Stätte liegen soll.

Kreuze und Quadrate

Der amerikanische Archäologe David Hatcher Childress (*1938) stieß bei mehreren Tauchgängen in einer Tiefe zwischen 20 und 35 Metern immer wieder auf senkrecht stehende Monolithen, von denen einige Gravuren wie zum Beispiel Kreuze, Quadrate, Rechtecke und Vierecke tragen. Im Jahre 1980 hatte der amerikanische Geologe Dr. Arthur Saxe im Auftrag der Behörde »The Trust Territory of the Pacific« die unterseeische Umgebung von Nan Madol erkundet und ebenfalls unzählige solcher Säulen entdeckt, postiert auf einer schnurgeraden Linie, die sich in der unergründlichen Tiefe des Ozeans verliert.

Eine wunderbare Stadt

Der Ethnologe und Historiker Professor Miloslav Stingl (*1930) von der Prager Karls-Universität vergleicht Nan Madol mit den Rätseln der chilenischen Osterinsel. »Rapa Nui, so der ursprüngliche Name, hat mich hauptsächlich durch seine Riesenskulpturen verblüfft, während ich in Nan Madol sogar eine große wunderbare Stadt mit einem Labyrinth unterirdischer Gänge gefunden habe«, erklärte er 1988 nach ausführlichen Erkundungen des Archipels. »Leider habe ich das legendäre Haus der

Nan Madol erinnert nicht nur Historiker und Ethnologen an die steinernen Relikte, die die Besucher der chilenischen Osterinseln faszinieren. Zu welchem Zweck die mikronesischen Bauten auf künstlichen Inseln errichtet wurden, konnte bislang nicht geklärt werden. Ebenso wenig weiß man, was zum Modellieren der Tuffsteingestalten mit den riesigen Gesichtern auf den im Südpazifik liegenden Osterinseln angeregt hat. Eine Gemeinsamkeit von Nan Madol und den Osterinseln könnten die oft als Initiatoren genannten »Götter« gewesen sein, die den einfachen Menschen von damals die baulichen und künstlerischen Meisterleistungen eingaben.

Toten nicht entdeckt und auch keinen der wertvollen Sarkophage, die dort vermutet werden.«

Amphibische Kreaturen

Für den Astronautik-Experten und Sachbuchautor Walter-Jörg Langbein (* 1954), der vor Ort mehrere alte Legenden der Bewohner auswertete, ist Nan Madol ein verlassener »Stützpunkt der Götter, die von den Sternen kamen«. Unterirdische Tunnel, die Wasser in künstlich angelegte Seen auf ebenso künstlich errichteten Inseln fließen ließen, sind für Langbein Hinweise darauf, dass das »Venedig des Südens« nicht von Menschen, sondern von intelligenten Meereslebewesen geschaffen worden ist – amphibischen Kreaturen die einst von einem anderen Planeten auf die Erde kamen. Der Forscher fordert, den Meeresboden um das Insel-Archipel systematisch mit Mini-U-Booten zu erkunden. Die Fahrzeuge könnten in Bereiche vordringen, in denen bisher noch kein Taucher gewesen ist und möglicherweise auf andere Götter-Metropolen stoßen, von deren Existenz viele Bewohner von Pohnpei überzeugt sind.

Legendäre Inseln im Atlantik

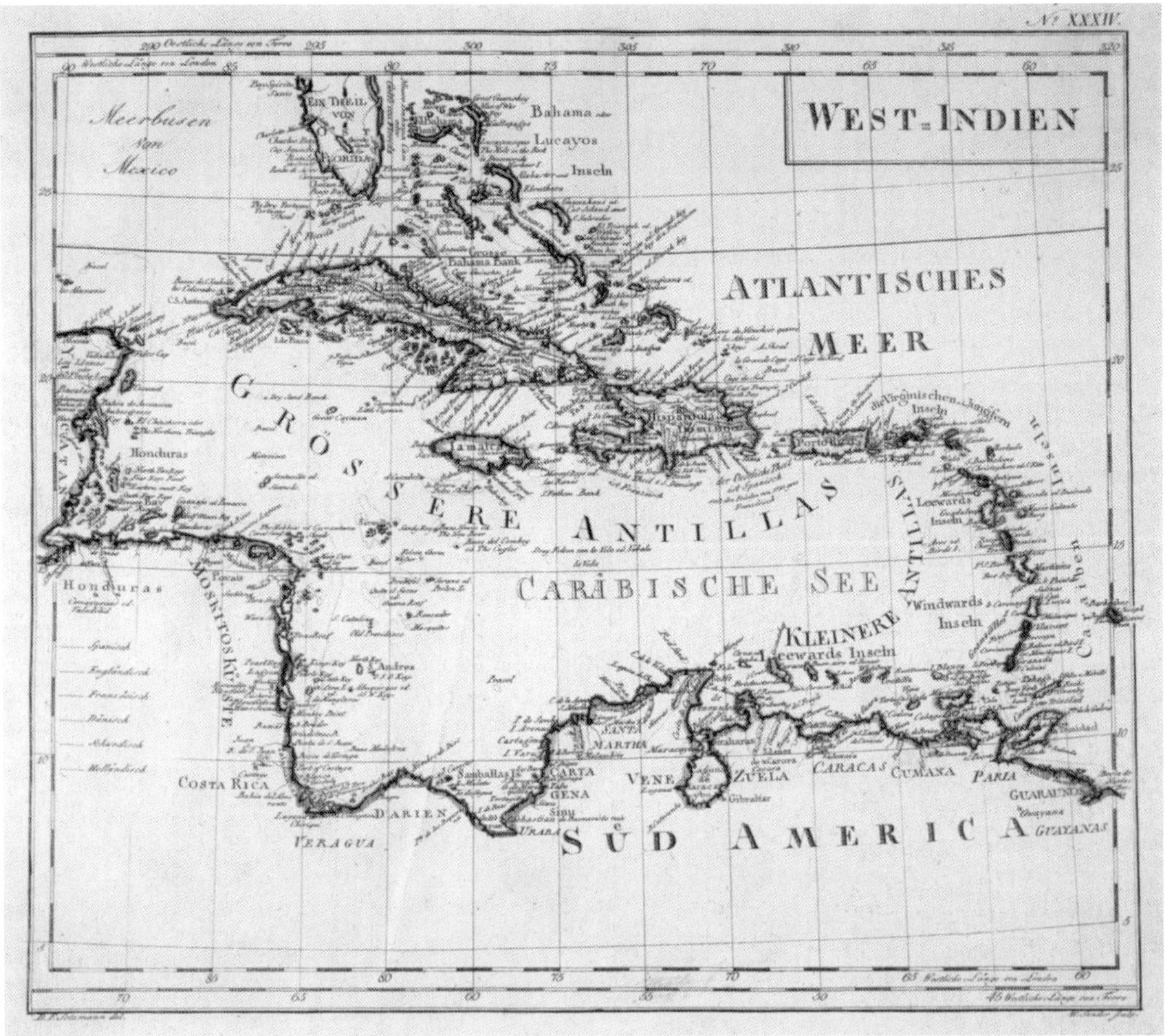

Zwischen dem 10. und dem 40. Breitengrad im Atlantischen Ozean sollen schon viele Inseln gefunden worden sein, die auf mysteriöse Weise wieder verschwanden. Die sagenumwobenste war Antillia, die östlich der heutigen Antillen lag. (Kupferstich um 1795)

Der Atlantik soll das Meer der verlorenen Inseln sein. Glaubt man antiken Schriftstellern, die immer wieder geheimnisvolle Länder mitten im Ozean beschrieben haben, von denen man heute nichts mehr weiß, müssen tatsächlich einige große Inselkulturen unter den Wellen begraben liegen. Das berühmte Atlantis, das der griechische Philosoph Platon (427–348/347 v. Chr.) beschrieb, ist eine davon.

Antillia, das Paradies

Überhaupt scheint im antiken Griechenland sehr viel Wissen über mysteriöse Länder und Inseln jenseits von Europa vorhanden gewesen zu sein. Eine dieser sagenhaften Inseln hieß Antillia. Sie wurde bereits von Aristoteles (384–322 v. Chr.), dem Lehrer des makedonischen Herrschers Alexander des Großen (356–323 v. Chr.), erwähnt.

Im 15. Jahrhundert, zu einer Zeit, als Spanien und Portugal von muslimischen Mauren besetzt wurde, verbreitete sich in Europa das Gerücht, dass westlich des Kontinents, in Höhe des 31. Breitengrades, eine ideale christliche Gemeinschaft eine kleine Insel namens Antillia bewohne.

Auf einer mittelalterlichen Karte, die der türkische Admiral Piri Reis 1517 dem Sultan Selim I., dem Eroberer Ägyptens, zum Geschenk machte, finden sich nicht nur die erstaunlich genau eingezeichneten Konturen der Küsten Süd- und Nordamerikas, die Umrisse der Antarktis und Feuerlands, auch Antillia ist auf dieser Landkarte zu sehen. Experten vermuten, dass diese Karte nach einer viel älteren Vorlage angefertigt worden war.

Obwohl sie modernes kartographisches Wissen enthält, kann die Karte aufgrund der Küstenlinien, die darauf abgebildet sind, nur in einem sehr frühen Jahrtausend der Menschheitsgeschichte entstanden sein. Demnach wären die heutigen Azoren die letzten Überreste von Antillia.

Überflutete Welten

Was sagen Geologen und Ozeonographen zu einem versunkenen Inselstaat im Atlantik? Der amerikanische Bestsellerautor Charles

Wasserfischer

Wenn die Fischer der Azoren westlich ihres Archipels Eimer im Meer auswerfen, kommt es an manchen Stellen vor, dass sie Süßwasser aus der See schöpfen. Vermutlich handelt es sich hierbei um unterseeische Trinkwasserquellen, die früher einmal zum Festland eines Inselstaates gehörten. Ähnlich Eigenartiges geschieht 150 Kilometer westlich der Azoren.

Scheinbar mitten im Ozean verankern die Fischer ihre Boote, denn genau hier ragen bis knapp unter den Meeresspiegel gebirgige Landschaften auf. Ein Kontinent dürfte nach Erkenntnissen einiger Geologen hier zwar nicht existiert haben, aber vielleicht gab es einige größere bewohnte Inseln, die man in der Antike als Antillia zusammenfasste.

Die Fischer auf den Azoren lieben ihr mysteriöses Meer. Mitten im Ozean hieven sie mit ihren Kübeln trinkbares Süßwasser aus den Tiefen empor. Und dank unterirdischer Gebirgszüge können sie mitten im Atlantik vor Anker gehen. Die Aufnahme zeigt zwei Fischerboote vor der Insel Pico.

Die Azoren, die angeblich Überreste eines fruchtbaren Kontinents mit gottesfürchtigen Einwohnern sind, ziehen alljährlich zahlreiche Touristen an. Die Inseln sind vulkanischen Ursprungs, das Klima ist ozeanisch mild.

Verlorene Paradiese

Der griechisch-römische Schriftsteller Lucius Apuleius (ca. 125–175 n. Chr.) schreibt im 2. Jahrhundert n. Chr. in seiner Kosmologie »De Mundo«: »Länder, die vorher Kontinente waren, sind in Inseln verwandelt worden.« Damit stützt er die Ausführungen seines Landsmannes, des Chronisten Plutarch (ca. 46–120 n. Chr.). Dieser spricht von einem untergegangenen Kontinent namens Saturnia, der im Atlantik lag. Der Römer Marcelinus (*330 n. Chr.) berichtet von »einer großen Insel, die verschlungen wurde«, genauso wie Timagenes (1. Jahrhundert v. Chr.), der von einer »Insel in der Mitte des Ozeans« zu erzählen wusste, von der die Gallier stammen sollten. Diese rätselhaften Eilande tragen Namen wie »Die glücklichen Inseln«, »Die Inseln der Seligen«, die »Hesperiden«, »Brasil« und »Antillia«.

Berlitz (*1913) stellt heute folgende Überlegungen zu Antillia an. Er glaubt, Antillia könne ein letzter Rest von Atlantis gewesen sein: »Wenn wir uns das Plateau vergegenwärtigen, das die Azoren unter Wasser umgibt, finden wir ein versunkenes Land mit Halbinseln, Landengen, Buchten, Bergen und Tälern, das größer ist als Portugal. Es liegt in einer Tiefe zwischen 120 und 270 Metern.«

Vor 12.000 Jahren, als der Meeresspiegel noch tiefer gelegen hat, hätten weite Gebiete nördlich und östlich der Azoren über der Wasseroberfläche gestanden haben müssen. Und tatsächlich scheint es einige Indizien zu geben, dass die Azoren vielleicht nur die Gipfel einer größeren Landmasse waren – die Gipfel der Berge von Antillia.

Geisterinseln im Atlantik

Der mittelatlantische Rücken, auf dem Antillia gelegen haben soll, gehört zu den tektonisch unruhigen Zonen der Erde mit plötzlichen Vulkanausbrüchen, heftigen Erdbeben und Absenkungen des Meeresbodens. So stießen schwedische Meeresgeologen 1948 unweit der Azoren mit ihrem Forschungsschiff »Albatross« in 3600 Metern Tiefe auf Süßwasseralgen, die einmal in einem See über dem Meeresspiegel gelebt haben müssen. 96 Kilometer nördlich davon fand man in den 1970er Jahren bei einer Tiefsee-Expedition der »Sowjetischen Akademie der Wissenschaften« Tachylit, gläserne Lava, die sich nur über Wasser bilden kann.

Professor Maurice Ewing von der Columbia University in New York kommentiert: »Entweder muss das Land drei bis fünf Kilometer gesunken sein oder das Meer muss drei bis fünf Kilometer niedriger gewesen sein als heute. Beide Schlussfolgerungen sind bestürzend.«

Vom Meer verschlungen

Der italienische Historiker Dr. Peter Kolosimo (1922–1980) ging dem Mythos zahlreicher anderer untergegangener Inseln im Atlantischen Ozean nach. Dabei stieß er auf einen Bericht der »Hydrographischen Gesellschaft Madrid« aus dem Jahre 1809, in dem Folgendes zu lesen steht: »Wir wussten nichts von dieser Inselgruppe, bis sie 1762 das Schiff »Aurora« entdeckte, nach dessen Namen sie benannt wurden. 1790 sah sie die Mannschaft der »Princess« von der Königlichen Schiffsgesellschaft der Philippinen unter Kapitän de Oyarvido, der uns in Lima sein Logbuch zeigte und uns über die Lage dieses Landes informierte.«

Die Geisterinseln wurden von Seefahrern zum letzten Mal 1892 erwähnt. Im Logbuch eines englischen Schiffes mit dem Namen »Glads« ist zu lesen: »Wir haben Land gesichtet, es scheint eine langgestreckte Insel mit zwei Hügeln zu sein, die den Eindruck erwecken, es handle sich um drei Inseln. Auf den Hügeln lag ein bisschen Schnee.«

Unsichtbare Inselwelten

Ungefähr 1500 Kilometer südöstlich von Buenos Aires in Argentinien wurde 1675 eine relativ große Insel mit einem geeigneten Hafen im Osten entdeckt. Sie wurde »Isla Granda« genannt, doch nur 100 Jahre später konnte sie niemand mehr finden.

Der englische Kapitän G. Norris machte eine ähnliche Erfahrung. Er erkundete 1825 eine der südlichsten Atlantikinseln, Bouvet, und landete zuvor weiter nordöstlich auf zwei kleinen Inseln, die er Thompson und Chimney nannte. Auch sie verschwanden im Dunkel der Geschichte.

Entlang des ozeanischen Erdbebengürtels scheint es tatsächlich Land gegeben zu haben, das durch Naturgewalten in die Tiefe des Meeres gespült wurde. Vielleicht werden Unterwasserarchäologen eines Tages Funde vorlegen, die auch bestätigen, dass die Mythen um ein Goldenes Zeitalter von Antillia nicht nur der menschlichen Fantasie entsprungen sind.

Man kann nur Vermutungen anstellen, welchem Glauben die Bewohner Antillias zugesprochen haben; vermutlich beteten sie göttergleiche Vorbilder an, wie diese von den Antillen stammende Idol-Maske vermuten lässt.

Tollán – das rätselhafte Land der Tolteken

Die ansässigen Völker nannten die Gegend Teolalpa, »das Land der Götter«. In Tollán sollen niedere Götter durch Schnüre mit den höheren Gottheiten kommuniziert haben. Diese steinernen Atlanten sind über 4,50 Meter hoch und trugen einst einen Tempel.

Als die Azteken um das Jahr 1215 n. Chr. das Tal von Mexiko erreichten, in dem sie wenig später den Grundstein zu einem machtvollen Imperium legen sollten, existierte das Reich von Tollán nur noch in Mythen und Sagen. Staunen erfasste die Azteken beim Anblick der Gebäuderuinen und Basaltstatuen, die sie in der entvölkerten Hauptstadt vorfanden. In mehreren Geschichtsquellen tritt uns mit Tollán (auch Tula genannt) eine Stadt der Vollkommenheit und der paradiesischen Verhältnisse entgegen, die zugleich von einem tragischen Ende überschattet wird. Sprichwörtlich war die Rechtschaffenheit, Gottesfurcht und Weisheit ihrer Bewohner, der Tolteken, die von vielen mexikanischen Völkern als Erfinder der Handwerkskünste, als geachtete Medizinmänner, die der Heilpflanzenkunde mächtig waren und als Wissenschaftler angesehen wurden. Sie beherrschten die Deutung der Sterne, die Erstellung von Kalendern und waren Dichter und Sänger. Ihr Staat und ihre Kultur erreichten ein ausgesprochen hohes Niveau.

Das El Dorado Mexikos

Tollán, das war auch die legendäre Stadt einzigartiger Paläste, deren Säle mit Gold, Silber, Türkis, erlesenem Federschmuck und roten Muschelschalen geschmückt waren. Die Tolteken, ihr Siedlungsgebiet und ihre Hauptstadt entziehen sich bis heute einer genauen historischen Bewertung. Widersprüchliche Schilderungen und archäologische Forschungen tragen eher zur weiteren Mythenbildung als zu einer wirklichen Aufklärung bei. Doch unbestreitbar enthalten die zahlreichen Überlieferungen der nachfolgenden Kulturen einen Wahrheitskern.

Die Spur der Tolteken

Tollán wurde 856 n. Chr. gegründet. Weiträumige Säulenhallen demonstrieren, dass

Die Stadt der Ahnen

Sind die Überreste der Stadt Tollán (60 Kilometer nördlich von Mexiko City) tatsächlich identisch mit jener sagenumwobenen Metropole der Tolteken oder trug sie nur denselben Namen in Erinnerung an eine weit zurückliegende Epoche? Die Archäologen haben nur wenig gefunden, das dem überlieferten Idealbild Tolláns gleicht. Interessanterweise berichten die Tolteken selbst von einem mythischen Land, aus dem sie stammten und das in der Gegend der »Sieben Höhlen« liegen soll. Das geheimnisvolle goldene Tollán muss vielleicht erst noch gefunden werden.

Von der Pracht der im Jahre 1170 zerstörten Hauptstadt des sagenumwobenen Reiches Tollán zeugen noch heute die Überreste ihrer Architektur. Die Antlitze der steinernen Pfeiler verraten Historikern eine toltekische Herkunft.

hier große Versammlungen stattfanden. Die Gesellschaft der Tolteken wurde von Militärorden dominiert, während die Priester ihre Vorrangstellung einbüßten. Feudalherren regierten ein Land, deren Vorposten bis in den Südwesten der heutigen USA, nach Guatemala und bis nach Chichén Itzá (Yucatán) reichten. Um das Jahr 1000 verließen die Tolteken unter der Führung ihres Herrschers Quetzalcóatl das Hochland und zogen an die Golfküste und nach Yucatán in das Gebiet der Maya, deren Kultur unter dem toltekischen Einfluss eine neue Blüte erlebte. Ende des 10. Jahrhunderts wurde ihre Regierungsstadt Tollán von Barbaren aus nördlichen Gebieten attackiert, 1168 steckten anstürmende Chichimeken die Stadt in Brand. Doch auch ein Bürgerkrieg beschleunigte den Machtverfall der toltekischen Priesterkönige.

Zeit des Lichts

Spanische Missionare vernahmen eine erstaunliche Geschichte, als sie Mexiko betraten. Es hieß, die Tolteken verehrten eine Gottheit namens Quetzalcóatl (»Federschlange«), dem sie keine Menschenopfer darbrachten, sondern Schmetterlinge. Er war der »Schöpfer der Sonne« und spendete mit seinem geistigen Atem das Leben. Und da war noch jener Tolteken-Herrscher Quetzalcóatl, der legendäre Hohepriester-König, der manchmal sogar mit dem Gott selbst identifiziert wurde. Dieser Topiltzin-Quetzalcóatl (Topiltzin bedeutet »kleiner Prinz«) regierte im 10. Jahrhundert. Unter seiner Herrschaft erreichte die Kultur der Tolteken ihren Höhepunkt. Als schließlich die spanischen Konquistadoren und mit ihnen die christlichen Missionare ins Land kamen, nahm der legendäre Priesterfürst fast Züge von Christus an. Barmherzigkeit, Menschlichkeit, ja sogar der Wiederkunftsgedanke findet sich in seinem Mythos.

Wundergeburt eines Christus

Um die Geburt des göttlichen Herrschers ranken sich seltsame Erzählungen. Sein Vater, König Mixcóatl, heiratete eine Prinzessin aus Xochicalco. Doch Topiltzin-Quetzalcóatl wurde erst zehn Jahre nach dem Tod seines Vaters auf übernatürliche Weise gezeugt, indem eine feurige himmlische Kugel auf seine Mutter herabglitt. Er wuchs bei ihr in Xochicalco auf. Als

Tollán, die Regierungsstadt der Tolteken, umgab von Anfang an ein Nimbus der Heiligkeit. Die steinernen Giganten, die noch heute aus der Erde ragen, wo einst reges Leben war, trugen dazu bei. Man erzählte sich – und erzählt sich noch heute, dass die Figuren Abbilder von Göttern, Spiegelbilder von Außerirdischen seien, mit denen die Priesterkönige der Stadt einst im Bunde waren.

Der kreisförmige Bau in Chichén Itzá trägt den Namen Caracol (spanisch für »Schnecke«) wegen seiner spiralförmigen Gänge im Inneren. Es handelt sich um ein Observatorium zur Aufzeichnung der Bewegungen der Venus und macht die außergewöhnlichen Fähigkeiten der Maya deutlich.

junger Mann sah er seine Aufgabe darin, in die Stadt seines Vaters, nach Tollán, zu gehen und den Kult seines Namenspatrons, des Gottes Quetzalcóatl, zu den Tolteken zu bringen. Ein starker Widersacher, Huemac, der Prinz einer konkurrierenden Adelsdynastie aus Tollán, stellte sich ihm entgegen. Dieser Huemac sollte Quetzalcóatl wieder aus Tollán vertreiben. Prinz Quetzalcóatl war jedoch nur deshalb besiegbar geworden, weil er einer Versuchung durch dämonische Wesen erlag: Der Legende nach war ein böser alter Mann zu ihm gelangt, der ihn dazu verführte, von dem heiligen Pulque (Agavenschnaps) zu trinken. Umnebelt von Alkohol überkam Quetzalcóatl Angst und er floh aus Tollán. Sein Ziel war die Golfküste Mexikos. Dort legte er ein Federkleid an und stieg in gewaltigen Feuerflammen zum Himmel auf, wo er seitdem als Morgenstern steht.

Götterdämmerung

Azteken und Maya glaubten, König Quetzalcóatl sei auf dem Meer in Richtung Osten entschwunden, um eines Tages erneut die Macht zu übernehmen. Dieser Irrglaube wurde ihnen zum Verhängnis. Denn als die Spanier landeten, erfüllten sich die Prophezeiungen: Ein Komet sollte erscheinen, eine Flammensäule mit großem Lärm sichtbar werden, ein Blitzstrahl ohne Donner einschlagen und Wasser ohne Wind aufschäumen.

All dies sollte im Jahr Ce Acatl passieren. Das war 1519 n. Chr., das Jahr, in dem Hernán Cortés das Azteken-Reich eroberte. Er kam aus dem Osten über das Meer und trug wie Quetzalcóatl einen Umhang mit Kreuzen. Der Azteken-Kaiser Moctezuma (Montezuma) und mit ihm sein Volk ergaben sich widerstandslos in ihr Schicksal.

Transatlantische Kontakte

Sehr früh scheinen euro-amerikanische Kontakte von Ägyptern, Römern und Wikingern stattgefunden zu haben. Wäre es möglich, dass Quetzalcóatl aus Europa stammte oder nach Europa floh? Der Priester-König gehörte einem Stamm namens »Nonohualca Teolixca Tlacochcalca« an, der aus dem Land »Tlapallán« stammte. Das bedeutet »Land im Osten, jenseits des Meeres«, wo jene wohnen, »die eine fremde Sprache sprechen«, »Soldaten« und »Boten Gottes«. Zudem wurden die Minister als »vom Tempel des Herren«, als »Prediger« und »ehrwürdige Mönche« bezeichnet und trugen eine Tonsur wie europäische Mönche. Versuchte ein Mönchsorden des Mittelalters bereits, Indianervölker zu christianisieren?

Yonaguni Island – Pyramide im Meer

Auf den Spuren unserer Vorväter, Teil I

Um zu bestimmen, aus welcher Zeit der Unterwasserfund von Yonaguni stammt, muss man zuerst die Frage klären, warum das Bauwerk im Meer versank. Kam es durch ein Erdbeben oder einen Vulkanausbruch zum Untergang oder sackte der Felsen langsam, beispielsweise durch klimatische Veränderungen wie Eisschmelze und Anstieg der Meeresspiegel, ab?

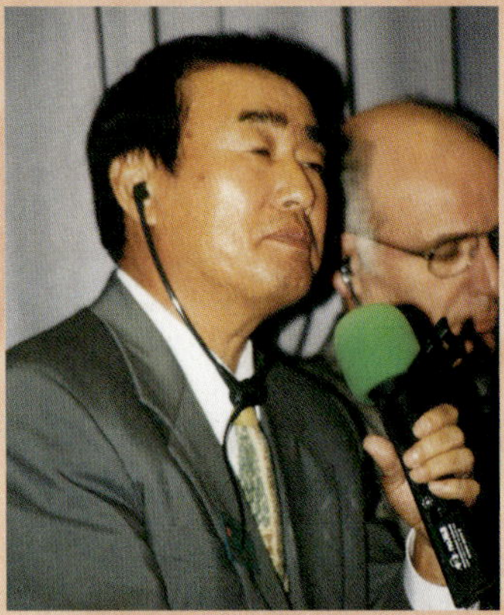

Professor Kimura erforscht seit mehreren Jahren Iseki Point. Dabei stieß er auf weitere Ruinen sowohl im Wasser wie auch an Land.

Für das schnelle Absinken spricht allerdings, dass Japan in einer Erdbebenzone liegt. Dass der Tempel von Yonaguni aufrecht steht, deutet jedoch auf ein langsames Absinken hin. Weil der Felsen nur an Land behauen werden konnte, muss der Ozean zu seiner Entstehung einen 30 Meter niedrigeren Wasserspiegel gehabt haben, als heute. Dies war, so Professor Masaaki Kimura, vor etwa 12 000 Jahren, noch vor dem Ende der letzten Eiszeit, Jahrtausende vor dem Bau der Pyramiden und dem bisher angenommenen Beginn der menschlichen Zivilisation, der Fall.

Zufällig entdeckte der Hobbytaucher Kihachiro Aratake die terrassenartigen Plattformen vor der Küste Japans.

Im Frühling 1985 machte der tauchbegeisterte Hotelbesitzer Kihachiro Aratake vor der kleinen japanischen Insel Yonaguni eine Entdeckung, die den Mythos Atlantis wieder aufleben ließ. Unter Wasser fand er bei einem seiner Tauchgänge vermutlich die steinernen Überreste einer bislang unbekannten Kultur – 10 000 Jahre sollen diese Zeugnisse der Vergangenheit vor sich hingeschlummert haben. Zunächst hielt Aratake seine Entdeckung für eine natürliche Steinformation. Erst bei näherer Betrachtung fielen dem Taucher kleine Stufen und Terrassen auf, die wie von Menschenhand gemeißelt schienen.

Aratake war überzeugt: 300 Meter vor der Küste einer winzigen, bislang völlig unbekannten Insel hatte er in einer Tiefe von nur 30 Metern einen uralten, geheimnisvollen Tempel entdeckt!

Strittige Unterwasserwelt

Professor Masaaki Kimura von der Ryukyus Universität in Okinawa, ein Experte auf dem Gebiet der Meeresgeologie, besichtigte den Unterwasserfund vor Yonaguni und kam zu demselben Ergebnis wie der Laie Aratake: Das entdeckte Felsrelikt ist von Menschen gebaut worden. Kimura hält das Monument für ein jahrtausendealtes Heiligtum.

Doch nicht alle Forscher schließen sich seiner Meinung an. Einige von Kimuras Kollegen weisen darauf hin, dass die Natur ebenfalls in der Lage sei, 90-Grad-Winkel und Löcher in Folge von Erosion zu formen. Der gigantische Unterwassertempel, so der deutsche Geologe Wolf Wichmann, sei nichts anderes als ein natürlicher Sedimentblock und der Sandstein sei von Rissen und horizontalen Klüften durchzogen. Alle Winkel und Stufen entstanden in

Ähnlich den Ruinen unter Wasser finden sich auf der Insel Yonaguni Steinstrukturen, die mit großer Wahrscheinlichkeit von Menschenhand bearbeitet wurden.

Vor der schroffen Küstenlinie der japanischen Insel Yonaguni finden sich die vielleicht ältesten Spuren menschlicher Kultur.

Auf den Spuren unserer Vorväter, Teil II

Auch die Frühgeschichte des amerikanischen Kontinents müsste umgeschrieben werden, würden im Meer vor Japan tatsächlich von Menschen erschaffene Ruinen unter Wasser ruhen.

Früher ging man davon aus, dass Amerika von Norden nach Süden besiedelt wurde, von Einwanderern, die über die damals zugefrorene Beringstraße kamen. Seit in Südamerika, in Chile und Peru, Funde entdeckt wurden, die weit älter als alle archäologischen Funde Nordamerikas sind, geht man von einer weiteren, früheren Einwanderungswelle über den Pazifik aus – und diese Einwanderer waren vielleicht jenes mysteriöse Volk, das aus Yonaguni floh.

Spekulationen löste diese auf der japanischen Insel Okinawa gefundene Steinplatte aus. Deutlich ist ein pyramidenähnliches Bauwerk mit Antennen oder Fahnenmasten zu erkennen.

Nach den Messergebnissen der Geologen wurde diese Rekonstruktion angefertigt. Sie erlaubt einen Vergleich des Gesamtkomplexes mit babylonischen Zikkurat-Pyramiden.

solchen Bruchzonen. Außerdem stünde keine Wand im rechten Winkel und die angeblichen Treppen endeten im Nichts. Professor Kimura betont hingegen, dass es auch an anderen Orten der Welt solche »unmöglichen Bauwerke« gebe: In Peru bearbeitete eine unbekannte Kultur schon lange vor den Inka Felsen nach einem ähnlichen Prinzip; auch ihre Treppen und Gänge verloren sich im Nichts. Wenn Kimura recht hat mit der Annahme, dass »Iseki Point« (Ruinenpunkt), wie man die Fundstelle heute nennt, von Menschen geschaffen wurde, dann müsste die Frühgeschichte der Menschheit umgeschrieben werden: nicht mehr die Sumerer wären dann das älteste Volk der Welt, sondern jene Unbekannten aus Japan.

Hochkultur aus dem Nichts

Versank nun vor Jahrtausenden ein großartiges Zeugnis einer frühen japanischen Kultur oder narrt uns die mannigfaltige Kraft der

Die gigantischen Steinblöcke scheinen vor Jahrtausenden aus dem Sandsteinfelsen mit Messern herausgeschnitten worden zu sein.

Natur? Die meisten japanischen Geowissenschaftler sind fest von einer antiken Kultur überzeugt, zumal mittlerweile vier weitere Ruinen vor der südjapanischen Inselkette, zu der auch Yonaguni gehört, entdeckt wurden. Auch vor Okinawa, 500 Kilometer nordöstlich, ruhen Steine der Vergangenheit in den Meerestiefen. Als Beweis, dass all diese Funde eine versunkene Kultur repräsentieren, verweisen Forscher in Yonaguni auf eine Art Fahrbahn, die den geheimnisvollen Felsfund in einer langgestreckten Kurve umgibt. Der Weg ist zwischen sechs und 20 Meter breit. In einer einzigen Reihe ordnen sich Steine mit einem Durchmesser bis zu sechs Metern längs dieser Straße zu einem gewaltigen Zaun an.

Nur Menschen waren nach Meinung der Kultur-Verfechter dazu in der Lage. Auf einem keilförmigen Aufsatz der Unterwasserpyramide finden sich zudem handwerksähnliche Bearbeitungsspuren. Ähnliche Zeichen existieren auch ganz in der Nähe an einer Felswand an Land. Setzt sich dort die submarine Kultur fort? Versank nur ein Teil der geheimnisvollen Bauten im Meer?

Fragen über Fragen

Wenn die Funde vor Japan von Menschenhand geformte Relikte sind, beginnt für die Forscher in aller Welt eine spannende Detektivarbeit. Im Juli 1998, 13 Jahre nach der Entdeckung der Yonaguni-Felsformation, wagte ein interdisziplinärer Stab von Wissenschaftlern aus den Bereichen der Anthropologie, Geologie und Archäologie eine Tauchexpedition. Auch Professor Kimura war dabei. Der Leiter des Unternehmens, der Archäologe Michael Arbuthnot, war anfangs ein Gegner von Kimuras Kultur-Theorie, doch nachdem er mehrere Unterwasserfunde näher untersucht hatte, ging auch er davon aus, dass es sich um Menschen und nicht um die Natur handelte, die sich Felsen zunutze gemacht und nach ihren Vorstellungen geformt hatten. »Zudem«, so Arbuthnot Argumentation, »enthält dieses Monument viele Teile, die es dem Betrachter schwer machen, an Formung durch natürliche Kräfte zu glauben.«

Lange Wegschluchten und tiefe Löcher durchziehen die rätselhaften Unterwasserfelsen.

Çatal Hüyük – Kultstätte der Großen Göttin

Diese szenische, dreidimensionale Darstellung einer großbäuerlichen Zitadellensiedlung aus dem 6. Jahrtausend v. Chr. wurde in Anlehnung an die Ausgrabungsfunde von Çatal Hüyük in Anatolien gemacht. Das Original befindet sich in Preußischem Kulturbesitz und ist in den Staatlichen Museen zu Berlin ausgestellt.

Am südlichen Rand der anatolischen Hochebene lag Jahrtausende eine der ersten Städte der Welt begraben. Als der britische Archäologe James Mellaart 1952 dort auf verschüttete Zeugnisse der Steinzeit stieß, ahnte er noch nicht, dass sich unter dem sanft ansteigenden Hügel der kargen Ebene eine Sensation verbarg. An dieser Stelle hatten vor über 8000 Jahren Steinzeitmenschen eine ungeheuere Pioniertat vollbracht. Im Zeichen einer üppigen, weiblichen Gottheit leiteten die Bewohner von Çatal Hüyük damals eine der außergewöhnlichsten kulturellen Entwicklungen ein, die es je in der Menschheitsgeschichte gab. Wie es zu diesem evolutionären Fortschritt kam, das ist das Rätsel, dem Altertumsforscher im Vorderen Orient seit Jahrzehnten nachgehen.

Die erste Stadt

»Ich konnte Reste verbrannter Mauern erkennen. Dies konnte nur eines bedeuten: Häuser, viele Häuser. Für mich bestand kein Zweifel, dass ganz Çatal Hüyük eine riesige steinzeitliche Stadt war«, so schildert Mellaart seine ersten Eindrücke. Die Bewohner von Çatal Hüyük hatten ein beachtliches Gemeinwesen entwickelt. Wie Bienenwaben strukturierten sie rechteckige Häuser zu Wohnkomplexen mit Innenhöfen. Die Innenräume waren durch Dachluken über Leitern zu erreichen, da es keine Straßen und Eingänge in Form von Türen gab. Offensichtlich führte diese Pueblo-Bauweise immer wieder zu Unfällen, wie Skelettfunde mit Knochenbrüchen bewiesen. 10.000 Einwohner lebten in der Stadt, die auch das Zentrum eines Fruchtbarkeitskultes war, wie Fresken und Statuen bezeugen. So lag in einem Kornbehälter noch unversehrt die Figur einer matronenartigen Muttergöttin, die gerade ein Kind zur Welt gebracht hatte. Die üppige Figur personifizierte die Vermehrungskraft der Menschen ebenso wie die der Erde.

Das Ende der Götter

Die Rituale der Muttergöttin fanden 4000 v. Chr. ein jähes Ende. Nach einer Invasion führten damals indogermanische Völker aus Südrussland patriarchalisch dominierte Religionen ein. Die Göttinnen, denen in der Weltsicht unserer Ahnen der Fortschritt im Neolithikum zu verdanken war, wurden durch die neuen Glaubensansichten überflüssig. Interessant ist, dass mit ihnen auch eine der ältesten uns bekannten Städte der Welt unterging.

Fruchtbarkeitsriten

Der Glaube an Fruchtbarkeitszauber hat sich weitgehend noch bis in 21. Jahrhundert gehalten. Die Trobriander, ein Inselvolk Papua-Neuguineas, zelebrieren noch immer einen, den Geschlechtsverkehr nachahmenden, Fruchbarkeitstanz; in Japan werden für Fruchtbarkeitsfeste riesige Holzphalli von Frauen durch die Straßen getragen. Sie sollen das Verschmelzen des Himmels mit der Erde symbolisieren und Voraussetzung für eine gute Reisernte sein. In Mitteleuropa werden weibliche Strohpuppen auf abgeerntete Felder gestellt. Auch in vielen Hochzeitsbräuchen, so bemerkte der englische Anthropologe Sir James George Frazer (1854–1941), erhielten sich uralte Fruchtbarkeitsriten unserer Vorfahren.

Die Statuette einer gebärenden Göttin, die zwischen zwei Tieren liegt, gibt einen Hinweis auf den Fruchtbarkeitskult und auf die Verehrung einer Muttergöttin in Çatal Hüyük. Die Figur wurde dort bei Ausgrabungen gefunden. Sie wurde ca. 5750 v. Chr. hergestellt.

Startschuss zur Zivilisation

Was ereignete sich Rätselhaftes bei unseren Ahnen? Wer nahm die erfolgreichsten Zuchtexperimente der Menschheitsgeschichte vor?

Selbst heute können wir z. B. Gazellen nicht einfach in Nutztiere verwandeln. Doch die »produzierende Wirtschaftsweise« war die Voraussetzung für eine neue Stufe der Zivilisation – für Sesshaftigkeit, Siedlungs- und Bewässerungsbau sowie Kommunikationsstrukturen. Die Technik ermöglichte dem Menschen fortan, gezielt in die Welt einzugreifen. Erstmalig in der Geschichte breitete sich eine Spezies nicht mehr durch genetische Anpassung aus, sondern durch kulturelle Entwicklung, selbst bei unterschiedlichen Umweltvoraussetzungen.

Das Geheimnis einer Revolution

Die Halbinsel Anatolien oder auch Kleinasien galt bis ins 20. Jahrhundert als ein Grenzland der Kulturen und als historische Präziose. Schon die Römer hatten beeindruckende Tempel und Paläste auf den Ruinen der Seleukiden-Kultur errichtet, die im 3. Jahrhundert v. Chr. das Erbe des Welteroberers Alexander des Großen angetreten hatte. Zuvor lebten in diesem Land bereits Perser. Das Interesse der Gelehrten des 18. und 19. Jahrhunderts konzentrierte sich jedoch vor allem auf die Überreste der antiken Baudenkmäler. Allmählich erst ließen ältere Funde die Fachwelt umdenken. Nach drei Jahrtausenden stieg bei Ausgrabungen das Reich der Hethiter, jenes kriegerische Volk, das im Osten Anatoliens im 2. Jahrtausend v. Chr. das Reich Hatti gegründet hatte, wieder aus dem Dunkel der Geschichte empor. Doch auch sie waren schon auf ehemalige Stadtstaaten der frühen Bronzezeit ab 3000 v. Chr. gestoßen, als sie die fruchtbare Halbinsel erreichten. Das sagenhafte Troja war einer dieser alten Kleinstaaten gewesen. Doch Troja war nicht die älteste Siedlung in Kleinasien: Abermals 3000 Jahre zuvor, in der Zeit des 8. bis 6. Jahrtausends v. Chr., stand nämlich bereits Çatal Hüyük in voller Blüte.

Die jungsteinzeitliche Siedlung war umfriedet durch eine geschlossene Mauer. Ob zum Schutz der Bevölkerung vor feindlichen Angriffen ist fraglich, denn nirgendwo in ihrer 1000-jährigen Geschichte fanden sich Spuren von Kämpfen. Waren die Menschen der Steinzeit friedfertiger als ihre Nachfahren und damit fortschrittlicher? Diese Frage scheint durchaus berechtigt zu sein.

An den inneren Häuserwänden von Çatal Hüyük fand man Malereien, die sowohl Menschen als auch Tiere zeigen. Die Darstellungen sind, so Archäologen, von verblüffender Lebendigkeit – die Çatal Hüyük-Malereien sind die ältesten der Welt.

Genies der Steinzeit

In jedem Fall müssen die Bewohner von Çatal-Hüyük geniale Erfinder gewesen sein. Ihre Stadt entwickelte sich ab 6000 v. Chr. nicht nur zu einem Zentrum des Ackerbaus und des Handels, sondern auch zu einem Zentrum für Künstler, wie Grabfunde und Wandmalereien dokumentieren. Innerhalb weniger Jahrhunderte gelang es dieser Bevölkerung Kleinasiens, sich von einer primitiven Stammesgesellschaft zu einer wohlorganisierten städtischen Kultur zu entwickeln. Was dies bedeutet, wird klar, wenn wir uns vorstellen, dass der Mensch zwei Millionen Jahre, also 99 Prozent der gesamten Menschheitsgeschichte, als Jäger und Sammler in Horden gelebt hat. Plötzlich aber setzte eine entscheidende Veränderung ein: die so genannte »neolithische Revolution«. Lebensweise, Wirtschaftsform, Technik und Kultur änderten sich gravierend und es glückte den Menschen, wilde Getreidearten wie Einkorn und Gerste zu kultivieren und anzubauen. Auch wildlebende Tiere, Schafe, Rinder und Ziegen, wurden domestiziert. Wie den Nomaden dies ohne landwirtschaftliche Kenntnisse gelang, bleibt Spekulation. In Çatal Hüyük lässt sich jedoch an historischen Relikten studieren, dass und wie sich das Verhältnis von Mensch-Natur-Technik wandelte. Was oder wer dafür der Auslöser war, blieb bislang ein Geheimnis der steinzeitlichen Genies.

In Çatal Hüyük wurde eine Vielzahl von historischen Schätzen geborgen, die sich dank optimaler klimatischer und geographischer Bedingungen sehr gut gehalten haben. In türkischen Museen und vor Ort sind Wandmalereien, Töpferwaren, Obsidianwaffen, Tierknochen, menschliche Skelette und Steinwerkzeuge ausgestellt. Die Ausgrabungen wurden so akribisch vorgenommen, dass man sich ein sehr genaues Bild von Leben und Alltag der Bewohner von Çatal Hüyük machen kann.

Die etruskischen Gräber aus späterer Zeit wurden häufig in Felswände eingeschnitten und weisen architektonisch gebildete Fassaden auf. Aus dem 5./4. Jahrhundert v. Chr. stammen diese Felsgräber aus der Gegend von Cerveteri, wo sich die Entwicklung zum architektonischen Felsgrab erkennen lässt.

Die rätselhaften Etrusker

»Einst erfüllte Etrurien ganz Italien, von den Alpen bis hinunter zur Straße von Messina, mit dem ruhmreichen Klang seines Names«, schrieb der römische Historiker Livius (59 v.–17 n. Chr.) über das Kernland der Etrusker. Obwohl die Etrusker im beginnenden ersten Jahrtausend vor unserer Zeitrechnung eine der fortschrittlichsten Zivilisationen Europas waren, weiß bis heute niemand, wo der Ursprung dieses rätselhaften Volkes einstmals gelegen hat und wer jene geheimnisvollen Bewohner Italiens waren. In Erstaunen versetzten sie ihre Mit- und Nachwelt durch ihre tiefe Religiosität, ebenso wie durch ihre angebliche Sittenlosigkeit, vor allem aber durch die Kunst der Wahrsagerei. Es scheint, dass es genau dieser Faktor sein könnte, der eines Tages ihr faszinierendes Geheimnis lüften wird. Vielleicht sagt ein paranormal Begabter in naher Zukunft etwas über die noch dunklen Seiten der etruskischen Geschichte aus.

Frühe Zivilisation

Voll überschäumender Lebensfreude, heiter und gelassen, so blicken die Etrusker auf farbigen Wandmalereien in alten Grabbauten ihren Betrachtern entgegen. Exzellente Künstler schufen diese großartigen Werke. Ingenieure mit ausgeprägten Statikkenntnissen konstruierten bis heute erhaltene Brücken, befestigten Straßen und bauten Bewässerungsanlagen. Die Römer übernahmen diese Errungenschaften genauso wie deren Verfahren zur Metallverarbeitung und auch das Zahlensystem. Dennoch: Was wir über sie wissen, ist wenig, weil kein Mensch mehr ihre Sprache, wie sie mit einer aus dem griechischen

Sprachrätsel

Bislang waren nur 500 verschiedene Wörter des Etruskischen bekannt. Deshalb waren Archäologen aus Orvieto (Italien) begeistert, als sie 1999 eine kleine Bronzetafel mit 32 Zeilen eines Vertragstextes fanden. 27 neue Wörter konnten sie ihrem bereits bekannten Wortschatz hinzufügen und grammatische Konstruktionen und Verben lernen. Anschaulich beschreibt Dr. Giuseppe Della Fine vom Archäologischen Museum die Situation: »Aus den wenigen Beispielen, die wir haben, Etruskisch verstehen zu wollen, gleicht dem Versuch, das Italienisch ausschließlich durch das Lesen von Grabinschriften lernen zu wollen.« Die vollständige Enträtselung dieser Sprache wird wohl noch lange auf sich warten lassen.

Die etruskische Sprache wirft nach wie vor viele Fragen auf. Diese Inschrift findet sich in einem archäologisch noch nicht ausgewerteten etruskischen Kammergrab in Tarquinia. (7./6. Jahrhundert v. Chr.)

Goldene Zeiten

Gold hat die Menschen zu allen Zeiten fasziniert. Auch die Etrusker schufen aus diesem seltenen Metall kunstvolle Werke. Das Geheimnis ihrer Goldverarbeitung behielten sie jedoch bis ins Jahr 2000 für sich. Ihre Goldschmiede und Alchemisten hatten eine Technik entwickelt, um allerkleinste Goldkügelchen von nur 0,1 Millimeter Durchmesser ohne Lötstellen zu verbinden. Diese Größe entspricht dem Punkt am Ende dieses Satzes. Entschlüsselt hat diese Technik im Jahre 2000 der Goldschmied Andrea Cagnett aus Corchiano (Italien). In alten Manuskripten fand er die Rezeptur: Wenn man den Saft von drei Gemüsearten und Holzkohlenstaub mit Goldpartikeln mischt und erhitzt, bilden sich wie von Geisterhand winzige Goldperlen.

Die Etrusker besaßen reiche Metallvorkommen. Ihre geschickten Handwerker schufen daraus mit teilweise heute nicht mehr bekannten Techniken faszinierende Kunstwerke. Auch Zahnprothesen aus Gold stellten sie her.

Alphabet entlehnten Schrift auf den erhaltenen Grabinschriften erscheint, kennt.

Diese Sprache aber macht sie so rätselhaft, denn sie ist mit keiner anderen Sprache der Welt vergleichbar. Woher also kamen die frühen Bewohner der Toskana, Latiums und Umbriens?

Schon der griechische Geschichtsschreiber Herodot (5. Jahrhundert v. Chr.) vermutet, die Etrusker seien aus Lydien (Westanatolien) gekommen. Als dort eine Hungersnot ausbrach, sei der Königssohn Tyrrhenos mit einem Teil seines Volkes nach Italien ausgewandert. Doch diese Geschichte kann sich so nicht zugetragen haben. Die Lydier sprachen eine indoeuropäische Sprache, und auch kulturell gibt es keine Ähnlichkeiten zu den Etruskern.

Das Schweigen der Geschichte

Wenn die Etrusker nicht aus Lydien stammten, waren sie dann vielleicht nach Italien vertrieben worden, als unbekannte Invasoren 1200 v. Chr. gegen das Hethiterreich (heutige Türkei) anstürmten und in Griechenland den Untergang der mykenischen Kultur herbeiführten?

Aber alle Funde, die in diese Richtung deuten könnten, lassen sich auch durch Handelskontakte erklären. Waren die Etrusker dann vielleicht einer bodenständigen (autochthonen) italienischen Bevölkerungsgruppe entsprungen oder erreichten sie Italien aus dem Norden? Wir wissen, dass sich in der Übergangsphase von der Bronze- zur Eisenzeit um 1000 v. Chr. schon eine protoetruskische Kultur etabliert hatte. Jedoch entschwindet auch diese Spur ihrer Vorfahren im Nichts.

Kontakte mit der Zukunft

Die Aura des Geheimnisvollen, die die Etrusker umgibt, ist auch ihren magischen Fähigkeiten, in die Zukunft sehen zu können, zuzuschreiben. Schon zu Beginn ihrer Kultur, so wurde es mündlich überliefert, steht ein seltsames, sagenhaftes Ereignis. Überraschend soll ein rätselhaftes Kind aufgetaucht sein, das jedoch das Aussehen eines Greises besaß. Der Erscheinungsort der kleinen Gestalt, die uns heute fast an eine Begegnung mit einem kleinen grauen Außerirdischen der UFO-Literatur erinnert, lag in der Nähe vor Tarquinii. Aus einem frisch gefurchten Acker war es »entsprungen« und hatte dem Bauern dabei einen furchtbaren Schrecken versetzt. Die Kunde von dem seltsamen Wesen, das sich Tages nannte, verbreitete sich wie ein Lauffeuer in Etrurien. Die Menschen strömten herbei, um dieses Wunder zu bestaunen. Unter ihnen befand sich Tarchon, der Gründer des ersten Stadtstaates. Mit großer Weisheit gab »der Enkel eines Gottes« Auskunft auf viele Fragen. Der himmlische Sohn erklärte den Menschen die Geheimnisse des Lebens und der Welt und zeigte ihnen, wie sie in die Zukunft schauen könnten. Danach soll es sich in Luft aufgelöst haben.

Schicksalsfragen

Vor diesem Hintergrund kann es nicht verwundern, dass die Etrusker glaubten, das Leben sei unwiderruflich vorherbestimmt. Nach etruskischen Prophetien sollte Etrurien zehn Säkula, also Menschenalter existieren. Das Faszinierende ist, dass sich die Vorhersage über ihren Untergang erfüllte. Die Gründung der Etrusker-Staaten begann im 11. vorchristlichen Jahrhundert; bis zum Jahre 280 v. Chr. waren alle etruskischen Stadtstaaten zu Vasallen Roms geworden. Daraufhin folgte die »dunkle Periode«.

Schwere ökonomische Probleme, Desorientierung, soziale Unruhen und Terror erschütterten die Gesellschaft. Der italienische Histori-

ker Mario Torelli sieht die Etrusker vom Fatalismus befallen: »Es war kollektiver Selbstmord. Zum Schluss wollten sie nichts anderes, als in der römischen Welt spurlos unterzugehen.«

Die Etrusker waren in ihrer Blütezeit zu einer der größten Seefahrermächte der Antike aufgestiegen. Sie unterhielten Handelsrouten nach Nordafrika, nach Spanien und nach Schweden. Ihre Gesellschaft war die liberalste der antiken Welt, denn die Frauen besaßen persönliche Freiheit und waren den Männern gleichgestellt. Diese »Unsitte« schockierte die Griechen, deren Frauen sich mit ihrer untergeordneten Rolle zufriedengaben. Verwerflich fanden sie auch den Luxus, der selbst Sklaven vornehme Kleidung erlaubte – in anderen Kulturen hatten Sklaven überhaupt keine Rechte.

Der Untergang der Etrusker

Möglicherweise war Dekadenz, Neid und Unverständnis der Nachbarvölker und zuletzt auch militärische Unterlegenheit gegenüber der aufstrebenden Römischen Republik die Ursache für den Untergang ihrer Kultur. Ganz wesentlich aber war es der Glaube an das eigene Ende, dass sich die Etrusker nicht noch einmal mit Macht gegen ihr Schicksal stemmten. Letztlich aber bleibt die Herkunft der Etrusker wie auch ihr Ende trotz vieler Erklärungsversuche ungelöst.

Vielfach stellen etruskische Grabmäler ein architektonisches Gesamtkunstwerk dar. Dort spiegeln Türen, Nebenräume, Säulen und Steinsessel die ehemalige Umgebung der Toten wider.

Die Kultur der Anasazi

Schon in der Alt- und Mittelsteinzeit dienten so genannte Balme, also nischenartige Höhlungen unter einem Felsüberhang, den damaligen Völkern als Wohnstätten. Diese Abri (frz. »Obdach«), die ursprünglich durch Verwittern und Herauswaschen von porösem oder weicherem Gesteins entstanden, bearbeiteten die kulturell hochstehenden Anasazi-Indianer bereits 200 v. Chr. soweit, dass eine ganze Stadtlandschaft den Felsen prägte: die Cliff Palace, komplexe Siedlungen, wie sie z. B. in Mesa Vede und Chaco Canyon, im Südwesten der USA, zu finden sind.

Nach der »Korbflechterperiode« der Anasazi, die ca. bis 450 n. Chr. dauerte, schloss sich die »erweiterte Korbflechterperiode« an. Das Töpferhandwerk kam hinzu und die Anasazi begannen mit ihren irdenen Waren, die aufgrund ihrer Verarbeitung und Form hervorragende Vorratsgefäße waren, zu handeln.

Im Südwesten der USA, dort, wo die Staaten New Mexico, Colorado, Utah und Arizona aufeinandertreffen, lebte bis in das 13. Jahrhundert n. Chr. ein Volk, das man heute Anasazi nennt. Das Wort Anasazi stammt aus der Sprache der Navajo-Indianer und bedeutet soviel wie »die Alten«, »alte Stammesväter«, »alte Ahnen«, aber auch »alte Feinde«. Wie sich die Anasazi selbst genannt haben, ist unbekannt. Sie breiteten sich zwischen 100 und 1300 n. Chr. im Vierländereck aus und machten mit ihren Felsklippen-Behausungen in Mesa Verde (Colorado) und mit ihren Siedlungen im Chaco Canyon (New Mexico) Geschichte. Warum sie diese verlassen haben, ist nicht bekannt. Vermutlich wanderten sie wegen anhaltender Dürreperioden nicht allzu weit, nach Süd-Arizona oder Mittel-New Mexico, aus. Die friedliebenden Hopi-Indianer gelten als Nachfahren der Anasazi.

Felsklippen-Behausungen

Natürliche Felsnischen dienten den Anasazi in ihren Blütezeiten als Schutz und als Wasserreservoir. Leicht saurer Regen hatte in Mesa Verde über Jahrhunderte die Felsklippen ausgehöhlt und ein Netz aus kleinen Wasserkanälen in die Steine gewaschen. Die Ruinenstätten der Anasazi bezeugen, dass dieses

Volk ein Leben im Einklang mit der Natur führte. Forscher fanden auch Hinweise auf eine gezielte Sonnenbeobachtung. In diesem Zusammenhang wird das »Pueblo Bonito«, eine Siedlung im Chaco Canyon genannt. D-förmig, eng an eine Canyon-Wand gebaut, ist das ganze Pueblo nach Süden hin geöffnet. Die »Wohnhäuser« erhoben sich terrassenförmig über vier Stockwerke. Im Sommer traf die steilstehende Sonne auf die flachen Dächer der Siedlung und strahlte so, bevor sich das Klima im Dorf zu sehr aufheizen konnte, nach oben zurück. Im Winter hingegen, durch den niedrigeren Sonnenstand, strahlte die Sonne die Häuserwände an und heizte sie auf. Woher wussten die Anasazi von den Prinzipien der Solarenergie? War das Volk so hoch entwickelt oder handelten seine Angehörigen nach Instinkt?

Kulturepochen der Anasazi

Was Kultur und Baukenntnisse der Anasazi anbelangt, unterscheiden Archäologen vier Entwicklungsstufen. Als erste wird die »Korbflechterperiode« genannt. Sie dauerte etwa von der Zeitwende bis 450 n. Chr. Ihren Namen erhielt sie von den außergewöhnlichen Korbwaren der Anasazi, die so dicht geflochten waren, dass man noch heute in ihnen Wasser transportieren kann. Damals, als diese Korbwaren entstanden, lebten sie in niedrigen Höhlen an den Abhängen der Mesa oder am Boden der großen Canyons in unterirdischen Steinhäusern. Sie jagten Wild und Kleintiere und bauten Mais und Kürbisse an. Diese Zeit wurde von der »Veränderten Korbflechterperiode« abgelöst. In ihr kam zum Korbflechten noch das Töpfern hinzu und der Handel mit den Waren der Anasazi wuchs. In der anschließenden »Periode der Dorfbildung«, die man mit 750 bis 1100 n. Chr. angibt, schlossen sich die Menschen in Dörfern (Pueblos) zusammen. Es wurden erstmals Häuser über der Erdoberfläche gebaut und die vorhandenen Grubenhäuser verbessert. In der vierten und letzten Stufe, der »Klassischen Puebloperiode« von 1100 bis 1300 n. Chr., wurden sowohl Dorfbildung als auch Bauweisen perfektioniert.

Cliff Palace – In die Klippen gebaut

1888 stießen die Forscher Richard Wetherhill und Charlie Mason im Gebiet des Tafelbergs Mesa Verde im Südwesten Colorados auf eine Felsklippen-Behausung, die heute zu den beeindruckendsten Hinterlassenschaften der Anasazi-Indianer zählt: Cliff Palace. Die Anlage bestand aus 23 Gemeinschaftsräumen, den so genannten Kivas, und 200 Lehm- und Steinhäuschen. Die Anasazi hatten ihre Wohneinheiten und Dörfer zwischen 100 n. Chr. und 1300 n. Chr. perfektioniert.

Die terassenartig gestaffelten Wohnbereiche waren glänzend gegen die wechselnden Witterungsverhältnisse des Landstrichs geschützt, sowohl durch ihre Ausrichtung zur Sonne, als auch durch das ausgeklügelte Belüftungssystem. Die verborgene Lage war darüber hinaus ein Sicherheitsfaktor.

Immer wieder stieß man nach den ersten Funden in Mesa Verde auf bislang unbekannte indianische Siedlungen. 400 davon wurden alleine im Jahr 1996 nach einem gewaltigen Buschbrand im Nationalpark Mesa Verde entdeckt.

Auch im Jahr 2000 kam es durch Brände zu weiteren Entdeckungen: Das Feuer trug die Vegetationsschichten ab, die die Siedlungen unter sich begraben hatten.

Hopi – Anasazis Erben

Die Hopi gelten als Nachfahren der Anasazi. Es finden sich viele Gemeinsamkeiten in beiden Kulturen. Aus der Denk- und Lebensweise der Hopi lassen sich zudem heute wertvolle Rückschlüsse auf die einstige Kultur der Anasazi ziehen. Für Jahrhunderte war der Ackerbau Lebensgrundlage der Hopi. Sie orientierten sich an den Jahreszeiten, an den Gestirnen, hier vor allem am Mond und am Sonnenlauf. Noch heute gründet das Leben der traditionsverbundenen Hopi auf tiefer Achtung vor der Natur. Sie glauben an eine Beseeltheit und durch diese Beseeltheit an die gegenseitige Beeinflussbarkeit alles Existierenden. Den Mittelpunkt des Dorflebens bilden die Kivas, die unterirdischen Zeremonialkammern, wie sie auch die Anasazi hatten. Durch die Dachöffnungen der Kivas beobachten die Hopi die Gestirne. Dies lässt Rückschlüsse auf eine astronomische Bedeutung ihrer Vorbilder zu: den für religiöse Rituale genutzten Anasazi-Kivas.

Die runden unterirdischen Kivas, die zur Zeit der Anasazi mit Holzdächern bedeckt waren, bildeten das architektonische und spirituelle Zentrum der jeweils 23 Behausungen des Cliff Palace. Sie dienten als Gemeinschaftsraum, Kochstätte und religiöser Treffpunkt.

Die Menschen verließen die Mesa und suchten in den großen Felsnischen der Canyons Schutz, wo sie mehrstöckige Siedlungen aus Stein und Lehm bauten. Doch lange sollten sie dort nicht mehr leben …

Freundschaft mit der Geisterwelt

Esoteriker vermuten, die Anasazi hätten an einem gewissen Punkt in ihrer Geschichte »negative Energien« gespürt und seien deshalb abgewandert. Tatsächlich zeichnete sich bei dem Volk, je größer die Dorfgemeinschaften wurden, ein Hang zu Spiritualität und religiösen Zusammenkünften ab. Im Zentrum der Siedlungen standen die Kivas – unterirdische, runde Gemeinschaftsräume mit Holzdach. Man erreichte sie durch einen zentralen Einstieg, der zugleich auch Rauchabzug für die im Kiva vorhandene Feuerstelle war. Hinter der Feuerstelle gab es einen Sipapu, eine kleine Öffnung im Boden. Man glaubte, dass die Geister der Vorfahren des Stammes aus diesem Loch gekommen waren. Der Sipapu stellte auch das Sprachrohr für die Verständigung mit diesen Geistern dar. Gegenüber dem Sipapu befand sich ein Schacht für die Frischluftzufuhr. Er wurde »Geister-Tunnel« genannt und diente wahrscheinlich ebenfalls dem Kontakt mit einer anderen Welt.

Mensch und Religion

Ein gutes Verhältnis zu Geistern und Göttern war für die Bewohner der Felsklippensiedlungen besonders wichtig, lebten und starben sie doch mit den Gaben der Natur. Wissenschaftler nehmen an, dass in der Spätzeit der Anasazi deshalb so viele Kivas gebaut wur-

Der Name einer vierstöckigen Anasazi-Siedlung in Chaco Canyon weist schon auf die kulturelle Nachfolge der prähistorischen Anasazi hin: Pueblo Bonito. Die Pueblo-Indianer (Hopi, Zuni u.a.), die die unmittelbare kulturelle Nachfolge der Anasazi antraten, übernahmen viele der prähistorischen Traditionen, so auch das Bauen terrassenartiger Häuser, deren Räume zum Teil nur durch Leitern in der Decke zu erreichen sind. Von den Hopi-Indianern leben heute noch 50.000 in Reservaten in Arizona und New Mexico. Diese typische Hopi-Anlage befindet sich in der Nähe des Grand Canyon.

In den Zeichnungen und Felsmalereien der Anasazi treten immer wieder Menschen mit dreieckigem Torso oder mit Geweihmasken auf. Geweihmasken waren vermutlich Teil von Zeremonien. Sie sollten den Schamanen helfen, mit den Geistern in Verbindung zu treten.

den, weil man versuchte, den Regengeist versöhnlich zu stimmen. Klimaforschungen zufolge setzte um 1100 n. Chr. im Vierländereck eine Dürrekatastrophe ein. In den religiösen Vorstellungen der nordamerikanischen Ureinwohner herrscht der »Große Geist« über die Schöpfung. Mit der Aufrechterhaltung dieser Schöfpung sind Elementargötter bzw. Elementargeister betraut. Sie geben dem Großen Geist als Oberbefehlshaber »Rapport«. Als Machtbereiche der Geister kannten und kennen die Indianerstämme beispielsweise Sonne, Erde, Sommer, Winter, Blitz, Donner oder eben auch den Regen, den möglichen Grund für einen Untergang. Vermutlich sagten Schamanen diesen Regen voraus.

Schamanen – Mittler zur Geisterwelt

Schamanen fungieren als Mittler zwischen Stammesmitgliedern und der Geisterwelt. Ein Schamane ist eine magisch-religiöse Autorität. Im Gegensatz zu einem westlichen Priester schöpft er sein Wissen nicht aus einer festen Lehre, sondern aus einer leidvollen Prüfung. Die Beziehung zwischen einem Schamanen und der spirituellen Welt hat den Charakter einer individuellen Religion. Durch eine visionäre Begegnung wachsen dem Schamanen Kräfte zu. Die Art der ersten Begegnung des Schamanen mit Geistern verhilft ihm zu seinem eigenen Mythos; er wird nun vom Volk geachtet und verehrt.

Das Ende eines Volkes

Mitte des 13. Jahrhunderts brachen die Spuren der Anasazi in Mesa Verde und den großen Canyons ab. Während Forscher im mangelnden Regen den Grund für das Verschwinden der Anasazi sehen und davon ausgehen, dass das Volk lediglich abwanderte und in nächster Nähe der Canyons weiterbestand, meinen die Bioarchäologen Dr. Christy und Jacqueline Turner von der Arizona State University nach eingehenden Untersuchung von Anasazi-Skeletten, dass das Verschwinden des Volkes aus seinen Felsklippen-Behausungen die Folge eines unmenschlichen Bürgerkriegs unter Kannibalen war – angeblich weisen viele der untersuchten Knochen Spuren von Kannibalismus auf. Vielleicht zeugen die »angesägten« Knochen, die die Turners fanden, aber auch nur von Menschenopfern für den Regengeist. Welche Vermutung richtig ist, lässt sich nicht sagen. Das Verschwinden der Anasazi zählt zu den Mysterien der Weltgeschichte und wie jedes Mysterium teilen auch die Anasazi die Gelehrten in verschiedene Lager auf.

Beschwörung, Dank, Fruchtbarkeitsrituale oder Jagdglück – auf alle Fälle sollten die Felsritzungen der Anasazi die Götter positiv stimmen.

Lange Zeit galten die Ruinen der Stadt Zimbaoche im heutigen Zimbabwe als die Überreste, die vom vergangenen Glanz des mythischen Goldlands Ophir zeugten. Archäologen haben jedoch nachgewiesen, dass die Mauern dieser afrikanischen Stadt erst im 12. Jahrhundert errichtet wurden.

Ophir – das sagenhafte Goldland

»Und Hiram sandte seine Knechte im Schiff, die gute Schiffsleute waren, mit den Knechten Salomons; und sie kamen gen Ophir und holten daselbst vierhundertundzwanzig Zentner Gold und brachten es dem König Salomon.« (Buch der Könige, 9,27). Seit 3000 Jahren suchen Abenteurer und Gelehrte nach dem legendären Goldland Ophir des israelitischen Königs Salomon. Auf sein Geheiß wurde zwischen 972 und 932 v. Chr. in Jerusalem ein wunderbarer Gottestempel erbaut. Die Edelmetalle dafür ließ er aus einem geheimgehaltenen Land bringen. Gibt es Spuren, die in Salomons märchenhaft reiche Schatzkammer führen?

In geheimer Mission

Liest man die Bibel, dann erhält man wichtige Hinweise, wo das sagenhafte Reich gelegen

haben könnte. Die Israeliten waren keine Seefahrer. Dennoch ist belegt, dass Salomon in der Hafenstadt Ezeon-Geber, am Golf von Akaba (nordöstliche Bucht am Roten Meer), ein bedeutendes Seehandelsunternehmen gründete. Aber seine Untertanen verstanden nichts von Schiffbau und Navigation. Folgerichtig wandte sich Salomon an Hiram, den König der Phönizier. Er besaß die damals besten Spezialisten für jedwede Expedition zur See. Interessanterweise erwähnen auch phönizische Quellen die Errichtung eines Hafens am Roten Meer.

Und noch eine wichtige Information enthält die Bibel: Die »Meerschiffe des Königs kamen in drei Jahren ein Mal«. Dies würde bedeuten, dass sie bis zu 17 Monate zu ihrem Ziel unterwegs gewesen sein könnten. Gold und Silber, aber auch Elfenbein brachten die Händler von ihren Reisen mit. Deshalb suchten Forscher das sagenumwobene Ophir in Äthiopien oder dem Jemen, aber auch in Somalia und Westafrika, Persien und Indien.

Salomon in Afrika

Schon 1507 glaubte man, das Reich des Goldes sei aufgespürt. Ein Bericht aus der portugiesischen Handelsniederlassung Sofala im Süden Afrikas schilderte die Stadt Zimbaoche, aus der Händler Gold nach Sofala brachten. Der Mythos von Zimbabwe war geboren. Als der portugiesische Historiker Barros (1496–1570) auch noch von einer wunderbaren Steinfestung berichtete und als 1609 dem Dominikanerpater João dos Santos »einigen alte Mohren« versicherten, einst habe man der Königin von Saba von hier große Goldmengen gebracht, gab es für fromme Goldsucher kein Halten mehr. 1871 gelangte der Deutsche Carl Mauch (1837–1875) zu den wundersamen Ruinen von Zimbabwe, die er als Salomons Minen identifizierte. Obwohl der britische Ägyptologe David Randall schon 1906 nachwies, dass in der dortigen Architektur kein orientalischer Einfluss vorhanden war und Datierungen eindeutig das 12. Jahrhundert anzeigten, hielten weiße Rhodesier aus politischen Gründen am Mythos Ophir fest.

Das biblische Goldland gefunden zu haben, entpuppte sich als Traum. Aber solange Ophir in der Fantasie von Menschen lebt, solange werden Forscher und Abenteurer das legendäre Reich suchen.

Expedition zum Amazonas

Ungewöhnlich klingt die Theorie des amerikanischen Forschers Gene Savoy (*1929). Er vermutet das biblische Ophir in Südamerika. Savoy, der über 40 Städte der Inka-Kultur in Peru entdeckt hat, kam dieser Gedanke, als er Ruinen der ausgestorbenen Chachapoya-Indianer erforschte. Dokumente, Skelettfunde und die wenigen Nachfahren bestätigen, dass diese Indianer eine weiße Hautfarbe besaßen. Auch einige Symbole könnten phönizischer Herkunft sein. Auf Zeugnisse dieser Kultur war schon in den 1940er Jahren der französische Archäologe Professor Marcel F. Homet (*1898) im Amazonasgebiet gestoßen. Gene Savoy will beweisen, dass eine Expedition König Salomons bis zum Amazonas und nach Peru gelangt ist.

Auf einem Fragment einer Tontafel findet sich eine hebräische Inschrift, die mit den Worten »Gold von Ophir…« beginnt. Um welche Art von Schriftstück es sich bei dieser Scherbe handelte, kann jedoch nicht mehr eruiert werden.

Avalon – Königreich im Nebel

Geheimnisvoll steigen die Nebelschwaden unter dem Glastonbury Tor, einem heiligen Hügel, empor. Hier soll einst Avalon, das Nebelreich, das dem berühmten König Artus nach seinem Tod Unterschlupf gewährte, gewesen sein. Wünschelrutengänger verkünden fasziniert: »Mit einer Wünschelrute in Glastonbury nach Energien zu suchen ist, als suche man nach Wasser in einem See.« – Glastonbury soll auch heute noch ein Ort der Kraft sein.

In ihrem Roman »Die Nebel von Avalon« ließ die amerikanische Schriftstellerin Marion Zimmer Bradley (1930–2000) ein altes Königreich wieder auferstehen, das beherrscht war vom sagenhaften König Artus und seinen Rittern der Tafelrunde, vom mächtigen Zauberer Merlin und von der Suche nach dem Heiligen Gral. Artus, der geliebt, geachtet und gefürchtet war wie kein Herrscher vor ihm, vollbrachte mit seinem Schwert Excalibur Wunder, von denen die Menschen noch heute erzählen.

Das englische Jerusalem

Beim Besuch von Glastonbury, für spirituell orientierte Menschen ein heiliger Ort, ein »englisches Jerusalem« in der Grafschaft Somerset, spürt man noch heute den Hauch von Geheimnissen und Mythen, die schon Jahrhunderte diesen Ort umgeben. Auf der einst legendären Insel von Avalon sollen Artus und seine Frau Guinevere begraben sein, dort, wo auch der spätere Erzbischof Thomas Beckett (1118–1170) aufwuchs und wo der Sage nach das Nebelreich der Meerespriesterinnen gelegen haben soll.

Die Beherrschung der Zeit

In keltischer Zeit sollen dort die Druiden durch die Pforte des Twr Avallach die Anderwelt der vierten Dimension erreicht haben. In ihr galten physikalisch-metaphysische Gesetze, wie das Durchschreiten von Raum und Zeit, wie man sie nur in Zauberreichen finden kann. Von dort her transferierten die Druiden ihre Erkenntnisse in unsere Welt, so zum Beispiel das Wissen um die Unsterblichkeit der Seele, die Wiedergeburt und die Beherrschung der Zeit. Der legendären Morgane La Fay, der Seepriesterin, verdanken wir den Begriff »Fata Morgana«, das Trugbild in einer heißen Wüstenlandschaft. Die in dichterischer Freiheit alter Legenden erschaffene Halbschwester von König Artus, der selbst kein König, sondern vermutlich nur ein im 6. Jahrhundert lokal bedeutsamer Feldherr war, war davon überzeugt, dass sich die Menschen durch das, was sie denken, sagen und tun ihre eigene Realität schaffen.

Das Tor ist nicht geschlossen

Moderne Bewusstseinsforscher glauben, dass die weise Fee das Tor zu anderen Welten nach Artus' Tod nicht restlos geschlossen hat. »Es beginnt sich zaghaft wieder zu öffnen«, meint der Berliner Heilpraktiker und Physiker Franz Bludorf (*1950). »Uraltes, längst verloren geglaubtes Wissen, zum Beispiel über die Beherrschung der Zeit, dringt in unseren Tagen an die Oberfläche zurück. Was einst nur wenigen Eingeweihten vorbehalten war, kann nun allen Menschen verfügbar werden.«

Nach den Überlegungen des Wissenschaftlers nehmen wir die Zeit nicht direkt wahr, sondern erleben sie eher passiv, durch die Abfolge von Ereignissen. Auf eine Ursache folgt die Wirkung. »Wer fähig ist, die Zeit zu beugen«, erklärt Bludorf, »der kann diese Zeitspanne nach Belieben verlängern oder verkürzen. Offenbar beherrschten die Druiden diese Kunst, als sie das Tor zu der Anderwelt von Avalon durchschritten.«

Nach dem Ende seines gewaltigen Reiches – man spricht von der Schlacht am Camalon im Jahr 537 – soll ein Schiff König Artus nach Avalon gefahren haben. Von dort soll er einmal wiederkommen. König Artus ist unsterblich. Sein Mythos gilt vielen Menschen noch heute als Beweis, dass Avalon immer existieren wird – auch wenn es uns schwerfällt, es zu sehen.

Artus in Glastonbury-Avalon

Die englische Kleinstadt Glastonbury in der idyllischen Grafschaft Somerset lebt von einer mythischen Vergangenheit, die noch heute den Alltag der Bewohner und Besucher erfüllt. Für Eingeweihte und Würdige soll hier einst das legendäre Tor zu Avalon offen gestanden haben. Tatsache ist, dass Glastonbury wirklich von Sumpf und Wasser umgeben war – und es war der Wasserweg, auf dem man in das Reich der Nebel kam.

Der Sage nach gelangte König Artus nach seinem Tod nach Avalon. Benediktinermönche in Glastonbury fanden 1190 auf dem Gelände ihrer Abtei eine Grabstätte, auf der stand: »Hic iacet sepultus inclitus rex arturius in insida avalonia« – hier auf der Insel Avalon liegt der ruhmreiche König Artus begraben. Forscher bestätigten zwar den Fund des Grabes, es gibt jedoch bis heute keinen Beweis, dass hier tatsächlich König Artus begraben lag.

Heute wird der Herrscher, bzw. das, was man für seine Gebeine hält, in einer Marmorgruft in Glastonbury verehrt.

Artus, der sagenhafte König der Briten, wurde mit seinen Rittern der Tafelrunde zum Mittelpunkt eines umfangreichen Sagenkreises, der sich um Artus' Erzieher, den Druiden Merlin, ein magisches Schwert namens Excalibur und einen mystischen »Becher«, den heiligen Gral, rankt. Der historische Artus ist in der Forschung sehr umstritten. Obwohl er der Sage nach der Sohn des Königs Uther Pendragon war, war er in Wirklichkeit vermutlich nur ein Heerführer, der 537 in der Schlacht von Camalon fiel. (Kupferstich, handkoloriert, 1823)

Lehren der Vorfahren

In der Zeit zwischen 800 und 200 v. Chr. kommt es zu einem einzigartigen Bruch in der Geistesgeschichte. Unabhängig von einander erscheinen in verschiedenen Teilen der Erde große Persönlichkeiten und Ideen, von denen die nachfolgenden Jahrhunderte bis in die Gegenwart entscheidend geprägt wurden: Buddha, Konfuzius, Laotse, Plato, Sokrates, Zarathustra, Hermes Trismegistos. Sie alle einte die Fähigkeit, Welt und Dasein rational zu begreifen und zu dem Schluss zu kommen, dass alles in zwei fundamental verschiedene Bereiche fällt, in Geist und Materie. Der innere Mensch sehne sich nach Befreiung und Erlösung von der Materie, nach Rückkehr zu seiner geistigen Heimat.

Religionsgründer Echnaton

Pharao Echnaton, der von 1364 bis 1347 v. Chr. regierte, führte mit seiner geliebten Gattin Nofretete einen Eingott-Glauben in Ägypten ein. Viele seiner Untertanen, vor allem die Priester, die der Vielgötterei frönten, sahen darin einen Affront, den es zu bestrafen galt. Nach Echnatons Tod wurde nahezu alles, was an ihn erinnerte, zerstört. (Bemalter Kalkstein aus der Zeit Echnatons aus dem Louvre in Paris)

Um 1340 v. Chr. tobte ein vernichtender Religionskampf im Land der Pyramiden. Monumente alter Gottheiten wurden zerstört, mit Meißeln die Namen des Reichsgottes Amun aus steinernen Inschriften herausgeschlagen. Angeordnet hatte dieses rituelle Morden der Pharao Echnaton. Er sollte als einer der umstrittensten Herrscher vor der Zeitwende in die Weltgeschichte eingehen.

Unter Echnaton kam es zum Monotheismus, also zum Glauben an nur einen Gott. »Es gibt keinen anderen außer ihm, außer Gott Aton«, ließ Ägyptens Herrscher während seiner umstrittenen Regentschaft verkünden.

Die Religion des Lichts

Wie war es zu dieser radikalen theologischen Neuerung gekommen? Angeblich wurde dem König der Monotheismus von einem Gott namens Aton in der Wüste offenbart. Ab diesem Zeitpunkt lobte der ägyptische Herrscher jenen himmlischen Vater mit den schönsten Hymnen, die die Menschheit kennt.

Aton, so sagte König Echnaton, sei das reine Licht, eine Kraft, die das gesamte Universum durchströmt. Aus dem Dunkel der Zeiten führe Aton die Schöpfung in die Schönheit. Aton, das sei die Wahrheit und die Liebe. Der Pharao verkörpere Atons Macht, ihn hätten die Sterblichen zu ehren.

Überall in seinem Reich ließ Echnaton Reliefdarstellungen anbringen, die den neuen Gott als leuchtende Sonnenscheibe darstellten, von der segnende Strahlenhände nach unten reichten und den Pharao und seine Familie beschützten. Auf solchen Abbildungen kann man noch heute sehen, dass die göttlichen Hände immer auch eine bestimmte Hieroglyphe halten – ein Kreuz mit dem ovalen Henkel, ein Ankh-Kreuz, das für die Ägypter Symbol des ewigen Lebens war. Echnaton glaubte, wie alle Pharaonen, an seine eigene Unsterblichkeit.

Aton und Echnaton

Historiker streiten darüber, ob Echnatons Reformversuche genial oder die Wahnsinnstaten eines kompromisslosen Ultrakonservativen waren, der in Aton die Verehrung des uralten Sonnengottes Ré wieder einführen wollte. Wie auch immer: Er verlangte Ungeheueres von seinen Untertanen. Sie sollten die alten Götter verdammen, die ihnen Wohlstand und

Aus dem Sonnenhymnus des Echnaton

»Schön erstrahlst Du,
o lebender Aton,
Herr der Ewigkeit, Ursprung des Lebens!
Du bist glänzend, licht und stark,
deine Liebe ist groß und gewaltig (...)«
»Du bist der lebende Aton, die Ewigkeit ist dein Abbild.
Du bist allein, und doch sind Millionen Leben in dir,
ein Lebenswind ist es,
wenn sie deine Strahlen schauen (...)«.

Nachdem Echnaton von Gott Aton den Auftrag zur Erfüllung eines Eingott-Glaubens erhalten hatte, ging die ägyptische Königsfamilie daran, die Untertanen von der neuen Religion zu überzeugen. (»Die königliche Familie opfert Aton«, Flachrelief um 1350 v. Chr.)

Unter Echnaton, in der 18. Dynastie im Neuen Reich, wurde der Gem-pa-Aton, der Große Aton-Tempel, gebaut. Er steht in Tell el-Amarna in Mittelägypten und wurde wie viele andere Bauten des umstrittenen Pharaos nach dessen Tod zerstört. Die Säule auf dem Bild ist rekonstruiert.

Macht gebracht hatten. Sie sollten Echnaton als einzigen Vermittler Gottes zu den Menschen ansehen. Sie mussten sogar ihr trostreiches Jenseits leugnen, da durch Atons Leben spendende Strahlen, nach dem Verständnis der Theologie Echnatons, das Diesseits auch das Jenseits war. Alle trennenden Grenzen wurden durch den Aton-Kult aufgehoben. Echnaton glaubte, dass sich an den Opfertischen die Toten einfanden, wo sie mit Speisen und Trank von den Lebenden versorgt wurden.

Pharao Echnaton verstand sich möglicherweise als Inkarnation Atons. Denn das Wort »Ach« (»Ech«) lässt sich übersetzen mit »wirkender Geist«, »glänzender Zustand« oder »Transformation«. In seinen geheimnisvollen Gottesschauungen und dem Aton-Kult sehen Forscher einen Vorläufer der jüdischen Ein-Gott-Religion.

Rätselhafter Pharao

Echnatons Geburtsname lautete Amenophis IV. oder auch Amenhotep. Wohl zu Ehren seines Gottes nahm er einen neuen Namen an. Er war der zehnte ägyptische Pharao der 18. Dynastie (Neues Reich) und folgte seinem Vater Amenophis III. um 1353 v. Chr. auf den Thron. Nach nur 17 Herrscherjahren starb der Reformer jung, im 35. Lebensjahr.

Heilige Stadt in der Wüste

Die Hauptstadt des Reiches ließ Echnaton gleich zu Beginn seiner Regentschaft nach Amarna in Mittelägypten verlegen. Er nannte sie Achet-Aton, »Berg, wo sich Aton glänzend transformierte«. Die »Gnade der Eingebung« hatte ihn die Grenzen der Stadt bestimmen lassen. Haupttempel und heiliger Bezirk umspannten die Dimension von 800 Meter Länge und 275 Meter Breite. Dort, wo Echnaton das Allerheiligste errichten ließ, war ihm Aton, der Gott der Sonne, in menschlicher Gestalt erschienen, den Kopf unter einer »Falkenmaske« verborgen, und hatte ihn zum Bruch mit der alten Religion aufgefordert.

Die Stadt Achet-Aton wurde bald nach Echnatons Tod von den Einwohnern verlassen, die Tempel wurden dem Sandboden gleichgemacht. Das alte Ägypten unter den ehemals mächtigen Amun-Priestern rächte sich furchtbar für die Freveltat des Echnaton. Die Priester zerstörten die Bauten der Ära des verhassten Königs, der ihre alten Götter entthront hatte. Schon wenige Jahre nach Echnatons Tod bestieg ein naher Verwandter, Tut-ench-Amun, ein neunjähriges Kind, den ägyptischen Thron. Die alte Priesterschaft nutzte die Chance dieses schwachen Erben und setzte zur Restauration der Vielgötterei an. Bis heute weiß man nicht, wo der religiöse Visionär Echnaton von seinen Getreuen beigesetzt wurde. Vermutlich versteckten sie seine Mumie aus Furcht vor Leichenschändern. Auch der Sarkophag seiner geliebten Frau Nofretete wurde nie entdeckt.

Das Gotteserlebnis

Bis heute blieb zudem ungeklärt, was Echnaton gesehen und gehört hatte, das ihn zum Monotheismus wechseln ließ. Hatte er im heißen Wüstenklima eine Vision, die durch Wassermangel hervorgerufen war? Aber wie ist dann die genaue Anweisung zum Bau einer ganzen Stadt zu erklären? War Echnaton wahnsinnig oder vielmehr ein geschickter Diktator, der eine gottähnliche Stellung anstrebte? Manche vermuten in der schwebenden Scheibe, die der Monarch am Himmel gesehen haben will, einen Hinweis auf einen Kontakt mit Extraterrestriern, die auf paranormalem Wege mit Echnaton kommunizierten. Ihr Ziel: Ein neues Menschenbild einzuführen, das den Menschen erstmalig als Individuum verstand. Es wäre auch möglich, dass Echnaton eine Gotteserscheinung wie Moses hatte und wie jener einen göttlichen Auftrag erhielt. Wenn auch völlig ungeklärt ist, was mit dem mächtigsten Mann der damaligen Welt geschah, so scheint doch eines klar zu sein: Wäre Echnaton nicht als Prophet gescheitert, würden sich die großen Weltreligionen heute auf ihn als »biblischen Urvater« berufen. Sein Gott Aton würde dann der bekannteste Gott der Menschheit sein.

Abnorme Anatomie

Echnaton wurde auf vielen Darstellungen fast expressionistisch mit breitem Becken und kräftigen Oberschenkeln gezeichnet. Seine Gestalt könnte man auf eine Erkrankung der Hirnanhangsdrüse zurückführen. Ebenso wäre aber auch denkbar, dass Künstler mit den ausladenden Formen die Göttlichkeit des Pharaos unterstreichen wollten, der so männliche und weibliche Aspekte in sich vereinigte. Auffällig ist der deformiert dargestellte, übergroße Schädel, der sich auch bei Echnatons Töchtern und anderen Verwandten fand. Diese langschädelige Anatomie war vermutlich natürlichen Ursprungs, wie Obduktionen an Echnatons Familienangehörigen, z. B. dem berühmten Pharao Tut-ench-Amun, zeigten. Es wäre durchaus möglich, dass in der Pharaonenfamilie ein genetisch-evolutionärer Sprung zu einem größeren Gehirn stattfand.

Im ägyptischen Museum befindet sich der 21 Zentimeter hohe Quarzitkopf einer Tochter Echnatons. Um welche genau es sich handelt, ist nicht bekannt. Interessant ist jedoch die Kopfform der jungen Frau. Man vermutet, dass dies ein genetisches Merkmal der Familie Echnatons war. Auch bei anderen Verwandten des Pharaos fand man diese Schädelform.

*In der ägyptischen Mythologie wurde der Gott Thot mit dem Mond gleichgesetzt. Ihm gegenüber steht der strahlende Sonnengott Re, der in einem ewigen Kreislauf Tag für Tag aus dem Schoß der Himmelsgöttin Isis wiedergeboren wird. (»Bruder Sonne, Schwester Mond«, Karl Käfer, *1947)*

Thot – Hüter des geheimen Wissens

In die eigentümliche ägyptische Gottheit Thot mit dem Kopf eines Ibis flossen schon früh verschiedene Traditionen. Die Bedeutung seines ägyptischen Namens Dehuti ist bis heute nicht geklärt. Als er in geschichtlicher Zeit zur Hauptgottheit aufstieg, verschmolz er mit einem Gott namens Hez-ur in der Gestalt eines Pavians. Von den alten Ägyptern wurden Paviane seitdem als irdische Manifestationen des Gottes Thot verehrt. Die Tiere wurden häufig sogar in Tempeln gehalten und nach ihrem Ableben mumifiziert.

Anwalt der Toten

Thot, nach dem der erste Monat des ägyptischen Jahres benannt ist, wurde in der Mythologie zum weisen Anwalt des sanftmütigen Gottes Osiris ernannt, den er häufig durch Zaubertricks gegen die Anklagen des streitsüchtigen Bruders Seth verteidigte. Aus diesem Grund tritt Thot auch im berühmten Ägyptischen Totenbuch – einer Niederschrift, die alles Wissen über die Jenseitswelt offenbart – als Verteidiger der Verstorbenen auf. Wenn Gericht über die Seelen der Toten gehalten wird, verfolgt Thot der Überlieferung nach, wie die Herzen der Verstorbenen gegen die so genannte »Feder der Wahrheit« gewogen werden und notiert auf einem Papyrusstreifen das Ergebnis dieser Wägung. Aus diesem Grund stellt man den Gerechten meist mit Schreibgerät und Palmrippe dar.

Beschützer von Isis und Horus

Auch Isis, der Gattin des Osiris, verhalf Thot zu Gerechtigkeit. Nachdem Osiris durch die finsteren Machenschaften seines Bruders Seth ums Leben gekommen war, erweckte Thot für die trauernde Witwe den Gatten noch einmal zum Leben. Aus dieser mystischen Zusammenkunft ging der Isissohn Horus hervor. Auch bei dessen Kampf gegen den mordenden Onkel spielte Thot eine entscheidende Rolle als Schützer und Helfer: Er war es, der das verletzte Horusauge, eines der wichtigsten Symbole der ägyptischen Mythologie, heilte.

Ahnherr der Geheimwissenschaften

Thot war der Meister der Sprache und der Schrift, der Schöpfer der Mathematik und Astronomie und den Ägyptern galt er als die Personifizierung von Geist und Verstand schlechthin. Die Griechen identifizierten seine Gestalt mit einem gewissen Hermes Trismegistos, dem sie das Ahnherrntum aller Geheimwissenschaften zuschrieben.

Thot soll einst in einer Höhle oder in einem verborgenen Gebäude seine Schriften versteckt haben. Diese geheimen Unterlagen standen schon in ältester Zeit im Ruf höchster magischer Wirksamkeit. Durch sie ließe sich die Macht über die Naturgewalten, sogar über die Götter, erlangen, hieß es. Es ist kein Wunder, dass man in späteren Zeiten den Ursprung aller magischen Künste, aller tiefen Einsichten in die Wissenschaften in Ägypten suchte, bei Hermes alias Thot.

Der Mythos von Thot

Zu Anbeginn schwammen nur schlangenköpfige Gottheiten im Urozean Nun. Es gab noch keine Götter. Erst als Thot das Weltei ausgebrütet hatte, hauchte er durch seine Stimme den ersten vier Götterpaaren Leben ein.

Das Faszinierende an seiner Gestalt ist, dass sich sein Charakter nie wandelt, wodurch er sich von den anderen Göttern der ägyptischen Mythologie unterscheidet. Deren Auffassungen ändern sich häufig – nur Thot bleibt immer gleich. Er ist deshalb auch als die einzige Autorität für alle anderen seiner Art zu sehen.

Im Lauf der Zeit wurde Thot zum Gott der Weisheit, zum Gott des Lernens, zum Schöpfer des Tarot und zum Herrn des Mondes. Da die Phasen des Mondes ein wichtiges Maß waren, galt Thot auch als Erfinder des Maßes und der messbaren Zeit. In dieser Eigenschaft wurde er der »Herr der Zeit« und der »Rechner der Jahre«. Als solcher verfügte er über ein immenses Wissen und weil er als Mondgott der geheimnisvollen Nachtseite des Lebens zugeordnet war, repräsentierte er auch das geheime und magische Wissen für alle nach ihm.

Um 600 v. Chr. entstand diese Holzarbeit des ibisköpfigen Gottes Thot, der im Jenseits die Ergebnisse des Totengerichts notiert und auf besondere Weise mit dem Geheimwissen der Magie in Verbindung stand. Thot wurde neben seiner Funktion als Erfinder der Zeit auch als Schutzherr aller Schreiber verehrt und wird noch heute in ägyptischen Mythen als Erfinder der Hieroglyphen angesehen.

Die Lehren des Hermes Trismegistos

Das Denken der geheimen Wissenschaften von Mittelalter und Neuzeit geht auf einen berühmten Ahnherrn, Hermes Trismegistos, zurück. In 15 Thesen hat diese mythische Gestalt einst die Quintessenz aller menschlicher Weisheit formuliert. Seine Schriften werden Corpus Hermeticum, hermetische Schriften, genannt. Um 1570 stellte der Maler Hermann tom Ring den Weisen als Zeitgenossen dar.

In der Blütezeit der geheimen Wissenschaften, im 14. bis 16. Jahrhundert, dem Zeitalter der Renaissance, berief man sich auf einen legendären Ahnherrn: Hermes Trismegistos (»Hermes der Dreimalgroße«). Nach ihm richtete sich ein ganzes Denksystem, das aus einer Synthese der Philosophie des Neuplatonismus mit ägyptischen, jüdischen und frühchristlichen Spekulationen über Magie, Alchemie, Astrologie und Heilkunst entstand – die hermetische Wissenschaft.

Hermes, auch Merkur genannt, galt als besonders listig und ideenreich. In der griechischen Mythologie wurde dem Gott von seinem Bruder Apollo ein goldener Stab für Gedeihen und Reichtum und zum Abwehren des Todes überreicht.

Der Gott der Götter

Hermes tauchte bereits sehr früh in der Geschichte als Erdgott mit magischen Fähigkeiten auf, so z. B. bei den Hethitern, die um 2000 v. Chr. in Mittelanatolien siedelten. Erst viel später fand sich der Name Hermes Trismegistos als hellenisierte Bezeichnung für den ägyptischen Gott der Weisheit, Thot. Bei den Ägyptern wurden der Plural und später auch der Superlativ immer durch eine dreifache Wiederholung einer Hieroglyphe angezeigt, so dass der Ausdruck »Hermes der Große, Große, Große« eigentlich »Hermes der Größte« und nicht, wie zumeist übersetzt, »Hermes der Dreimalgroße« heißen müsste.

Die hermetischen Bücher

Dem Gott der Götter schreibt man zahllose Schriften über geheime Wissenschaften zu. Diese so genannten »wahren« hermetischen Bücher werden heute Corpus Hermeticum genannt und behandeln verschiedenste Themen wie Religion, Theologie, Philosophie, Mystik, Magie und Astrologie.

Die frühesten seiner Werke scheinen die astrologischen Bücher gewesen zu sein. Sie gehen noch auf vorchristliche Zeiten zurück. Die übrigen Bücher entstanden zwischen dem ersten Jahrhundert vor und nach Christus.

Die Lehre des Hermes

Einer Legende zufolge hat man einst das Grab des mythischen Hermes gefunden. In ihm lag der große Weise nach ägyptischer Sitte mumifiziert und hielt auf der Brust einen riesigen Smaragd in seiner Hand. Auf diesem stand in phönizischer Schrift die Grundweisheit seiner Lehre zusammengefasst. Die zentralen Vorstellungen von Hermetik, Astrologie, Alchemie und Magie wurden in der Folge wesentlich von dieser Tabula Smaragdina (»Smaragd-Tafel«) bestimmt. Die auf ihr niedergelegte Lehre weist auf die Entsprechungen zwischen der unteren Welt der Erscheinungen und der oberen, geistigen Welt hin.

Seltsamerweise erfuhr die Legende durch einen archäologischen Fund eine Art Bestätigung: Die älteste Schrift, in der sich Teile des Textes der Smaragd-Tafel wiederfinden, wurde 1828 im Grab eines unbekannten Priester-Magiers in Theben entdeckt und ist als Papyrus von Leyden bekannt.

Nach Hermes wurde das alchemistische Gefäß der Verwandlung »Vas Hermeticum« genannt. Die Abbildung zeigt, wie in dem Behältnis das Neue durch Anfachen der Elemente, symbolisiert durch den geflügelten Löwen, entsteht, so wie es ein Anliegen der Alchemie war, alles und jeden durch alchemistische Prozesse einer positiven Wandlung zu unterziehen.

Im 17. Jahrhundert waren Darstellungen des »Mercurius mit Schlangenstäben« sehr beliebt. In einem Werk des Alchemisten Basilius Valentinus von 1678 steht die Figur des Mercurius für die geheimnisvolle Substanz, welche zur Verwandlung der Stoffe in Silber und Gold, symbolisiert durch Mond und Sonne, benötigt wird. Wie schwer die Substanz zu fassen ist, das zeigen die beiden Alchemisten, die sich ihr zu nähern versuchen.

Die Smaragd-Tafel

In der lateinischen Fassung, die dem Naturforscher und Philosophen Albertus Magnus (1193–1280) zugeschriebenen wird, heißt es: »Was oben ist, ist gleich dem was unten ist und was unten ist, ist gleich dem was oben ist – fähig die Wunder des Einen zu vollbringen. Und wie alle Dinge aus Einem stammen [...], so sind alle Dinge von diesem Einen durch Anpassung entstanden [...]«

Das bestimmende Element ist die Lehre von der Entsprechung alles Oberen zu allem Unteren, von der Vorstellung, dass der Mensch ein Abbild des Kosmos ist. Ohne diese Lehre sind die Geheimwissenschaften nicht denkbar. Das heißt freilich nicht, dass sie erst durch die hermetischen Schriften, also im 1. Jahrhundert n. Chr., als völlig neue Idee galten. Hier wird nur in aller Knappheit und als grundlegende Gesetzmäßigkeit formuliert, was seit Menschengedenken die Basis der geistigen Suche bildete. Die Anhänger der geheimen Wissenschaften waren davon überzeugt, dass es genüge, die Wahrheiten aus der Smaragd-Tafel zu verstehen, um das Universum zu begreifen.

Das Corpus Hermeticum

Die Form, in der uns heute das Corpus Hermeticum, die Zusammenfassung der 17 erhalten gebliebenen hermetischen Schriften, bekannt ist, stammt wohl aus Abschriften des dritten Jahrhunderts. In diese Büchersammlung, die den Grundstock der hermetischen Wissenschaften bildet, die im Mittelalter und in der Renaissance ihre Blüte erreichten, sind Einflüsse aus dem chaldäisch-persischen Bereich eingegangen. Das lässt sich insbesondere anhand eines Vergleichs mit den viel älteren Orphischen Hymnen und den ägyptischen Zauberpapyri erkennen, die ganz ähnliche Gedanken vermitteln. Die Orphischen Hymnen stammen aus dem Griechenland um 600 v. Chr. Die ägyptischen Zauberpapyri aus dem 1.–4. Jahrhundert n. Chr. stellen Anweisungen zur Ausführung magischer Handlungen dar. In ihnen wird die Unsterblichkeit der Seele gelehrt. Im Zentrum des Corpus Hermeticum steht die mythische Figur des Hermes Trismegistos selbst. Hermes, der sich selbst Poimandres (»Geist der höchsten Macht«) nennt, beantwortet darin die Fragen eines nach Gnosis (Erkenntnis) verlangenden Schülers und weist ihm den Weg zurück zum göttlichen Licht. Im ersten Jahrhundert unserer Zeitrechnung wurde Hermes zum Meister der Alchemisten ernannt. Später wurde er unter dem lateinischen Namen Mercurius, dargestellt mit geflügelten Schuhen und einem von zwei Schlangen umwundenen Zauberstab, zum zentralen Symbol der Alchemie.

So stellten sich die Alchemisten in früheren Tagen ihren Ahnherrn Hermes Trismegistos vor. Das symbolbeladene Bild lässt den Hermesstab erkennen, aber auch die Verbindung des Irdischen mit dem Himmlischen. Das Buch weist auf das Coprus Hermeticum hin, die Schriften des Hermes Trismegistos. Einer Legende zufolge soll er 36.525 Bücher verfasst haben.

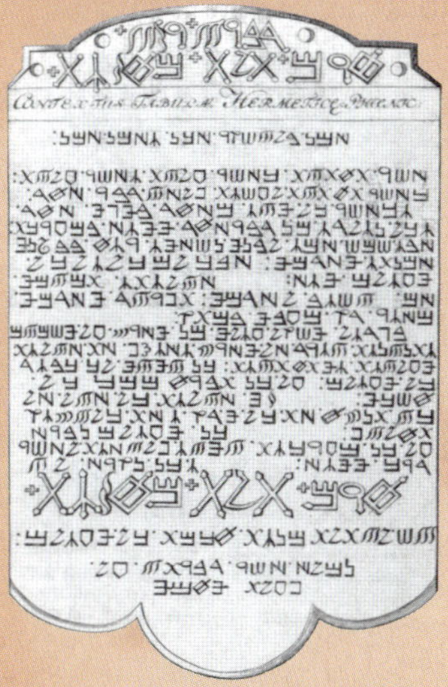

15 Weisheiten sollen auf der »Tabula smaragdina« notiert sein. So auch der Schlüssel zur hermetischen Philosophie.

Die ganze Wahrheit

In seiner Übersetzung der Smaragd-Tafel führte der mittelalterliche Wissenschaftler Albertus Magnus nach dem im Haupttext erwähnten »Gesetz der Entsprechung« Folgendes an: »Sein Vater ist die Sonne, seine Mutter ist der Mond. Der Wind hat es in seinem Schoß getragen, seine Ernährerin ist die Erde. Dies ist der Vater aller Vollkommenheit. Seine Kraft ist vollständig, wenn sie sich der Erde zuwendet. Trenne die Erde von Feuer, das Feine vom Groben, sanft, voll Sorgfalt. Der Grundwille steigt von der Erde auf zum Himmel und steigt wieder herab zur Erde, um die Kraft der unteren und oberen Dinge zu empfangen. Auf diese Weise wirst du den Ruhm der ganzen Welt erlangen. Darum wird alle Dunkelheit von dir weichen. Dies ist die starke Kraft aller Kraft: denn sie wird alles Feine überwinden und in alles Grobe eindringen. So ist die Welt erschaffen worden. Daher wird es wunderbare Angleichungen geben, deren Wesen hier mitgeteilt ist. Darum bin ich Hermes Trismegistos genannt worden, weil ich die drei Teile der Philosophie der ganzen Welt besitze. Erfüllt ist, was ich vom Wirken der Sonne gesagt habe.«

Zarathustra – der Kampf von Gut und Böse

Er gilt als einer der wichtigsten Religionsgründer der Weltgeschichte und doch geriet seine Lehre beinahe in Vergessenheit: Zarathustra, über dessen Biographie es nur ungenaue Angaben gibt, prägte die religiöse Auffassung, die Welt werde von zwei Grundprinzipien, dem Guten und dem Bösen, beherrscht. Diese Ansicht wurde von den großen Weltreligionen übernommen. Der Zoroastrismus, Zarathustras Lehre, ist weltweit heute nur noch ca. 200.000 Anhängern bekannt. Holzstich aus Sebastian Münsters (1488–1552) Cosmographia.

Etwa zur selben Zeit, in der Buddha in Indien seine Erlösungslehre verkündete, machte in Baktrien, im heutigen Afghanistan, der Prophet Zarathustra oder Zoroaster (ca. 628–551 v. Chr.) von sich reden. Gestärkt durch das berauschende Lebenselixier Haoma, schuf er aus dem Herrn des Lichts und der Gerechtigkeit der altiranischen Mythologie, Ahura Mazda, das höchste Prinzip des Guten, Ohrmazd. Dieses stehe in kosmischen Gegensatz zum Prinzip des Bösen, Angra Mainyu (Ahriman), dem Gott der Finsternis. Unter Zarathustras Einfluss geriet der ewige Kampf gegen das Böse zum bestimmenden religiösen Element. Dieser Kampf wurde durch das heilige Feuer symbolisiert, das im Zentrum seines Kultes, des Zoroastrismus, stand.

Die vier Weltzeitalter

Zarathustra verkündete einen Weltzyklus von vier Zeitaltern mit jeweils 3000 Jahren. Das erste Zeitalter war das der Schöpfung, dann trat Ahriman aus der Dunkelheit hervor, aber Ohrmazd verwirrte ihn. Ohrmazd schuf im zweiten Zeitalter die Welt, worauf Ahriman dem Guten den Krieg erklärte und seine Horden von Dämonen auf alle Geschöpfe losließ. Das dritte Zeitalter, das von diesem Kampf geprägt war, endete mit dem Auftreten Zarathustras. Im letzten Zeitalter erscheine der große Erlöser Saoshyant. Mit ihm komme die endgültige Erneuerung, Frasho-kereti: Die Erde wird von einer Flut geschmolzenen Metalls bedeckt und gereinigt, und Ohrmazd besiegt im Endkampf Ahriman.

Der Mithras-Kult

In ihrer Frühzeit erwuchs der christlichen Kirche große Konkurrenz im Kult um Mithras, einem iranischen Sonnengott. Mithras war der Bote Ahura Mazdas, der immer zur Morgendämmerung am Himmel erschien, um mit seinem von vier weißen Pferden gezogenen Wagen das Firmament zu durchqueren. Als Mittler zwischen der Welt des Lichts und der Welt der Finsternis, als Verbündeter der Menschen im Kampf gegen das Böse und als Führer der Seele bei ihrem Aufstieg zum ewigen Leben wurde Mithras bald mit dem von Zarathustra verheißenen Erlöser identifiziert. Schließlich wurde er zum Sonnengott, der am Ende der Tage als Mensch erscheinen wird. Diese alles überragende Gottheit trat einen glorreichen Siegeszug über die griechisch-römische Welt an.

Einflüsse auf Judentum und Christentum

Zahlreiche Elemente der Lehren des Zarathustra fanden ihren Niederschlag im Denken der Hebräer, in der hellenistischen Philosophie und im Neuen Testament. Neben dem endzeitlichen Sieg des guten Gottes waren es vor allem die Vorstellungen vom Leben nach dem Tod. Die guten Menschen würden dann Belohnungen und himmlische Segnungen erfahren, die schlechten Strafe und höllische Qualen. Schon bei Zarathustra gibt es die Idee von einem Dasein im Himmel nach dem Tode bis zur Zeit des Jüngsten Gerichts

Türme des Schweigens

Zentral im Glauben des von den Parsen ausgeübten Zoroastrismus, auch Parsismus genannt, ist das heilige Feuer. Es symbolisiert die Reinheit und das Gute. Deshalb verbrennen die Anhänger Zarathustras ihre Toten nicht, um das heilige Feuer nicht zu verunreinigen. Eine Bestattung hingegen würde die Erde verschmutzen. Sie bahren deshalb die Toten in »Türmen des Schweigens« auf und liefern sie den Aasvögeln zum Fraß aus. Am bekanntesten sind die Türme des Schweigens in Mumbai (Bombay), wo sich das indische Zentrum der Parsengemeinde befindet.

So haben Zarathustras »Türme des Schweigens«, die die Toten der Parsen beherbergten, ausgesehen. Nach den Lehren des Propheten durften Leichen nicht verbrannt werden, da das Feuer heilig war.

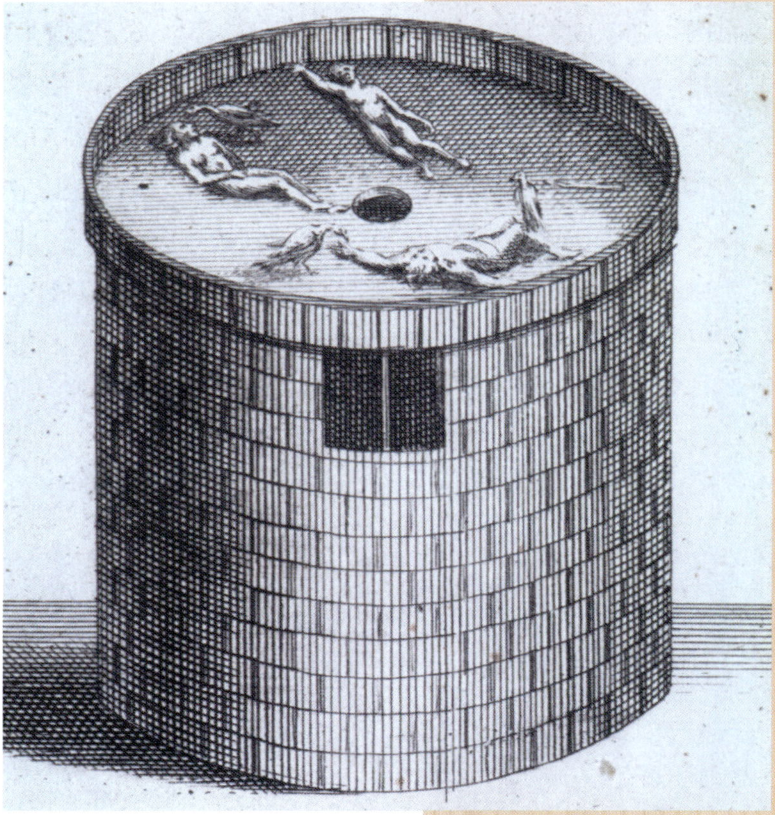

Die griechische Vasenmalerei zeigt Orpheus auf seiner Leier spielend. Gefunden wurde die Scherbe bei Neapel.

Einweihung in die Mysterien

Orpheus

Der Sänger Orpheus, der mit seinem Gesang und seiner Leier selbst Bäume und Steine verzaubert haben soll, suchte in den Gefilden der Totenwelt nach seiner geliebten Gattin Eurydike. Durch sein Lied gelingt es ihm, die Götter der Unterwelt so zu rühren, dass sie Eurydike die Rückkehr zu den Lebenden erlauben. Da sie jedoch das Verbot, sich umzuschauen übertritt, muss sie ins Totenreich zurück.

Weil Orpheus durch die Totenwelt gegangen und ins Leben zurückgekehrt ist, gilt er als der Begründer der Mysterien. Die Mythen hinter den Mysterien erzählen immer von Heroen und Gottheiten, die durch den Tod gehen, um verwandelt wiederzukehren.

Das »große Eleusinische Weihrelief« entstand um 430/420 v. Chr. und zeigt Demeter (l.), Mutter der Erde, zusammen mit ihrer Tochter Persephone (r.), als sie Triptolemos beauftragen, den Ackerbau und den Kult der Göttinnen auf der Erde zu verbreiten. Das 2,2 Meter hohe Relief war wahrscheinlich im Kultbau von Eleusis, dem Telesterion, aufgestellt worden.

Der Eingeweihte erkennt in Eleusis Anfang und Ende des Lebens, jenen unsagbaren Gegenstand, den der Mensch bei den Mysterien im eigenen Innern findet.« So äußerte sich der griechische Dichter Pindar (um 518–446 v. Chr.) über den Mysterienkult, der im Telesterion, dem Tempel von Eleusis (Attika) stattfand und der den Fruchtbarkeitsgöttinnen Demeter und Persephone geweiht war.

Eine Mänade, eine aus der großen Schar der Bacchantinnen, der weiblichen Gefolgschaft Dionysos, wehrt einen erregten Satyr ab.

Schwärmend fährt er fort: »Glücklich, wer, nachdem er jenes gesehen hat, unter die hohle Erde geht, er weiß des Lebens Vollendung und des Lebens gottgegebenen Anfang.« Was waren diese Mysterien, die dem Dichter solche hehren Worte sprechen ließen?

Identifikation mit dem Göttlichen

Im abendländischen Kulturraum entstanden im ersten Jahrtausend vor der Zeitwende religiöse Zusammenkünfte, in denen eine mystische Identifikation mit dem Göttlichen angestrebt wurde. Diese so genannten Mysterien waren die kulturell verfeinerte Form der alten schamanischen Religionen. Es galt, in das letzte Geheimnis (griech. »mysterion«), das nicht vermittelt, sondern nur selbst erlebt werden kann, durch die Einweihung (Initiation) einzudringen. Bei der Initiation strebte der Neuling (Neophyt) die Identifikation mit einer Heros- oder Gottesgestalt an.

Er erlitt den »Tod« des Heros, wodurch seine alte Form der Persönlichkeit starb, um einer neuen, »unsterblichen« Platz zu machen. So wurde er ein Eingeweihter (Myste), am Ende gar ein Erleuchteter (Epopte) und fand dadurch Erlösung.

Platon und die Mysterien

Schon der griechische Philosoph Platon (427–347 v. Chr.) schrieb in seinem Werk »Phaidros«, der Zweck der Mysterien sei es, die Seele dort wieder hinaufzuziehen, woher sie herabgefallen sei. Ihre endgültige Form fanden die Mysterien in der hellenistischen Kultur in den letzten 300 Jahren vor der Zeitwende. Durch den intensiven kulturellen Austausch zwischen Okzident und Orient entstanden eigentümliche Mischreligionen – wie etwa der aus dem persischen Raum stammende Mithraskult –, in denen östliche spirituelle Systeme mit dem abendländischen Denken zusammengeführt wurden. Auf diesem Ferment gediehen die Mysterien und erfreuten sich vor allem bei den gebildeten Schichten großer Beliebtheit.

Tanz und Trance

Zu den bekanntesten Mysterien zählen der Dionysos-Kult, die Orphischen und Phrygischen Mysterien, jene der griechischen Fruchtbarkeitsgottheiten der Kabiren, der Korybanten und die Mysterien von Eleusis. Sokrates (ca. 470–399 v. Chr.) überliefert einige Elemente der Einweihungsriten der Korybanten, den Priestern der phrygischen Göttin Kybele. Bei der Initiation sitzt der Novize im Zentrum, umgeben von tanzenden Priesterhelfern.

Durch sanfte Flötenmusik wird er seiner gewohnten, alltäglichen Welt entrückt. Sobald er selber in einen Trancezustand fällt, fügt sich der Neuling dem ekstatischen Rhythmus der Gruppe ein, als Zeichen dafür, dass er einer der ihren geworden und von der verehrten Gottheit erfüllt ist.

Dionysos, auch Bacchus genannt, war ein Sohn des Zeus und der Kadmostochter Semele. Als die schwangere Semele vom Blitzstrahl getroffen stirbt, birgt Zeus die sechsmonatige Leibesfrucht in seinem Schenkel und trägt sie bis zur Geburt aus. Den neugeborenen Dionysos übergibt er in die Obhut der Nymphen von Nysa, seine spätere Erziehung ist dem Silen anvertraut, der hier den jungen Dionysos in den Armen hält. (Römische Plastik, Silen mit Bacchusknaben)

Dionysos und die wilden Mänaden

Der ekstatische Dionysos-Kult kam aus den alten Schamanenländern der Thraker und Skythen nach Griechenland. Die Mänaden, die Dienerinnen des Weingottes Dionysos, sammelten sich zu ihren Festen im Freien, um sich mit ihrem wilden Gott zu vereinen. Man sagt, sie verfielen in Raserei, zerrissen sogar junge Rehe, wohl in Nachahmung ihres in mythischer Vorzeit zerrissenen Gottes, und gaben sich zügellos sexuellen Handlungen hin. Ihre Attribute waren das Panterfell, Schlangen im aufgelösten Haar und der mit Weinlaub umwundene Thyrsos, ein mit einem Pinienzapfen gekrönter Stab, den sie im Tanz über den Häuptern schwangen, während sie ihren Kultschrei erklingen ließen.

Die Mysterien von Eleusis

Im 6. Jahrhundert v. Chr. entwickelten sich unter dionysischem und orphischem Einfluss die bedeutenden Mysterien von Eleusis. Sie fußen auf dem Mythos vom Raub der Persephone, lateinisch Proserpina. Die Tochter des Zeus und der Demeter war von Hades in die Unterwelt entführt und zu seiner Gemahlin gemacht worden. Zeus gestattete ihr auf Bitten ihrer Mutter, zwei Drittel des Jahres in der Oberwelt zuzubringen. Wenn Persephone

Die Orgien der römischen Bacchus-Mysterien waren von Musik, Tanz und berauschenden Getränken begleitet. Die Bacchanten schwangen dabei ihren Kultstab, den Thyrsos. Teilweise arteten die Bacchanale zu exzessiven Kultfeiern aus. (Kupferstich aus dem 18. Jahrhundert)

alljährlich im Frühling aus der Unterwelt emporsteigt, sprießen an den Bäumen die Blüten und die Pflanzen treiben Knospen. Überall erwacht die Vegetation wie aus einem tiefen Schlaf. Im Herbst tritt sie wieder ihren Weg in die Dunkelheit an.

Der Ausschnitt eines pompejianischen Wandgemäldes zeigt eine »Gruppe mit bacchantischen Jünglingen«.

Mit ihrem Fortgehen fällt das Laub und die wachsende Natur zieht sich zurück, wartet auf ein Wiederkommen ihrer jugendlichen Göttin. In rituell hervorgerufenen veränderten Bewusstseinszuständen folgte der Eingeweihte in Eleusis der Fährte der geraubten Persephone ins Totenreich. Durch den Tod mussten die Mysten schreiten, um die Geheimnisse von Leben und Tod zu schauen. Der Kreislauf von Werden und Vergehen, wie er alljährlich in den Jahreszeiten seinen Niederschlag findet, wurde für den Eingeweihten eine Gewissheit, die auch sein eigenes Dasein betraf.

Der Raub der Persephone

Als Persephone mit Freundinnen auf einer Wiese Blumen pflückte, öffnete sich der Erdboden und der Unterweltsherrscher Hades entführte sie in sein Reich. Ihre Mutter Demeter, die Göttin der Fruchtbarkeit, verfiel in tiefe Trauer und die Felder trugen ein Jahr lang keine Früchte mehr.

Als Zeus vom Hunger der Menschen erfuhr, entsandte er seinen Boten Hermes, um Hades zu bedrängen, Persephone wieder freizugeben, da das Leben auf der Erde in Gefahr sei. Hades ließ sich umstimmen, heckte aber eine List aus: Unbemerkt ließ er Persephone einige Granatapfelkerne essen. Von nun an war sie gezwungen wiederzukehren, da sie etwas von der Totenwelt zu sich genommen hatte. Zwei Drittel des Jahres durfte Persephone in der Oberwelt weilen, ein Drittel musste sie mit Hades in der finsteren Unterwelt verbringen.

Dionysos kommt übers Meer. Seeräuber versuchten vergeblich, ihn in Fesseln zu legen. Die Fesseln wurden in Weinranken verwandelt, die Seeräuber stürzten ins Meer und begleiten nun als Delphine den Gott des Weins bei seiner Überfahrt. (Antike griechische Henkelschale)

Die Mysterien von Osiris und Isis

König Pinudjem I. (11. Jahrhundert v. Chr.) als Osiris in der riesigen Tempelanlage von Karnak.

Der Mythos von Osiris und seiner Schwester und Gemahlin Isis beinhaltet die klassischen Elemente der Einweihung in einen Mysterienkult. Es geht beim Osirismythos in seiner universellen Symbolik um das große Thema von Tod und Wiedergeburt. Deutlich wird dabei auch der Bezug zur Natur, und zwar zu den zyklischen

Phänomenen der alljährlichen Nilüberschwemmungen mit ihren Auswirkungen auf die Fruchtbarkeit der Böden. Nach der Version des griechischen Philosophen und Historikers Plutarch (um 100 n. Chr.) wird im Mythos erzählt, wie der neidische Seth seinen Bruder Osiris durch eine List in eine hölzerne Lade einschloss und in den Nil warf, wo er ertrank. Isis fand die in Byblos gestrandete Holzkiste und brachte den Leichnam zurück. Mit Hilfe ihrer magischen Kräfte erweckte sie Osiris für kurze Zeit zu neuem Leben – in Gestalt eines Sperbers über ihm schwebend, fächelte sie dem Toten mit ihren Flügeln den Lebensodem zu – und vereinigte sich mit ihm, um von ihm ihren Sohn Horus empfangen zu können. In blinder Wut zerriss daraufhin Seth den Leib des Osiris und verstreute die Glieder über das ganze Land.

Der altägyptische Mythos war auch im antiken Rom bekannt: Isis, deren Kopf mit einer von der Uräusschlange getragenen Krone bekränzt ist (Bild aus antoninischer Zeit um 180–200 n. Chr.).

Mühsam suchte die treue Isis alle Teile des zerstückelten Körpers wieder zusammen. Schließlich kehrte Osiris, mittlerweile Herrscher im Reich des Todes, zurück und rüstete seinen Sohn Horus zum Kampf gegen Seth. Dieser besiegte Seth, nahm ihn gefangen und übergab ihn Isis. Daraufhin trat Horus sein Erbe, die Herrschaft im Königreich der Lebenden, an.

Die Isis-Mysterien

Von Ägypten ausgehend, fanden die Isis-Mysterien in Griechenland und im ganzen römischen Reich Verbreitung. Apulejus (*um 125 n. Chr.) beschreibt in seinem Roman »Der goldene Esel« seine eigene Einweihung in die Isis-Mysterien. Im Tempelschlaf habe er den Auftrag der Isis erhalten, sich weihen zu lassen. Nach einem feierlichen Morgenopfer und der rituellen Reinigung wird er vor eine Isis-Statue gestellt. Dort erhält er geheime Botschaften, die er nicht mitteilen darf.

Nach zehntägigem Fasten geleitet ihn der Priester ins Allerheiligste, wo ihm eine mystische Erfahrung des Göttlichen zuteil wird. Die Einweihung selbst schildert er folgendermaßen: »Ich ging bis zur Grenze des Todes; ich betrat Proserpinas Schwelle, und nachdem ich durch alle Elemente gefahren, kehrte ich wieder zurück. Um Mitternacht erblickte ich die Sonne, blendend in strahlendem Licht. Ich näherte mich den unteren und oberen Göttern und betete sie an von Angesicht zu Angesicht.«

Das Initiationserlebnis

So viel lässt sich über das Wesen der Initiation in die Mysterien schließen: Vor der Initiation verehrt der Mensch die Götter in ihren Symbolen, nach der Einweihung sieht er sie »von Angesicht zu Angesicht«. Der Initiand wird ihnen gleichgestellt. Er hat das Gefühl, in die Reihen der unsterblichen Götter aufgenommen zu werden.

Das Horusauge

Für den Kampf gegen Seth nahm Horus als Himmelsgott die Gestalt eines Falken an, dessen rechtes Auge die Sonne und dessen linkes Auge der Mond war. Im Kampf verlor er sein Mondauge, aber der Mondgott Thot gab es ihm zurück, so dass das Licht des Horus-Auges wieder dazu dienen konnte, Osiris in der Unterwelt zu neuem Leben zu erwecken. In Ägypten galt deshalb die Darbringung des Horusauges als Urbild der Opferhandlung. Im ägyptischen Totenbuch heißt es: »Das Horusauge verleiht das ewige Leben; und es beschützt mich, auch wenn es sich schließt.«

Aus der 22. ägyptischen Dynastie (um 874–850), der Regierungszeit König Osorkons II., stammt diese kleine Figurengruppe des heiligen Dreigespanns. Osiris, auf einem Sockel hockend, wird von seiner Schwester und Gattin Isis und seinem Sohn Horus flankiert.

Ägyptische Vorstellungen vom Wesen des Menschen

In der Nationalbibliothek in Paris befindet sich dieses Fragment aus dem Totenbuch. Es zeigt einen Verstorbenen, der nach dem Totengott Osiris ruft.

»Wer dort ist, der wird ein lebender Gott sein. Wer dort ist, wird einer sein, der im Sonnenschiff steht«, heißt es im Gespräch eines Lebensmüden mit seinem Ba in den so genannten »Pyramidentexten«, der ältesten Sammlung religiöser Schriften, die sich in der Geschichte der Menschheit erhalten hat. Der Ba ist mit der personifizierten Seele vergleichbar. Die Ägypter waren überzeugt, dass sie nach dem Tod an der Seite des Sonnengottes durch jenseitige Gefilde reisen würden. Grundlage dieser Ansicht waren differenzierte Vorstellungen vom Wesen des Menschen.

Der Energieleib

Auf der leiblichen Ebene unterschieden die Ägypter erstens den Körper und zweitens die lebendige Gestalt, den Ka, der den Körper entstehen und wachsen lässt und am Leben erhält.

Der Ka bildet das Wesen, das jedem Lebewesen innewohnt. Trennt sich der Ka vom Körper, stirbt dieser. Der Ka galt als dynamisches, energetisches Prinzip, das in ständigem Austausch mit der körperlichen Welt steht.

Selbst von göttlicher Abkunft, ist er im irdischen Menschen verkörpert, nimmt auf, was er auf Erden erfahren kann und kehrt nach dem Tod wieder in die göttliche Sphäre zurück. Die freie Beweglichkeit der Aufmerksamkeit verglich der Ägypter mit einem Vogel. So ist der Ba als Vogel mit Menschenkopf ein Sinnbild für die seelisch-geistige Sphäre des Menschen. Dem Vogel als Symbol wird man in der ägyptischen Mythologie immer wieder begegnen.

Der Seelenleib

Das dritte Wesensglied des Menschen hieß Ba und galt als Träger der seelischen Eigenschaften. Der Ba erfasst sinnliche Eindrücke wie Farben oder Töne und reagiert darauf mit einer Empfindung. Er ist Mittler zwischen der göttlichen und der irdischen Welt.

Das Jenseitsgericht

Bevor er in die göttliche Sphäre zurückkehrt, muss der Ba geläutert und gereinigt werden. Dies geschieht vor einem Gericht.

Der Herr der Totenwelt, Osiris, thront in der letzten von sieben Hallen, die der Ba durchqueren muss, um zum Ort der Rechtfertigung

Die große Göttin

Ihre Namen waren Isis, Hathor, Nut; ihre Symbole Kuh, Löwin und die Menschengestalt. Sie ist die Herrin aller schöpferischen Kräfte der Welt – die Göttin Natur. Ihr Leib, der den gesamten Kosmos umschließt, ist sternenübersät, ihr Inneres von dem, das Leben nährenden, Urgrund der Welt, dem Nun, erfüllt. Jeden Morgen gebiert sie den Sonnengott Re, weswegen sie auch oft mit einer Sonne dargestellt wird und jeden Abend, nachdem er als geflügelte Sonnenscheibe den Lauf des Tages vollendet hat, nimmt sie ihn wieder in sich auf. Dieser Vorgang der Verwandlung wird im erweiterten Mythos von Isis, deren Gatten Osiris und Sohn Horus beschrieben. Horus ist die neugeborene Sonne – auf manchen Abbildungen hält Isis ihn in ihren Armen. Er beherrscht den äußeren Himmel. Osiris steht für die nicht mehr sichtbare, die dunkle, die gestorbene Sonne im Reich der Nacht. In Isis zeugt Osiris den Horus, der am Morgen geboren wird, heranwächst, reift und altert. Abends wird er im Sterben wieder zu seinem Vater Osiris, der sich in den Leib seiner Gattin Isis senkt. Demnach gehören zum täglichen Sonnenlauf drei göttliche Wesen: Vater, Mutter und Sohn. Das Sonnenwesen selbst bleibt sich immer gleich, allein seine Erscheinungsform wechselt. Am Tage zeigt es seine strahlende, sinnliche Seite, nachts seine schöpferische. Beide Aspekte gehören untrennbar zum Sonnengott, sie sind alternierende Weisen seines Seins.

Die römische Marmorskulptur aus dem 2. Jahrhundert n. Chr. stammt aus der Antikensammlung des Kunsthistorischen Museums in Wien und zeigt Isis, die ägyptische Muttergöttin.

Durch die Götter legitimiert, ließen die Pharaonen glanzvolle Städte, Pyramiden und Tempel bauen. Unter Ramses II. (1290–1224 v. Chr.) entstand der legendäre Felsentempel Abu Simbel, der zwischen 1964 und 1968 einem Stausee weichen musste. Man hat ihn in 1036 Blöcke zersägt und 60 Meter von seinem ursprünglichen Standort entfernt wieder errichtet.

Das Totenbuch

Die »Pyramidentexte« entstanden zwischen 2350–2175 v. Chr. Es handelt sich dabei um Schriften, die bedeutenden Toten ins Grab mitgegeben wurden, um sie im Jenseits mit dem erforderlichen Wissen auszustatten. Vor den Augen gewöhnlicher uneingeweihter Menschen wurden diese Texte an unzugänglichen Stellen verborgen, z. B. auf den Innenwänden bestimmter Pyramiden.

Die strenge Geheimhaltung der Geschehnisse im Totenreich lockerte sich im Laufe der Zeit. Es entstanden auch an allgemein zugänglichen Grabmonumenten von Mitgliedern des Adels Inschriften und Bilder. Später entwickelten sich daraus die so genannten Sargtexte. Diese Sammlung von Sprüchen wurde auf die Seiten der hölzernen Sarkophage geschrieben. Nach 1700 v. Chr. fasste man diese Texte zum Ägyptischen Totenbuch zusammen.

Auf Papyrusrollen, die den Verstorbenen mit ins Grab gelegt wurden, beschrieb man darin den Weg der Seele nach dem Tod.

Ein Papyrus des Totenbuchs aus dem Pariser Louvre.

zu gelangen. Dort wird das Herz des Verstorbenen in der einen Schale mit der wahren Ordnung der Welt – repräsentiert durch das Symbol der Göttin Maat in der anderen Schale – aufgewogen. Das Urteil notierte der weise Schreiber unter den Göttern, Thot mit dem Ibiskopf. Es bestimmt so den weiteren Weg des Ba im Totenreich, der im Ägyptischen Totenbuch beschrieben ist. Erst wenn die Durchquerung des »Feuersees« im Anschluss an das Totengericht die dem Ba noch anhaftenden Begierden und Übel ausgebrannt hat, kann die Seele ihren postmortalen Weg fortsetzen und sich zu einem unvergänglichen Geist (Ach) verwandeln. Als göttliches Wesen kann der Ach an der Fahrt der Sonnenbarke teilnehmen und auf einen neuen Sonnenaufgang hoffen.

Ägyptisches Geheimwissen

Im Zentrum der Initiation in das ägyptische Geheimwissen stand die Einsicht in die Existenzweisen der menschlichen Wesensglieder vor der Geburt und nach dem Tod und ihr Zusammenhang mit dem mythischen Sonnenlauf: Die Sonne als Sonnengott Ra zieht tagsüber westwärts, bis sie den Mund der Göttin Isis in Gestalt der Himmelsgöttin Nut erreicht. Abends wird die Sonne von Nut geschluckt und nachts durchquert sie den Körper der Göttin, der erfüllt ist vom Leben nährenden Welturgrund namens Nun. Am nächsten Morgen gebiert Nut die Sonne wieder aus ihrem Schoß.

Vor allem das Wissen von der Verwandlung des Sonnengottes auf seiner nächtlichen Fahrt durch die Unterwelt war ein streng gehütetes Mysteriengeheimnis. Nur der Pharao und die Priester-Gelehrten hatten ein tiefes Verständnis von der lebenserneuernden Kraft, die von jenem gewaltigen Wesen ausgeht, das in allen Erscheinungen der Natur und des Kosmos wirkt.

Esoterische Texte

Ursprünglich wurde solches Wissen nur in den königlichen Bestattungskammern festgehalten. Da man ein Leben nach dem Tod für sicher hielt, sollten die ehrenwertesten Mitglieder jeder Gesellschaft in den jenseitigen Gefilden nicht unwissend und für alle möglichen Geschehnisse und Begegnungen gewappnet sein. Mit den Jahren begrub man mit den Toten auch die Standesdünkel: Jedem Verstorbenen sollte nun das Recht gegeben werden, sich wissend im Jenseits zu orientieren. Es entstand das Ägyptische Totenbuch, das auch gewöhnlichen Sterblichen zugänglich war.

Im Tal der Könige bei Theben finden sich neben den Grabanlagen zahlreiche bemalte Reliefs mit religiösen Texten und Darstellungen. Dieses Bild zeigt beispielsweise Anubis, der auch als Totengott und als Schutzherr der Gräber verehrt wurde, in der Gestalt eines schakalköpfigen Menschen. Oft wurden die Götter mit Tierköpfen als Sinnbild für animalische Kräfte versehen.

Der Mensch im Zentrum des Kosmos, fähig zu den Sternen zu greifen.

Platon und der Neuplatonismus

Sokrates (470–399 v. Chr.) und seine Schüler sind in dieser Szene beim »Gastmahl des Platon«, dem legendären philosophischen Streitgespräch, dargestellt. Platon war ein Schüler Sokrates' und gab dessen Lehren in seinen Schriften weiter. Fresko in der Universität Halle von Gustav Adolph Spangenberg (1828–1891)

Es waren die Ideen Platons (427–347 v. Chr.), die nachhaltig das Denken des Abendlandes beeinflussten. Dennoch waren die Originalwerke des griechischen Philosophen bis in das Zeitalter der Renaissance praktisch unbekannt. Bis dahin wurden sie über die so genannten Neuplatoniker vermittelt. Der Neuplatonismus war eine systematische Philosophie der Spätantike (3.–6. Jahrhundert n. Chr.), in welcher die mystischen Dimensionen der Lehren Platons weiterentwickelt und mit orientalisch-religiösen Ideen vereinigt wurden. Diese Strömung bildete zugleich die philosophische Grundlage für Magie und Geheimwissenschaften.

Schon Platon hatte bestimmte Ideen aus der indischen mystischen Philosophie entnommen. Beispielsweise seinen Mythos von der Wahl der Lebensschicksale im vorgeburtlichen Zustand der Seele. Darin spiegeln sich die indischen Lehren der Seelenwanderung und der Tatvergeltung (Karma) wider. Solche Vorstellungen übten auf die Neuplatoniker große Faszination aus.

dieser Kette wieder zum Gipfel alles Seins emporzusteigen.

Durch besonderes Bemühen vermag das Wesen des Menschen zu jenen Sphären zurückzukehren, aus denen es ausgestrahlt ist. Da der Mensch im Innersten seines Kerns nie alle höheren Ebenen bis in die Ureinheit verloren hat, steht ihm der Weg der vollständigen Rückkehr offen. Platon war der Auffassung, dass sich die Einsicht in das Eine als Folge geistiger Anstrengung in Form einer Erleuchtung einstellt.

Dieser Feuerfunken in der Seele, einmal entzündet, »nährt nunmehr sich selbst«, wie Platon im berühmten siebten seiner zwölf erhaltenen Briefe schrieb.

Rückkehr zum absoluten Geist

Platon hatte den grundsätzlichen Gegensatz zwischen »dem Einen« (auch »das höchste Gute«) und »der unbestimmten Zweiheit« gelehrt. Die materielle Welt sei als eine »goldene Kette« geordnet, die vom Einen bis zum letzten Abglanz des Seins im Materiellen hinabreiche, Ebene mit Ebene wesenhaft verbindend. Aufgabe des Menschen ist es, entlang

Der Mystiker Iamblichos von Chalkis

Der hellenistische Philosoph und Mathematiker Iamblichos von Chalkis (um 250–330) verwandelte die neuplatonische Lehre in eine orientalisch ausgerichtete, mystische Offenbarungsreligion.

Er schuf ein hierarchisches System aus überweltlichen Gottheiten, denen zunächst 360 innerweltliche Götter folgen und danach Engel, Dämonen, Heroen und Naturgötter. Iamblichos war insbesondere an Wahrsagekunst (Mantik), zahlenmystischer Mathematik und weißer, Nutzen bringender Magie (Theurgie), interessiert.

Seiner Ansicht nach ermöglichten es diese Techniken dem Menschen, in mystischer Versenkung der Gottheit näher zu kommen. Sein Buch »Von den Mysterien« (De mysteriis) übte einen bedeutenden Einfluss auf die Entwicklung von Magie und Geheimwissenschaften in der Renaissance aus.

IAMBLICHVS
DE MYSTERIIS
AEGYPTIORVM,
Chaldæorum, Aſſyriorum.

*

PROCLVS in Platonicum Alcibiadem de Anima, atque Dæmone.
Idem de Sacrificio & Magia.
PORPHYRIVS de Diuinis atq; dæmonib.
PSELLVS de Dæmonibus.
MERCVRII Triſmegiſti Pimander.
Ejusdem Aſclepius.

QVOD TIBI FIERI NON VIS, ALTERI NE FECERIS

OANNEM TORNAESIVM.
CIↃ. IↃCVII.

Titelblatt aus Iamblichos Werk »Von den Mysterien«, das im späten Mittelalter und in der Neuzeit großen Einfluss auf die neuplatonischen Lehren hatte.

Im Mittelalter stellte man sich den Kosmos stufenartig aufgebaut vor. In einem Kupferstich hat Gregor von Welling (s. u.) den Sphärenaufbau der Welt dargestellt: Die Welt im Zentrum wird von konzentrischen Sphärenringen umhüllt, die u. a. den Himmel mit den Wolken, die unendliche Ewigkeit und den Ort repräsentieren, wo Gottes Thron steht.

Sehnsucht nach dem Ursprung

Den Neuplatonismus kann man als Philosophie mit starken religiösen Momenten charakterisieren. Er überwand die einflussreichen mystischen Lehren der Gnosis mit ihrem unversöhnlichen Gegensatzdenken von Geist und Materie, das damals außerordentlich populär war, indem der verkörperte Mensch als Endpunkt in einer Kette stufenweiser Verdinglichung des Geistes verstanden wurde. Als Begründer des Neuplatonismus gilt der griechische Philosoph Plotin (um 205–270). Seine Philosophie setzt als Quelle allen Seins das eigenschaftslose Ur-Eine voraus, womit Gott oder »das Gute« bezeichnet wird. Dieses Ur-Eine verstreut sich, indem es in die unbestimmbare Finsternis des Stoffes hineinstrahlt. Aus ihm gehen durch Ausstrahlungen (Emanation) der Weltgeist, die Weltseele und alles Leben hervor. Im Gegensatz zum biblischen Gott, der durch einen Willensakt die Schöpfung hervorbringt, ging Plotin von der Idee aus, dass es im Wesen des Einen liegt, durch Ausströmung alle Seinsformen hervorzubringen.

Körperwelt und Materie fasst Plotin als Spiegelungen der Ausstrahlungen des Einen im Nicht-Seienden auf. Die Seele als Bindeglied empfängt vom Geist die Ideen. Diese Ausstrahlungen erscheinen als die in der Menschenseele aufkeimende Sehnsucht nach dem göttlichen Ursprung. So erschafft Plotins Philosophie ein fünfstufiges Weltengebäude, auf deren Bühne sich das Drama der Einzelseele abspielt, die, im Körperlichen verhaftet, die Entscheidung treffen muss, ob sie sich dem Schlechten, das heißt Körperlichen, gänzlich zuwendet oder ob sie sich zurückwendet, um

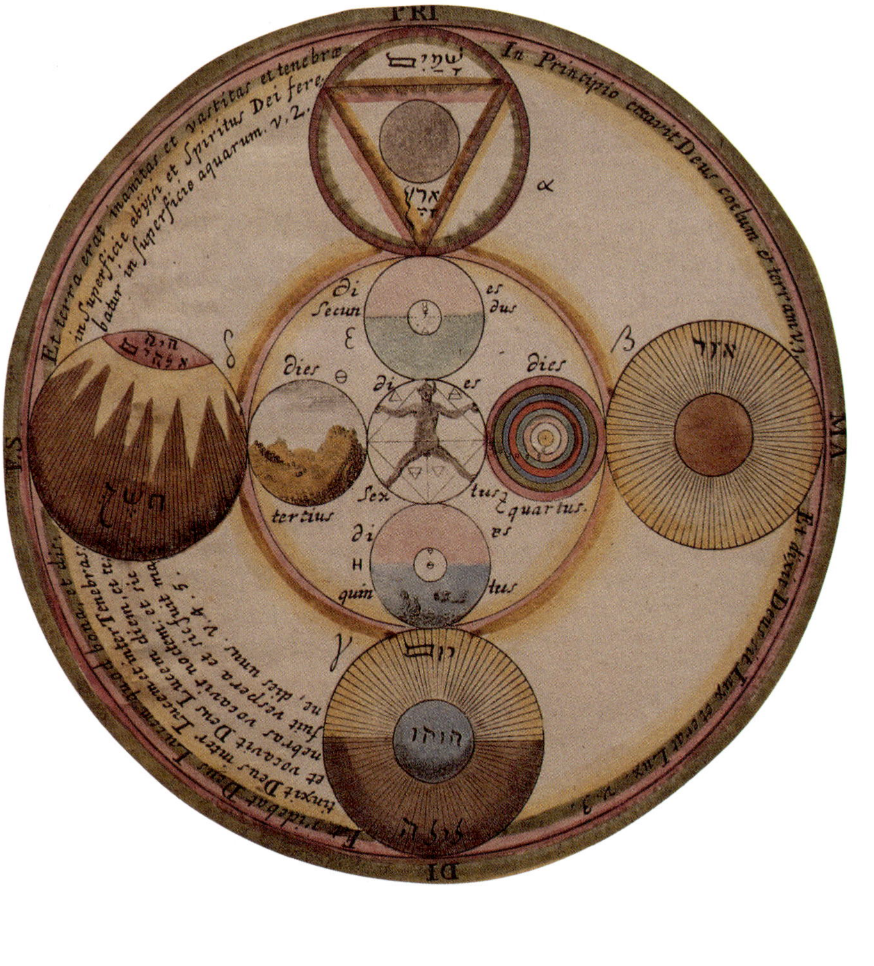

»Systema magicum universi«, das magische System des Universums in einem kolorierten Kupferstich aus dem berühmten Werk »Opus magicum cabbalisticum« (1735) des Kabbalisten Gregor von Welling.

in Ekstase bis zum Einen emporzusteigen. Der Aufstieg zum Geist wird als Heimkehr aufgefasst und ist gleichsam die Umkehrung des Prozesses der Emanation. An Platon erinnert seine Vorstellung, dass man das Eine in der ekstatischen Schau erreichen kann. So könne sich der Mensch von der Selbsttäuschung individueller Existenz befreien und sein ureigenstes Wesen, sein eigentliches Selbst, seine innere Heimat finden.
Die Wirkung des Neuplatonismus darf nicht unterschätzt werden. Das christliche Denken hat, vor allem durch die Vermittlung des Augustinus (354–430), wesentliche Elemente des Neuplatonismus übernommen. Man kann sogar davon sprechen, dass der Neuplatonismus die philosophische und wissenschaftliche Grundlage für die Theologie nicht nur der christlichen, sondern auch der jüdischen und der islamischen Religion abgegeben hat. Am deutlichsten lassen sich die Spuren dieser Philosophie in der abendländischen Mystik wiederfinden, wo der Mystiker wie der Neuplatoniker mit dem Göttlichen in der mystischen Vereinigung (Unio mystica) zu verschmelzen trachtet.

Versenkung in die Gottheit

Der Neuplatonismus entwickelte ein Stufensystem, in welchem die Materie vom absoluten Geist, dem Ur-Einen, abgeleitet wurde. Der Mensch steht somit nicht nur mit seiner Seele und seinem Geist, sondern auch mit seinem Körper in Kontinuität mit dem absoluten Geist oder Gott. Zwar gilt das Materielle als negativ. Durch spezielle Reinigung mittels asketischer Übungen, wie sie Porphyrios von Tyros (232/3–ca. 301) lehrte, kann jedoch die Versenkung der Seele in die Gottheit (Ekstase) erfolgen und die Stufenleiter zum Reich des Geistes beschritten werden.

Sphärenaufbau der Welt

Neuplatonisches Gedankengut schuf die Voraussetzungen für die Vorstellungen vom stufenweisen Weltaufbau in von Engeln und Dämonen regierten Sphären, die im Mittelalter und in der Renaissance große Bedeutung erlangten. Die grobstoffliche Erde bildete die unterste Stufe dieser Entleerung des höchsten Geistes ins Materielle. Durch seinen Geist konnte der Mensch die Entwicklung rückgängig machen und sich durch die Sphären wieder in seine eigentliche geistige Heimat aufschwingen. Die Sehnsucht nach der Verwirklichung dieses Aufschwungs, der Rückkehr zur Ganzheit und zum Einen war Grundlage aller mystischen und geheimwissenschaftlichen Systeme.

Im Palazzo Pitti in Florenz wurde in einem Fresko von Francesco Furini 1636 der Stadtherr und Förderer der Künste und Wissenschaften Lorenzo de Medici, der Prächtige (1449–1492), und die Platonische Akademie in Careggi verewigt.

Anweisung zur Gottesschau

Die systematische Gottsuche in mystischer Versenkung war das Ziel der Neuplatoniker. Im Kapitel »Anweisung zur Schau« in seinen Enneaden schreibt Plotin: »Steigen wir also wieder hinauf zum Guten, nach welchem jede Seele strebt. Wir erlangen es, indem wir nach oben hinaufschreiten, uns hinaufwenden, bis man dann, beim Aufstieg an allem, was Gott fremd ist, vorübergehend, mit seinem reinen Selbst jenes Obere rein erblickt, ungetrübt, einfach, lauter. Wenn man dieses erblickt – von welcher Liebe, welcher Sehnsucht wird man da ergriffen in dem Wunsch, sich mit ihm zu vereinigen, und wie lustvoll ist die Erschütterung!«

Legenden und Sagen

Odysseus auf seinen Irrfahrten durch die griechische Inselwelt, König Artus und die Ritter der Tafelrunde, fliegende Drachen und die Welt der Zwerge, Elfen und Feen: Sie alle gehören zum universellen Schatz der Erfahrungen, Träume und Wünsche unserer Ahnen. Der Reichtum der Legenden und Sagen gewährt uns einen tiefen Einblick in die menschliche Seele. Sie entstanden an unterschiedlichen Orten und zu verschiedenen Zeiten als Abbilder einer Wirklichkeit, die sich der rationalen Bewertung entzieht. In den modernen Industriegesellschaften verdrängte zunächst das wissenschaftliche Denken die alten Epen, während in anderen Teilen der Welt Mythologien höchst lebendig geblieben sind. So zum Beispiel in Indien, wo die Geschichten über die großen Gottheiten den hinduistischen Glauben wirkungsvoll unterstützen.

Die Königin von Saba und ihr legendäres Reich

Die äthiopischen Herrscher leiteten ihre imperiale Würde in direkter Linie von der Königin von Saba ab. Der 1974 abgesetzte äthiopische Kaiser Haile Selassie betrachtete sich als 225. direkter Nachkomme der Königin und des Königs Salomo und leitete daraus seinen Herrschaftsanspruch ab. Umgeben von seinem Hofstaat empfängt König Salomo die Königin von Saba in Jerusalem, die ihm reiche Schätze zu Füßen legt. Ist die unsterbliche Liebesgeschichte real passiert oder entstammt sie einer biblischen Märchenwelt? Die königliche Begegnung malte der Flame Frans Francken II (1581–1642).

Die Königin von Saba hörte vom Ruf Salomos und kam, um ihn mit Rätselfragen auf die Probe zu stellen. Sie kam mit sehr großem Gefolge, mit gewaltigen Mengen Gold und Edelsteinen. Salomo gab ihr Antworten auf alle Fragen. Als nun die Königin von Saba die ganze Weisheit Salomos erkannte, da stockte ihr der Atem. Sie sagte zum König: ›Was ich in meinem Land über dich und deine Weisheit gehört habe, ist wirklich wahr.‹ Da schenkte sie dem König 120 Talente Gold, dazu eine große Menge Balsam und Edelstein.«

Antikes Gipfeltreffen

So beschreibt die Bibel eines der rätselhaftesten Gipfeltreffen der Welt. Ein mächtiger König wird von einer Frau auf die Probe gestellt, die ihm ebenbürtig an Macht wie Reichtum ist. Obwohl die Bibel keinen Eigennamen der Königin nennt, regte sie wie kaum eine andere Frau die Fantasie über die Jahrtausende hinweg an, denn ihr gehörten die prachtvollsten Schätze des Orients. Und sie wurde schließlich zur geheimnisumwitterten Legende, ihrer Ausstrahlung und ihrem Charme sollen die Männer reihenweise zum Opfer gefallen sein. Verführerisch und exotisch schön ging sie in die Dichtung und Malerei der Nachwelt ein. Selbst Hollywood-Filme setzten dieses Sinnbild der Erotik prachtvoll in Szene. Doch hat es diese Königin je gegeben? Hat die Bibel sie nur erfunden, um König Salomo ins rechte Licht zu setzen? Wann lebte sie, wie war ihr eigentlicher Name, wo lag ihr Königreich? Die archäologische Erforschung steht noch am Anfang einer spannenden Suche, bei der Orte, Zeit und Vorgänge mit detektivischem Gespür überprüft werden. Nach allem, was wir heute aus den Quellen wissen, ging es bei dem diplomatischen Besuch weniger um eine königliche Romanze als

Die legendäre Begegnung zwischen König Salomo und der Königin von Saba wurde auch in einer Szene auf dem aus dem 12. Jahrhundert stammenden Klosterneuburger Altar (Niederösterreich) festgehalten.

Theorien zur Identität der Königin Makeda

Das Nationalepos Äthiopiens behauptet, sein Königsgeschlecht entstamme einer Verbindung Königin Makedas mit Salomo. Die Geschichte kommt uns bekannt vor, möglicherweise ist dies der Name der Königin von Saba. Doch in dieser Erzählung verführt Salomo Makeda mit Hinterlist.

Ein Ansatz für historische Nachforschungen müsste demnach in Axum, der alten Königsstadt Äthiopiens liegen. Im Volk haben sich Bezeichnungen für die Stadt wie »das Bad der Königin von Saba« gehalten, doch die archäologischen Zeugnisse und datierbaren Aufzeichnungen reichen nicht so weit zurück. Dennoch ist in Äthiopien eine bis ins erste Jahrtausend v. Chr. reichende jüdische Tradition vorhanden und möglicherweise vermischten sich in den Legenden um die Gestalt der Königin von Saba biblische Berichte mit Erzählungen aus dem Minäischen Reich.

um den Ausbau einer Handelsbeziehung: ein Tauschgeschäft von Luxusgütern gegen Grundnahrungsmittel, die die Bewohner der arabischen Wüste und ihre Königin dringend benötigten.

Dämon oder Engel?

Die Königin von Saba umgibt ein seltsames, doppeldeutiges Geheimnis. Sie soll von einer Fußanomalie betroffen gewesen sein und wurde deshalb vor allem im Mittelalter häufig mit einem haarigen Klump- oder Pferdefuß oder auch einem Gänsefuß dargestellt, was sie zu einer Ausgeburt des Teufels machte. Jüdische Legenden erzählen, wie sie bei ihrer Ankunft in Salomos Palast über einen Glasboden geleitet wird. Sie glaubt, sie müsse durch Wasser gehen und hebt ihren Rock. Obwohl dabei ihre Beine sichtbar werden, verfällt ihr König Salomo. Aus dieser Verbindung soll schließlich Nebukadnezar, der später gefürchtete Herrscher von Babylonien und Zerstörer Jerusalems, hervorgegangen sein.

Während hier die Königin von Saba als dämonische Verführerin gezeigt und somit auch die männliche Angst vor einer starken Frau mit sexueller Anziehungskraft illustriert wird, wird die Fußanomalie der Königin in den christlichen Legenden ins Positive verkehrt: Als die Königin über den Kidron, im Tal zwischen

Von der rätselhaften Figur der Königin von Saba geht ein merkwürdiger Reiz aus, der die Menschen in verschiedenen Kulturkreisen seit Jahrtausenden beschäftigt. Im Buch Hiob wird die sonst namenlose Königin von Saba als »Lilith von Smaragd« bezeichnet, einem Namen, mit dem in der jüdischen Tradition eine Dämonin und Hexe benannt war. Die Wurzeln der Lilithgeschichte reichen aber noch viel weiter zurück. Schon 2000 Jahre vor der Aufzeichnung des Alten Testaments existierte im Gilgamesch-Epos eine Lilithgestalt, die später mit der der Königin von Saba verschmolzen wurde. Giambattista Tiepolo (1696–1770) stellte im Dogenpalast zu Venedig gleichsam programmatisch den Einzug der Königin von Saba in den Palast des weisen Königs Salomo in hochbarocker Prächtigkeit dar.

Einige Forscher sehen in der ägyptischen Pharaonin Hatschepsut (1490–1468 v. Chr.) die Königin von Saba. Demnach ruht die sagenhafte Königin im »Tempel der Hatschepsut« im Tal der Könige.

Jerusalem und dem Ölberg, schreiten will, hat sie eine prophetische Vision. Aus den Holzbalken der Brücke wird einstmals das Kreuz gezimmert werden, an dem Jesus sterben wird. Da sie die Holzbalken nicht betreten will, watet sie durch das Wasser, wo ihr verkrüppelter und dämonischer Gänsefuß auf wunderbare Weise in einen Mädchenfuß verwandelt wird. So ist die Königin von Saba zu einer frühen Prophetin Christis, dem kommenden Erlöser der Welt, geworden. Im Islam wird sie sogar als eine Anhängerin Allahs dargestellt.

Das Rätselland Saba

Ist die Königin von Saba nur ein Produkt der Fantasie? Keineswegs, meinen viele Forscher. Das Reich von Saba hat tatsächlich existiert. Es war das legendäre Weihrauch- und Goldland Arabiens und wird von vielen Wissenschaftlern im Nordosten des heutigen Jemens vermutet. Der deutsche Altertumsforscher Rolf Beyer gibt auch zu bedenken, dass in der arabischen Frühgeschichte mehr Königinnen als Könige regierten. Ebenso könnte die geheimnisvolle Regentin eine Nomadenkönigin gewesen sein, die einem schriftlosen Volk angehörte. Da sie mit »schwerem Aufgebot« nach Jerusalem kam, so Beyer, hält er als wahren Hintergrund der zahlreichen »Geschenke« auch eine militärische Bedrohung für möglich.

Regentin von Ma'in

Die mitgebrachten Geschenke lassen weitere Schlüsse auf das Herkunftsland zu. Balsam, also Weihrauch und Myrrhe, gab es damals nur im Südosten Afrikas oder im Südwesten der arabischen Halbinsel. In der Tat tritt im 9. Jahrhundert v. Chr. ein Königreich Saba in die Geschichte ein, das im heutigen Jemen lag. Je nach Datierung fehlen nur etwa 100 Jahre bis zur salomonischen Regierungszeit etwa um 965–926 v. Chr. Gut möglich, dass die Königin von Saba die Herrscherin des Vorläuferstaates, des Minäischen Reiches war, dessen Grenzen sich bis nach Jordanien erstreckten. Über Äthiopien hatten die Minäer direkte Handelsbeziehungen bis nach Ägypten. Ein Kontakt nach Israel wäre dann keine Besonderheit gewesen. Ausgrabungen in der damaligen Hauptstadt des Königreiches, in Ma'in, waren bislang aus politischen Gründen kaum möglich.

So bleibt vorerst das Geheimnis der sagenhaften Königin von Saba gewahrt. Ihr Mythos lebt auch ohne archäologische Beweise weiter.

Die Hatschepsut-Theorie

Der russische Wissenschaftsautor und Altphilologe I. Velikovsky (1895–1979) kommt zu der Auffassung, die Königin von Saba könne die ägyptische Pharaonin Hatschepsut gewesen sein. Er geht dabei von zwei Thesen aus. Er datiert die Pharaonendynastien durchgehend um 500 Jahre später als andere Wissenschaftler, womit er auch etliche Widersprüche der bisherigen Geschichtsschreibung klären kann. Zum anderen beruft er sich auf den Historiker Flavius Josephus (1. Jh. n. Chr.), der die geheimnisumrankte Herrscherin von Saba als »Königin von Ägypten und Äthiopien« bezeichnet. Ägyptische Reliefs berichten von einer Expedition Hatschepsuts in das »Gottesland Punt«. Damit könnte die Halbinsel Sinai gemeint sein, zumindest sprechen die auf den Tempelfriesen abgebildeten Pflanzen, die typisch für dieses Land sind, für diese Annahme. Dies wäre sicherlich die ungewöhnlichste Lösung eines uralten Rätsels.

Königin Hatschepsut, dargestellt als männlicher Pharao, mit Seschat, der Göttin der Schreibkunst. (Relief in Karnak)

Asgard – die Burg der germanischen Götter

Island soll die Heimat der germanischen Götter sein. Die Orte, an denen die Himmlischen walteten, könnten tatsächlich in der märchenhaften Landschaft existieren. Wer sich mit der mythologischen Sammlung »Edda« auf der Insel auf Entdeckungsreise macht, stößt nämlich auf verblüffende Ähnlichkeiten zwischen Realität und Überlieferung.

Die Götterburg Asgard, die Unterwelt Helheim, die Brücke zum Totenreich, die Schlupfwinkel der Dämonen und die Schlösser der Riesen gibt es wirklich. Die Verfasser der alten germanischen Sagen haben ihre Ortsbeschreibungen verschlüsselt und mit literarischen Rätseln umgeben.

Die Schauplätze der Göttermythen liegen weit draußen im Nordmeer, fernab vom europäischen Festland am Polarkeis: auf der Vulkaninsel Island.

Bis weit in das 13. Jahrhundert hinein war diese Insel die letzte Bastion des germanischen Glaubens, auf der sich auch nach der Einführung des Christentums die Vorstellungswelt und die alten Traditionen aufrechterhielten.

Auf Island entstand 1230 die »Edda«, eine Sammlung nordischer Mythen und ein Frühwerk der Weltliteratur. Sie berichtet von den Göttern und Göttinnen der Germanen, von Gottvater Odin und seinem achtbeinigen Schimmel Sleipnir, dem Gewittergott Thor und dem Sonnengott Baldur, von der listigen Loki, die stets Zwietracht in Walhall – dem Sitz der Götter – sät und von dem Fruchtbarkeitsgott Freyr, der in Liebe zur schönen Göttertochter Frigg entbrennt.

Deutsches Wortgut in den Sagen

Viele Wörter des deutschen Sprachgebrauchs entstammen ursprünglich der »Edda«. Vom Namen der Totengöttin Hel leitet sich das Wort Hölle ab, nach Gott Donar (oder Thor) ist der Donnerstag benannt und die Liebesgöttin Freya stand Pate für den Freitag.

Auch Begriffe wie Götterdämmerung, Nornen, Asen, Walhall oder Walküren sind aus der von dem isländischen Poeten und Staatsmann Snorri Sturluson (1179–1241) aufbereiteten Sammlung abgeleitet. In den prallen Schilderungen mythischer Abenteuer vom Weltanfang und Weltuntergang, von Tragödien und Komödien, verhalten sich die Bewohner Walhalls nicht anders als die Menschen auf der Erde.

Auf den Spuren der »Edda«

Für den Münchner »Edda«-Experten Walter Hansen (*1934) ist die Sagensammlung ein Reiseführer zu den verschollenen Schauplätzen des germanischen Götterhimmels. In dem Versuch, Mythologie und Geologie zusammenzubringen, entdeckte er in einem menschenleeren Gebiet Islands vermutlich die Stelle, an der der Götterbote Hermodhr in die Unterwelt geritten ist, um den ermordeten Sonnengott Baldur zurückzuholen. Hansen überquerte außerdem den Gjöll, den sagenhaften Grenzfluss zur Unterwelt und fand die Brücke zum düsteren Reich der Totengöttin Hel, die von der Sturzflut eines Wasserfalls aus einem Lavafels geformt worden war.

»Sagen werden herausgefordert von der Faszination einer Landschaft«, meint Walter Hansen. »Jeder Mythos hat einen örtlichen Bezug. Ich bin überzeugt davon, dass ich den Göttersitz Asgard in Island gefunden habe, das Reiseland der frühen Edda-Dichter!«

Landschaft als Inspiration

Die Aussage klingt plausibel, stammt doch auch die Sage von Rübezahl aus dem Riesengebirge, der Mythos über den römischen Feuergott Vulcanus vom Feuer speienden Vesuv und auch der Teufelstanzplatz liegt nicht von ungefähr im nebligen Hochmoor im deutschen Harz.

Das schneeglänzende Dach der Götterburg Asgard erschließt sich dem einsamen Wanderer beim Anblick des Tafelvulkans Herdubreid im Südosten Islands. Auch Odins Hochsitz Hlidskjalf, der weithin in den Himmel ragt, kann man sehen, wie es die Sage beschreibt.

Viele weitere mystische Orte werden sich dem aufmerksamen Islandbesucher erschließen, wenn er die Edda mit den natürlichen Gegebenheiten vor Ort vergleicht. Fündig gewordene Mythologen sind überzeugt: Wer Asgard gesehen hat, hat einen Meilenstein in seinem irdischen Dasein erreicht – er hat als Lebender ins Himmelreich geschaut.

Yggdrasil – der Götterbaum

Die Weltesche Yggdrasil wird in der »Edda« als Schicksalsbaum beschrieben, ein Symbol für Werden und Vergehen der Welt. Heilige Bäume gibt es in fast allen Kulturen und die Vorstellung von Weltbäumen ist nicht auf Island beschränkt. Bäume wachsen und bewegen sich, sie rauschen wie die Stimmen der Menschen und sind Wohnstätten für viele Tiere.

Mysteriös ist, dass es zur Edda-Zeit in Island keine Bäume gab, die Vorbilder für Yggdrasil gewesen sein könnten. Vielleicht haben Einwanderer die Sage mit auf die Insel gebracht. Manche Mythologen glauben, mit der Weltesche sei das Band der Milchstraße beschrieben worden, das sich allabendlich über den Himmel spannt.

Yggdrasil, die Weltesche, ist den altnordischen Mythen etnsprechend ein immergrüner Baum im Weltmittelpunkt. Unter seinen Wurzeln entspringen das Wasser des Urwerdens und der Schicksalsquell. Buchcover aus dem Jahre 1847 zu »Mallet's Northern Antiquities«.

Arthur: König einst und für alle Zeit

Umgeben von seinen Gefährten, den Rittern der Tafelrunde, bricht König Arthur auf, das Heilige Land zu erobern. Die französische Buchillustration des 15. Jahrhunderts zeigt, wie sich hier im Bildsujet die Sagen verdichten: So wie die Tempelritter zu dieser Zeit gen Jerusalem segelten, um das Land vom Islam zu befreien, unternimmt König Arthur zusammen mit seinem Gefolge die Reise auch, um den Heiligen Gral zu finden.

Wie König Arthur selbst konnte auch Lanzelot, durch die Zauberkünste Merlins unterstützt, das Schwert aus einem Steinblock herausziehen. Diese Illustration stammt aus dem um 1470 entstandenen französischen Lanzelot-Roman »Livre de Messire Lancelot du lac« von Gautier de Moap.

Die unsterbliche Geschichte von König Arthur (auch Artus) und den Rittern seiner Tafelrunde von Camelot ist der wohl berühmteste und immer noch lebendige Mythos Britanniens: Arthur entstammte einer ehebrecherischen Liebesbeziehung zwischen dem britannischen König Uther Pendragon und Ygerna, der Frau des Herzogs von Cornwall. Uther hatte sich so leidenschaftlich in Ygerna verliebt, dass er den Zauberer Merlin dazu überredete, ihm die Gestalt des Herzogs zu geben. Dies gestattete ihm den Zugang zum Schloß Tingtagel und somit zu seiner Angebeteten. Da Merlin dem Kind ein schreckliches Schicksal vorhergesagt hat, das dem Geschlecht der Pendragons ein Ende setzen werde, entschließt sich die Mutter, mittlerweile auch die Gemahlin König Uthers, dazu, das Neugeborene in die Obhut Merlins zu geben.

Als Uther stirbt, sichert Merlin dem fünfzehnjährigen Arthur den Thron, indem es nur ihm vor allen anderen Edelleuten gelingt, aus einem Felsblock ein darin steckendes Schwert herauszuziehen. Mit seinen auserwählten Rittern unterwirft Arthur viele Länder und begibt sich auf die Suche nach dem zaubermächtigen Heiligen Gral, der ewiges Leben verleihen soll.

Sagenhafte Zeiten

Letztlich, nach vielen Abenteuern, kommt es zu einem Kampf zwischen Arthur und seinem diabolischen Sohn Mordred (in manchen Arthurromanen wird Mordred auch als Neffe Arthurs bezeichnet), in dem Mordred stirbt. Auch Arthur wird tödlich durch das Schwert seines Sohnes verletzt. Man bringt den Sterbenden nach Avalon, der Feeninsel, wo er auf wundersame Weise errettet wird. Von dort, so erzählt die Sage, werde der britische Heroe eines Tages wiederkehren und ein neues Friedensreich errichten. Ist König Arthur ein körperloser Schatten, verhüllt von einem silbernen Nebelschleier aus Zauberhand? Oder entstammt er dem tiefen Dunkel frühester Geschichte? Eines jedoch steht fest: Das Geheimnis, das ihn und seine Tafelrunde umgibt, ist in der Fantasie der Menschen lebendig geblieben bis auf den heutigen Tag.

Merlin, Prophet und Zauberer

Merlin, der einer urtümlichen Welt zu entstammen scheint, gilt als Arthurs Erzieher und Mentor. Hervorgegangen aus einer dämonischen Vereinigung – auf Camelot ging das Gerücht herum, Merlin sei das Kind einer Nonne, die von einem teuflischen Geist verführt worden war – setzt er seine magischen Fähigkeiten nur zum Guten ein. Besondere Macht hat er über Metall, Wasser und Gestein: So vermag er es, ein Schwert in einen Felsblock zu rammen, das wütende Meer zu beruhigen oder die Mauern der Burg Camelot dazu zu veranlassen, die Feinde hinabzuschleudern, wenn diese versuchen hinaufzuklettern. Er versteht es auch, sich unsichtbar zu machen, er kann das Verborgene sehen und die Zukunft prophezeien, obwohl sein Schützling Arthur seine Warnungen oft in den Wind schlug.

Leider schützen Merlins Zauberkräfte ihn selbst nicht vor menschlichen Schwächen. So wurde er etwa von Nimiane, der Dame vom See, verführt, die ihn auch dazu brachte, ihr seine Zaubersprüche und Beschwörungsformeln beizubringen. Als sie schließlich seiner überdrüssig geworden war, wandte sie einen dieser Sprüche an und verwandelte Merlin

Der Ritter Lanzelot hatte sich unsterblich in die schöne Guinevere, die Frau König Arthurs, verliebt. Sie erwiderte seine Liebe, die nicht lange vor dem Hofstaat verborgen blieb, wie in dieser Illustration des 14. Jahrhunderts angedeutet wird.

Die Fee Morgan zeigt Arthur die Untreue seiner Frau Guinevere mit Lanzelot. Buchmalerei des 15. Jahrhunderts.

Die Ehebrecherin an Arthurs Seite

Königin Guineveres sündige Liebe zu Lancelot erregte über Jahrhunderte hinweg die Fantasie. Guinevere – die »weiße Elfe« – ist verheiratet mit dem edelmütigen Arthur. Gleichwohl zieht es sie zu seinem Waffengefährten Lancelot. Von vielen begehrt, stellt selbst ihr Stiefsohn ihr nach. So warnten Ritter Laufal und Merlin den König, eine Frau mit einem »lasziven« Vorleben zur Gemahlin gewählt zu haben. Trotz einer erstaunlichen sexuellen Freizügigkeit begegnen ihr die Arthusritter mit Respekt. Ihre Anmut wird gerühmt, und sie wird die »Quelle alles Guten« genannt. Manche sehen hierin Parallelen zu der irischen Erdgöttin Mebdh, die sich selbstherrlich ihre Liebhaber erwählte.

Die Fee Morgan versuchte, ihren Halbbruder Arthur mit bösem Zauber zu ermorden. In der zweiten Hälfte des 19. Jahrhunderts gehörten Sagen und Legenden zu den bevorzugten Sujets der Kunst. Besonders der Symbolismus nahm sich der sagenhaften Vergangenheit an. Um 1862/63 entstand diese Darstellung der »Morgan le Fay« von Frederick Sandys.

Aus der »Histoire de Merlin«, der Geschichte des keltischen Zauberers, von Robert de Boron, stammt diese französische Buchmalerei des 13. Jahrhunderts. Sie zeigt die Zeugung Merlins durch den Satan mit einer reinen Jungfrau.

zeitweilig in eine Eiche. Letztlich entgeht Merlin jedoch jedem Bann, denn er ist unsterblich: Noch heute residiert er in seinem Palast auf dem Grund des Meeres.

Eine fantastische Geschichte mit einem sagenumwobenen Helden, und doch hat diese Gestalt einen historischen Kern. Wahrscheinlich spiegelt sich in ihm der kymrische, d. h. walisisch-keltische Barde Myrddin Wyllt wider, der vom Dichter Taliessin in einem Bardenverzeichnis erwähnt wird und der erste getaufte Druide war.

Verschollen im Grenzland der Sagen

Facettenreich tritt uns Arthur als mutiger Krieger und als gerechter Herrscher gegenüber. Ist dieser König nur ein Repräsentant mittelalterlicher Werte, ein Protagonist christlicher Sozialethik? Oder lebte er wirklich?

Schon vom siebten Jahrhundert an wird er in Chroniken und Balladen erwähnt. Der früheste erhaltene Hinweis auf König Arthur findet sich in dem walisischen Gedicht »Y Gogoggin« (um 600). Weitere Zeugnisse liefern lateinische Schriften aus dem 9. und 10. Jahrhundert sowie der »Mabinogion« (um 1100), eine Sammlung walisischer Sagenerzählungen.

Hier finden erstmals auch Arthurs Frau Guinevere und einige Ritter seiner Tafelrunde Erwähnung. Und um 1139 hält der englische Dichter Geoffrey de Monmouth in seiner Geschichte Britanniens, »Historia Regnum Britanniae«, die Grundzüge der Arthurgeschichte, wie wir sie heute kennen, fest.

Die Sage um König Arthur wurzelt wohl in der keltischen Mythologie und wurde in späteren Überlieferungen immer wieder erweitert. Der legendäre Ritter Arthur aber, darüber sind sich die Historiker einig, ist keineswegs ein literarisches Phantom. Er hat real gelebt! Der walisische Verfasser der »Historia Brittonum«, Nennius, erwähnt ihn um 900 als einen »dux bellorum«, einen Kriegsherrn, der gegen die eindringenden Sachsen ankämpfte.

Der britische Historiker Professor Geoffrey Ashe hat akribisch nachgewiesen, dass sich hinter Arthur somit ein britisch-römischer Offizier des 5. Jahrhunderts verbirgt, der in das von den Römern zurückgelassene Machtvakuum vorstieß und die Kelten in großen Schlachten gegen die heidnischen Angelsachsen führte.

So wurde er schon von seinen Mitstreitern als Kriegsführer und Held verehrt und blieb als Erneuerer der alten Ordnung in Erinnerung.

Königliche Spuren

Um 450 lässt sich quellenkundlich ein britisches Hochkönigtum belegen. Jordanes, der 551 die »Geschichte der Goten« verfasste, nennt diesen König sogar namentlich: Riothamus, der auf dem Seewege mit 12.000 Mann dem römischen Kaiser Anthemius zur Hilfe eilte. Mit sprachwissenschaftlichen Methoden hat bereits 1959 Professor K. Jackson einige sagenumwobene Schlachten, Orte und Ereignisse aus dem 5. Jahrhundert identifiziert. Demnach könnte Cadbury Castel (Camalat) in Somerset Camelot gewesen sein. Dadurch erhält ein Bericht aus dem 12. Jahrhundert Glaubwürdigkeit, wonach Mönche der nahen Abtei Glastonbury ein Bleikreuz auf dem Friedhof fanden, auf dem in lateinischer Schrift geschrieben stand: »Hier liegt der berühmte König Arthur begraben.« Darunter entdeckten sie einen Sarg mit männlichen und weiblichen Gebeinen. 1962 stießen Archäologen an der bezeichneten Stelle tatsächlich auf einen alten Schacht.

1986 rekonstruierte Professor Norma Lorre Goodrich das Leben eines historischen König Arthur in den »Borders«, der Grenzregion zwischen Schottland und England. Sämtliche militärische Strategien, religiöse Praktiken und die Sprache weisen den Arthur-Zyklus als absolut authentische Berichte aus. Alle diese Quellen und Hinweise sind zu genau, um die Gestalt König Arthurs im Reich der Sagen zu belassen, zu lebendig ist in vielen Gegenden Britanniens die Erinnerung an seine Schlachten. So ist es König Arthur gelungen, aus seinem verwunschenen Sagenland in die Gegenwart des 21. Jahrhunderts zurückzukehren.

Glastonbury war schon vor dem Christentum eine geheiligte Stätte gewesen. Der »Tor«, der legendenumwobene Hügel, der sich über dem Ort erhebt, ist mit einem Netz von Wegen überzogen, die als Reste eines prähistorischen Labyrinths gedeutet werden. Es entstand die Idee, dass diese Wege bei einem zeremoniellen Gang durch einen Irrgarten benutzt worden sein könnten, der die Gralssuche symbolisierte, wobei ein vorchristliches Ritual zu einem christlichen Mythos verwandelt worden sei. Archäologen, die den »Tor« studierten, ziehen eine solche Theorie durchaus in Betracht.

Auf dem Friedhof der Abtei von Glastonbury soll sich das Grab König Arthurs befinden. Nach einer anderen Überlieferung ließ sich Lanzelot, nachdem er von seiner Geliebten Guinevere Abschied genommen hatte, in der Nähe von Glastonbury als Einsiedler nieder.

Die Insel Avalon

Avalon, die »Apfel-Insel«, wie man sie von ihrer ethymologischen Wurzel auch bezeichnen kann, wurde schon von vielen Dichtern und Forschern gesucht: Manche erkennen in ihr einen Landstrich in der Gegend von Somerset, der besonders reich mit Äpfeln gesegnet ist, andere vermuten, dass Avalon die Isle of Man oder auch ein Ort in der Gegend von Glastonbury ist. Schon im 12. Jahrhundert fragte der Gelehrte Alanus: »Wo ist ein Ort innerhalb der Grenzen des Christenreiches, zu dem die beflügelten Lobpreisungen des Briten Artus nicht gelangt ist? Geht und verkündet, dass Artus tot sei. Ihr werdet kaum unbeschädigt davonkommen, ohne von den Steinen eurer Zuhörer zerschmettert zu werden«.

Die »Insel der Glückseligen«, wo Arthur auf seine Rückkehr in die Welt der Menschen wartet, wird in der Tiefenpsychologie als der »Archetypus (Urbild) des erschlagenen Helden« gedeutet. In ihm konzentriert sich die Hoffnung, dass der König in einem Goldenen Zeitalter die Ideale verwirklichen kann, die er zu Lebzeiten nicht erreichte.

An den Mast seines Schiffes gefesselt trotzt Odysseus dem Gesang der Sirenen. Seine Männer haben die Ohren mit Wachs verschlossen, um den Verlockungen der Inselbewohnerinnen zu entgehen. (Röm. Mosaik, 3. Jahrhundert n. Chr., Dougga, Tunesien)

Die Heldentaten des Odysseus

Homer gilt als Verfasser der »Ilias« und der »Odyssee«.

Zehn Jahre kämpft er im Trojanischen Krieg, zehn Jahre irrt er anschließend über das Meer. Sein Leben ist von unmenschlichen Gefahren und von seiner unsterblichen Liebe zur Gattin Penelope geprägt – Odysseus, der König von Ithaka. Über den mutigen Helden werden in Griechenland noch heute die abenteuerlichsten Geschichten erzählt. Bekannt wurde er durch zwei klassische griechische Epen, »Ilias« und »Odyssee«. Ersteres beschreibt Odysseus' Mitwirken am Trojanischen Krieg, letzteres nimmt sich seiner zehn Jahre dauernden Irrfahrten über das Meer an.

Die Ilias

Die »Ilias«, als deren Verfasser der griechische Dichter und Philosoph Homer (8. Jahrhundert v. Chr.) gilt, ist das älteste erhaltene Großepos der europäischen Literatur. In über 16.000 Versen schildert Homer die entscheidenden Tage im letzten des insgesamt zehn Jahre dauernden Trojanischen Kriegs. Zahlreiche »private« Episoden unterbrechen die kriegerischen Auseinandersetzungen; eine menschliche und eine göttliche Handlung sind miteinander verwoben.

Als dies nicht geschieht, kommt es zum Krieg. Dieser wird, und das ist sowohl in der »Ilias« als auch in der »Odyssee« faszinierend, von den Vorlieben und Abneigungen der griechischen Götter geprägt. Sie teilen sich in zwei Lager. Die einen werden zu Odysseus' Feinden, die anderen zu seinen Freunden.

Als Motiv für den Trojanischen Krieg wird in der »Ilias« die Entführung der schönen Helena, der Königin von Sparta, durch Paris, den Sohn des trojanischen Herrschers Priamos, genannt. Als Menelaos, Helenas königlicher Gemahl, ihr Verschwinden bemerkt, ruft er die tapfersten Männer Griechenlands, unter ihnen Odysseus, zusammen. Gemeinsam ziehen sie nach Troja und fordern die Rückgabe Helenas.

Götter mit menschlichen Zügen

Der Verfasser der »Ilias« setzt mythologische Grundkenntnisse voraus. Erst sie führen zum richtigen Verständnis der göttlich manipulierten Geschehnisse im Trojanischen Krieg und der Rolle des Odysseus im Gefolge von Menelaos.

So genießt der Trojaner Paris den Schutz von Aphrodite, der Göttin der Liebe. Sie hatte er

Der listenreiche Odysseus

Odysseus, Sohn des Laërtes und der Antikleia, war für seine Schläue und für sein Geschick bekannt. Dem Trojanischen Krieg gingen zwei seiner trickreichen Ideen voran: Penelope war die Tochter von Tyndareos, Bruder von Ikarios, dem König von Sparta.

Im Zuge der Antikenverehrung malte im Zeitalter der Klassik Jean-Auguste-Dominique Ingres (1780–1867) Odysseus als Denker.

Als Helena, die Tochter Ikarios', verheiratet werden sollte, reihte sich Odysseus – mit dem Ziel, Penelope, Helenas Cousine, zur Frau zu bekommen – unter Helenas Freiern ein. Als Odysseus sah, wie sich die Kandidaten zankten und wie verzweifelt Ikarios deswegen war, schlug er diesem einen Handel vor: Penelope gegen eine Idee, die zänkischen Bewerber zu versöhnen. Odysseus ließ die Männer einen Eid schwören: Derjenige, der zum Gatten Helenas gewählt würde, solle künftig vom Rest der Verehrer gegen jedes Übel beschützt werden. Menelaos hieß der Auserwählte, die verschmähten Anbeter gelobten ihm Treue – und Odysseus kehrte mit Penelope als Frau nach Ithaka zurück.

Odysseus' zweiter Schachzug: Als Helena nach Troja entführt wurde und Menelaos in den Kampf um ihre Befreiung zog, wurden die einstigen Freier an ihren Treueschwur erinnert. Odysseus, dem prophezeit worden war, dass er seine Familie viele Jahre nicht wiedersehen würde, wenn er in den Kampf um Troja zöge, stellte sich verrückt. Einer der Männer, die Odysseus holen kamen, deckte den Schwindel auf und Odysseus löste widerwillig sein Versprechen ein.

Die inselreiche Ägäis ist Schauplatz der abenteuerlichen Heimfahrt Odysseus'. Die häufig zerklüfteten und unwirtlichen Küsten wären beinahe auch Odysseus zum Verhängnis geworden.

Odysseus, dargestellt in einer römischen Marmorplastik um 50 n. Chr.

einst in einem göttlichen Streit zur schönsten aller Göttinnen gewählt – allerdings nur, weil sie ihm dafür die schöne Helena versprach. Aphrodites damalige Konkurrentinnen Hera und Athene haben Paris diese Entscheidung nie verziehen. Im Kampf um Troja beschützen sie deshalb Menelaos und Odysseus, die Feinde von Paris. Vor allem Athene ist entscheidend in die Eroberung von Troja einbezogen.

Das Trojanische Pferd

Ihr Schützling Odysseus hat im Kampf um Troja die ausschlaggebende Idee: Ein hohles Holzpferd wird vor den Toren Trojas aufgestellt und als Opfergabe an Athene getarnt. Im Bauch des Pferdes befinden sich die tapfersten Krieger des Menelaos.

Offiziell tritt der Rest der Griechen den Rückzug an, während die ahnungslosen Trojaner das Pferd in ihre Stadt holen. Nachts aber kommt die griechische Flotte zurück, und die Krieger im hölzernen Pferd öffnen ihnen die Stadttore. Gemeinsam nimmt man Troja in einem Überraschungsangriff ein.

Der wahre Krieg

Ob es sich wirklich so zugetragen hat? Fest steht, dass es tatsächlich einen solchen Krieg gab. Altertumsforscher sehen in ihm jedoch mehr einen Handelskrieg, denn eine private

Fehde zwischen zwei Liebhabern. Mit seiner Lage südwestlich der berühmten Meerenge Hellespont, heute Dardanellen, dominierte Troja einst den ganzen Handel von der Ägäis bis ins Marmara- und Schwarze Meer. Als Troja gefallen war, wurde Athen zur Handelsmacht.

Die Odyssee

Nachdem nun der Kampf um Troja gewonnen ist, möchte Odysseus wieder zu Penelope und dem gemeinsamen Sohn Telemachos nach Ithaka zurück. Ihm wurde zwar prophezeit, dass er nach dem zehnjährigen Krieg noch weitere zehn Jahre auf dem Meer herumirren würde, doch der Held steuerte trotzig die Heimat an.

Tatsächlich aber kommt Odysseus noch ein weiteres Jahrzehnt nicht nach Hause. Er muss Abenteuer um Abenteuer, ungünstige Winde und vor allem den Zorn des Meeresgottes Poseidon überstehen. Viele Historiker sind der Meinung, die Odyssee sei ein Reisebericht rund um die Insel Sizilien. Der englische Schriftsteller Samuel Butler (1835–1902) sah in der Odyssee zudem noch das Werk einer Dichterin. Philologen geben Butler Recht: Sie zweifeln daran, dass Homer auch der Verfasser dieser Sage war. Angeblich liegt zwischen Ilias und Odyssee mindestens eine Generation. Zudem herrsche in der Odyssee ein »Übergewicht weiblicher Interessen«.

Als Beispiel sei nur der romantische krönende Abschluss der Irrfahrten, das Wiedersehen von Odysseus und Penelope genannt: Zeus verlängerte die Nacht, damit Odysseus und Penelope länger beisammen sein konnten.

Wie auch der Quell- und Waldgott Silen halb Menschengestalt, halb Tier ist, so erscheint auch die berühmte Sphinx – hier mit Ödipus – als Tiermensch.

Analyse einer Heldensaga

Jahrzehntelang bemühten sich Psychologen, die Abenteuer und Motivationen von Odysseus zu entschlüsseln: obwohl Spielball im Reigen der Götter, zeichnet sich der Held durch einen starken eigenen Willen und wenig Gottgefälligkeit aus. Homer oder wer auch immer die Odysse geschrieben haben mag, entwickelte hier ein neues Weltbild.

Der Philosoph Ken Wilber (*1947) sieht in dem Werk eine geistige Entwicklungsgeschichte verzeichnet. Odysseus markiere dabei den Aufbruch des menschlichen Bewusstseins, den Übergang vom Herdentier zum selbstbewussten Individuum.

Nach Wilber ist der heutige Mensch auf Stufe Vier (von Acht denkbaren Stufen) angelangt: Er befindet sich exakt in der Mitte zwischen Tieren und Göttern.

Auch in vorchristlicher Zeit wurde der Sagenkreis um Odysseus als Bild einer menschlichen Entwicklung angesehen.

Der Held überwindet bislang nicht gekannte Schrecken, trifft wunderschöne Frauen und hat trotzdem nur die Heimkehr zum Ziel. Odysseus stößt alles zu, was sich ein griechischer Seefahrer seiner Zeit ausgemalt haben kann: menschenfressende Riesen, betörende Magierinnen, todbringende Sirenen und eine Begegnung mit der Schattenwelt. Einige Wissenschaftler vergleichen den Helden seiner Mentalität nach mit einem modernen Abenteuerurlauber: Odysseus war durch Poseidon ständig in Gefahr, durch andere Götter jedoch gut beschützt. Auch der moderne Mensch sucht das Risiko mit möglichst vielen Sicherheiten.

Nach 20 Jahren trifft Odysseus Penelope wieder. Griechisches Relief um 450 v. Chr.

Stationen einer Odyssee

Odysseus, dem prophezeit wurde, dass er nach dem zehnjährigen Krieg noch weitere zehn Jahre in der Fremde sein würde, macht sich dennoch auf den Heimweg nach Ithaka – ein langer Weg. Hier ein paar seiner Stationen. Als erstes hält er sich im Land der Lotusesser auf. Seine Gefährten naschen dort von den Früchten und verlieren ihr Gedächtnis. Odysseus, der nichts gekostet hat, bringt sie mit Gewalt auf das Schiff zurück. Weiter geht es zur Insel des Aiolos, dem Hüter der Winde. Er schenkt Odysseus einen Sack mit allen Winden, bis auf den Westwind, der sie nach Ithaka bringen würde. Man kann schon die Heimat sehen, als Odysseus' Gefährten den Sack öffnen, weil sie vermuten, darin seien Wein oder Gold. Die Winde treiben das Schiff wieder aufs offene Meer hinaus. An den Sirenen und am Meeresfelsen Skylla vorbei, gelangt Odysseus auf die Insel des Sonnentitanen Hyperion. Obwohl Odysseus davor gewarnt hatte, das Vieh des Hyperion anzurühren, schlachten es Odysseus' hungrige Männer. Zeus, bei dem sich Hyperion beschwert, schickt Sturm und Blitz und bringt Odysseus wieder von seiner Route ab. Im Sturm sterben alle Männer, bis auf den Helden selbst. Das Ende des Odysseus wird zum Mythos. Der Seher Teiresias prophezeite ihm einen »Tod vom Meer«. Angeblich hat sein Sohn Telemachos Odysseus irrtümlich mit einem Speer, dessen Pfeilspitze das Rückgrat eines Stachelrochens war, getötet. Eine andere Version erzählt davon, dass Odysseus und Penelope bis ins hohe Alter glücklich waren.

Bei seiner Suche nach dem ewigen Leben findet König Gilgamesch schließlich die Pflanze, die ihm die Unsterblichkeit ermöglicht. – Doch bevor er sie pflücken kann, raubt sie ihm eine Schlange, die sie verschlingt. (Illustration aus Zabelle C. Boyajians »Gilgamesch« von 1924)

Gilgamesch – der König von Uruk

Ein trostloser Ort in der Wüste ist Warka (Irak), wie die Siedlung an der Stelle der ehemaligen Stadt Uruk heute heißt, deren Ruinen im Sand versunken sind. Und doch erblühte hier einst die erste Zivilisation der Menschheit. Vor 5000 Jahren lag Uruk in einer prächtigen Gartenlandschaft, denn der Euphrat brachte Leben spendendes Wasser in die weite Ebene Mesopotamiens. Während die Menschen einer prähistorischen Welt noch in primitiven Höhlen hausten, regierte im Land der Sumerer bereits einer der größten Könige der Geschichte. Gilgamesch, der Herrscher von Uruk, gebot über einen prachtvollen Staat. Die Nachwelt staunt noch 25 Jahrhunderte später über seine heldenhaften Taten, die im Gilgamesch-Epos überliefert sind. Dass dieses erste Menschheitsepos mehr ist als eine mythenumrankte Erzählung, ja eine geheime Botschaft enthält, das erfahren wir erst heute.

Ein spannendes Leben

»Schau seine Mauer an, die wie Kupfer strahlt ... Berühre die Schwelle, sie ist uralt!« So schrieb wehmütig vor 4000 Jahren ein babylonischer Schriftsteller. Wer in unserer Zeit Uruk besucht, wird von der imposanten Stadtmauer, die einst eine Länge von 10 Kilometer und 900 Türme aufwies, nur noch zerbröckelte Lehmziegel vorfinden. Das eindrucksvolle Festungswerk ließ, so die Berichte, König Gilgamesch, der »alles wusste, das Verborgene und das Geheime erschaute«, erbauen. Um die Mauer errichten zu können, trieb der König seine Untertanen zu solch harten Frondiensten an, dass sie sich in ihrem Leid an den höchsten Gott, Anu, wandten.

Ein frühgeschichtliches Epos

Gilgamesch, der wahrscheinlich im 28. oder 27. Jahrhundert v. Chr. lebte, war der Sohn Königs Lugalbandas. Ab etwa 2600 v. Chr. bezeichnete man die Göttin Ninsun als seine Mutter und erhob ihn selbst zum Gott der Unterwelt. Bereits aus dieser sumerischen Epoche sind bildliche Darstellungen bekannt. Ab 1900 v. Chr. sind epische Schriften vorhanden. Eingeritzt auf zwölf Tontafeln wurde das Werk in der verschütteten Bibliothek von Ninive, die aus dem 7. Jahrhundert v. Chr. stammt, wiedergefunden. Auf diese Weise konnten zahlreiche geographische und kulturabhängige Angaben geprüft und als korrekt identifiziert werden.

In Uruk wurden zahlreiche Keilschrifttafeln gefunden. Diese Tontafel stammt aus der Seleukiden-Dynastie (305–65 v. Chr.) und beinhaltet einen astrologischen Text mit Darstellungen eines Raben, eines Sterns und einer Frau.

In einem Kahn, vom Bootsmann, der die Untiefen des wilden »Wasser des Todes« kennt, sicher geleitet, überquert Gilgamesch das Meer. (Illustration aus Zabelle C. Boyajians »Gilgamesch«)

Auf Anus Befehl erschafft nun die Göttin Aruru einen Feind des Gilgamesch namens Enkidu. Enkidu lebt in Eintracht mit den wilden Tieren und rettet sie vor den Jägern. Diese beschweren sich bei Gilgamesch. Der Herrscher greift zu einer List. Die Dirne Schamchat soll Enkidu verführen, um ihn der paradiesischen Natur zu entfremden, was ihr auch gelingt. Enkidu sinnt auf Rache. Es kommt zum erbitterten Kampf mit Gilgamesch, und doch werden beide schließlich zu Freunden. Zusammen ziehen sie aus, um einen Dämonen namens Chumwawa zu töten, dem Enkidu schließlich das Haupt abschlagen kann.

Der Schicksalsweg

Daraufhin verliebt sich die Göttin Ischtar in den jungen Herrscher. Aber dieser lehnt ihre Liebe ab. Gedemütigt hetzt sie den Himmelsstier auf die Helden, denen es jedoch gelingt, den Stier mit einem Schwerthieb zu töten. Zur Strafe für diese Untat beschließen die Götter den Tod Enkidus. Das Schicksal Enkidus macht Gilgamesch seine eigene Sterblichkeit deutlich und er macht sich auf die Suche nach dem Geheimnis des ewigen Lebens. Schon im Besitz einer unsterblich machenden Pflanze verliert Gilgamesch diese an eine Schlange. Der Tod, so wird dem König klar, ist das Schicksal aller Menschen. Geläutert kehrt er nach zahlreichen Gefahren als weiser Regent zurück nach Uruk. Damit findet die Dichtung ihren Abschluss.

Gilgameschs geheime Botschaft

Was ist Legende, was ist Wahrheit in der Geschichte von dem heldenhaften Gilgamesch? Zwei außergewöhnliche Lösungen haben sich vor kurzem herauskristallisiert. Der Altorientalist Dr. Werner Papke (*1944) von der Universität München veröffentlichte 1994 seine Aufsehen erregende Arbeit, in der er belegt, dass im Gilgamesch-Epos eine geheime Botschaft versteckt wurde. In ihm wird mythologisch verschlüsselt das astronomische Weltbild der Sumerer wiedergegeben. Das Sensationelle daran: Lange vor antiken Astronomen kannten sumerische Gelehrte bereits die Gesetze der Planetenbewegungen. Und so ist auch nicht, wie bisher angenommen, Hipparch von Nikaia (180–125 v. Chr.) der Begründer der wissenschaftlichen Astronomie.

Die Sumerer hatten schon sehr exakt die »Präzision« errechnet, also scheinbare Schwankungen des Sternenhimmels aufgrund der Kreiselbewegung der Erdachse. »Mit dieser Wiederentdeckung müssen die Anfänge der Zivilisation neu überdacht werden,« schreibt der Wissenschaftshistoriker W. Papke. »Es bietet sich uns ein grandioses Panorama kultureller Zusammenhänge: Im Lichte der altbabylonischen Astronomie, der Grundlage der chaldäischen Sternenreligion, ergeben scheinbar vertraute Überlieferungen plötzlich einen neuen Sinn.«

Gilgameschs Ahnen

Einen anderen Ansatz vertreten der US-Historiker Zecharia Sitchin (*1920) und der deutsche Philologe Dr. Hermann Burgard (Saarbrücken): Gilgamesch hatte Kontakt zu prähistorischen Raumfahrern von fernen Sternen. Burgard kann seine Argumentation sprachwissenschaftlich durchaus rechtfertigen. Die Sumerer sprachen nämlich keineswegs von Göttern, sondern von DINGIR-Wesen. Das Substantiv DIN lässt sich u. a. mit »Gebieter/Entscheider« übersetzen, GIR bedeutet Flugkörper«. Die Gebieter aus den Flugkörpern führten nach den vorliegenden Texten einen »auf- und absteigenden Verkehr« mit dem »Himmel« durch, wo sich eine »leuchtende Konstruktion der Gebieter« befand. Dorthin gelangten sie mit dem »MUL.APIN«. Die Sprachwurzel dieses Begriffes lautet: »Objekt, das den Himmel durchpflügt«.

Auf einer assyrischen Tontafel wird detailliert beschrieben, wie ein solches DINGIR-Wesen Gilgamesch ein seltsames himmlisches Gefährt anbietet. Es war aus Metall, besaß Räder und Flügel, die »rotierten und von Wind machenden Geräten getrieben« werden. Wer würde da nicht an einen Hubschrauber denken? Die Zukunft wird vielleicht zeigen, ob sich diese Hypothese bestätigen lässt.

Das Astropoem

Nach der modernen Neuinterpretation Werner Papkes projizierten die Sumerer ihre poetische Heldendichtung an den Sternenhimmel. Der Himmelsstier heißt im Epos »GU.AN.NA«, und so wird auch das Sternbild, das wir bis heute Stier nennen, in astronomischen Texten bezeichnet. Östlich stand das Gestirn des »treuen Hirten« (Orion). Gilgameschs Königstitel war »Er ist Uruks Hirte«. Westlich befindet sich das Zeichen des Ackermanns, das mit Enkidu identisch scheint. Im Zusammenhang mit weiteren Bildern wie dem Pflug, der Ähre oder Ischtar, zeigt sich die symbolische Bedeutung des Astropoems. Erntezeiten, Saatzeiten, Sonnenauf- und Untergangszeiten und vieles mehr werden astronomisch-metaphorisch verschlüsselt.

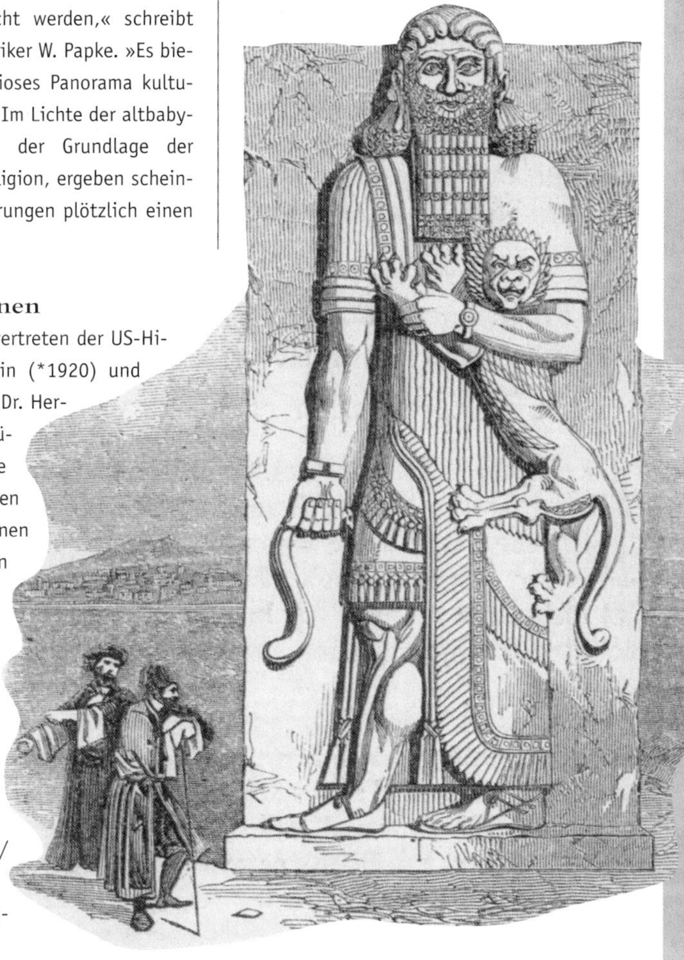

Als monumentales Steinrelief hat der Kupferstecher Layard den sumerischen König Gilgamesch dargestellt. Seine mythische Geschichte ist in einem Zyklus sumerischer Kurzepen (nach 2000 v. Chr. verfasst) und in akkadischer Sprache auf insgesamt zwölf erhaltenen Tafeln überliefert.

Auf den Spuren der Großfüße

Ein Filmzeugnis

Auf einem Amateurfilm, den Roger Patterson 1967 im nordkalifornischen Bluff Creek drehte, ist für einige Sekunden eine Art Menschenaffe zu sehen. Nach Analysen russischer und englischer Experten ist das Geschöpf »echt«. Mit einer Körpergröße von etwa 1,95 Meter und einer Schrittlänge von 1,07 Meter sei es größer als ein Durchschnittsmensch. Seine Schulter- und Hüftbreite lassen auf ein Gesamtgewicht von etwa 130 Kilogramm schließen. Da weder Gangart noch Haltung des Wesens auf dem Patterson-Film gekünstelt wirken, so die Forscher, schließe man eine Fälschung aus.

In einem stark vergrößerten Ausschnitt ist hier der Kopf des Bigfoot zu sehen, den der Amateurfilmer Roger Patterson am 20. Oktober 1967 gefilmt hat – die bislang einzige authentische Dokumentation.

Überdimensionale Fußabdrücke aus der Himalaya-Region, sensationelles Filmmaterial aus Nordamerika und furchteinflößende Erlebnisberichte aus Sibirien wollen belegen, dass es neben Mensch und Tier noch eine dritte Spezies, eine Art aufrecht gehenden Tiermenschen gibt. Dieses menschenähnliche Wesen soll groß, behaart und scheu sein. Man hat es noch nie deutlich und lange genug gesehen, um es näher zu be-

schreiben. Einzig seine Fußabdrücke, die man im Schnee und im Matsch fand, konnten bislang für Analysen des unbekannten Wesens herangezogen werden. Im nepalesischen Himalaya-Massiv, wo es erstmals bei einer Expedition im Jahr 1887 gesichtet wurde, wird das monströse Lebewesen »Yeti« genannt.
Nicht nur im Himalaya existieren yetiähnliche Kreaturen. In Nordamerika schleichen einsam Bigfeet durch die Wälder, in Kanada streunt der so genannte Sasquatch in der Wildnis herum. Auch in den Steppen Sibiriens sind menschenähnliche, behaarte Wesen, die »Almas«, bekannt und auf Sumatra haben Forscher der britischen Umweltschutzorganisation »Fauna und Flora International« jüngst Vergleichbares, den »Orang Pendek«, einen affenartigen Menschen, entdeckt.

Der Yeti

Die Sherpas in Nepal, die »Bewohner der Berge«, halten den Yeti für ein außergewöhnlich scheues Tier. Das Wort Yeti, das sich aus dem nepalesischen »Yeh« und »Teh« zusammensetzt, bedeutet »Tier aus Fleisch und Blut«. Aufgrund einer falschen Übersetzung wird er in vielen Erzählungen als »schrecklicher Schneemensch« verdammt, der ausgewachsenen Rindern das Genick brechen und schneller als ein Hund laufen kann. Wegen seiner Größe, die Sherpas berichten von drei Metern Höhe, mag der Yeti bei einer direkten Konfrontation für einen Menschen durchaus gefährlich sein, doch wie es scheint, ist der Schneemensch an solchen Begegnungen nicht interessiert. Hätte man ihn sonst nicht schon öfter in der Nähe von Menschensiedlungen gesehen?

Spuren im Himalaya

Westliche Augenzeugen berichteten bereits 1887 von ungewöhnlichen Spuren im Schnee des Himalaya-Massivs. 1925 erblickte der griechische Abenteurer N. A. Tombazi in den Bergen von Sikkim erstmals auch die dazu passende Gestalt. Tombazi beschrieb, wie das Wesen, das er sah, aufrecht ging und gelegentlich stehenblieb, um an Sträuchern zu zerren. Als das Wesen merkte, dass es beobachtet wurde, verschwand es sofort. Tombazi vermaß die auf der Flucht hinterlassenen Fußspuren, die mit einer Breite von 10 und einer Länge von 15 Zentimetern nicht den Füßen eines ausgewachsenen Menschen entsprechen.

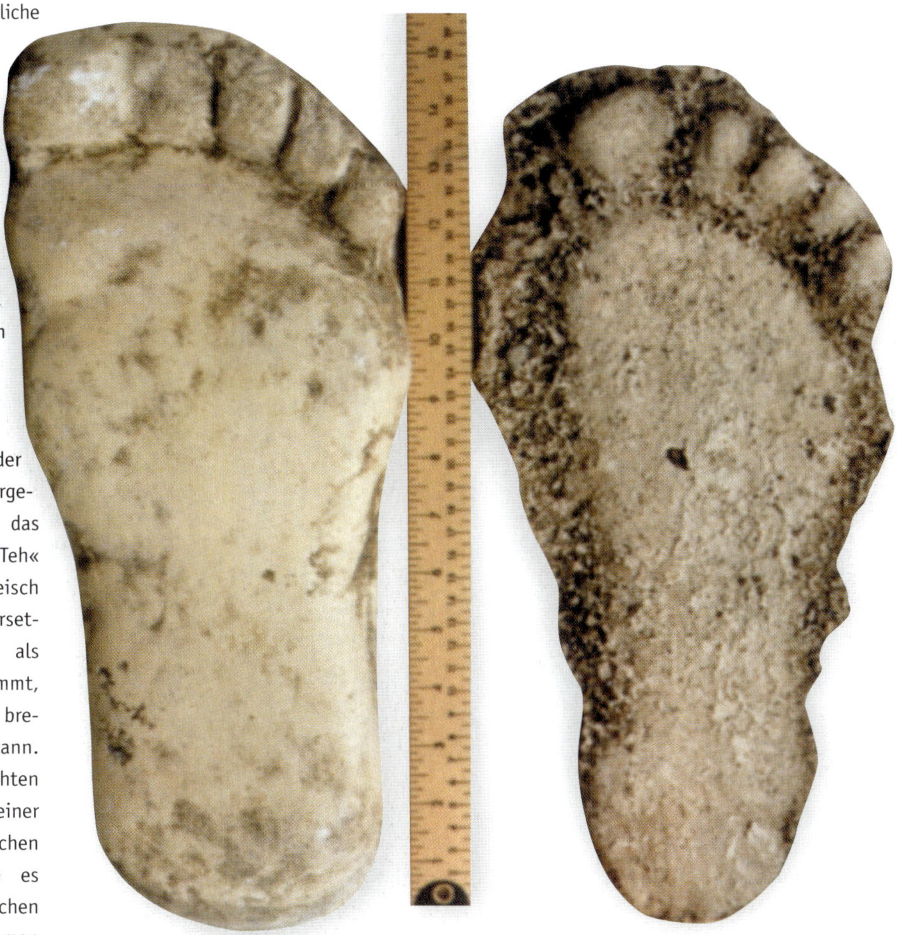

Als einer der umstrittensten, aber auch aussagekräftigsten Vertreter der Bigfoot-Theorie gilt der Amerikaner Roger Patterson. Er hatte nicht nur 1967 in einem Amateurfilm die Existenz eines Bigfoot nachzuweisen versucht, sondern glaubte auch, zweimal Abdrücke der stillen Riesen gefunden zu haben. Bereits 1958 entdeckte er in Nordkalifornien den linken Abdruck. Der Gipsnachbildung kann man entnehmen, dass er fast 40 Zentimeter (15,72 inches) misst. Den rechten spürte er neun Jahre später an dem selben Ort auf, zur gleichen Zeit als er einen Bigfoot, wie der Yeti in Amerika heißt, auf Zelluloid bannte.

Während es in den 1930er und 1940er Jahren, bedingt durch den Zweiten Weltkrieg, relativ ruhig um den Yeti wurde, konnte man in den 1950er Jahren von einer wahren Yeti-Jagd sprechen.
1951 fand die so genannte »Everest Reconnaissance Expedition« um Expeditionsleiter Eric Shipton laut der »Londoner Times« frische Fußspuren im Schnee. Dieser Fuß bestand aus drei Zehen und einem seitlichen Greifzeh. Der Abdruck war 23 Zentimeter lang

Ähnlich den Vorstellungen von Bären zur Zeit der Neandertaler, so mag wohl der sagenumwobene Yeti aussehen. Ein riesenhafter, scheuer Bär, mitunter zweibeinig gehend und daher von Ferne einem Menschen sehr ähnlich.

Der Yeti, ein Bär?

Schon in den 30er Jahren wurde vermutet, dass die Yeti-Spuren im Himalaya in Wirklichkeit Bärenspuren sind. Der ehemalige Tibetforscher Dr. Ernst Schäfer schrieb 1991 an Reinhold Messner: »1934 bat mich General Liu Hsiang, der damalige Warlord der Provinz Setchuan, das Geheimnis des Yeti zu lüften und ihm ein Pärchen der langhaarigen »Schneemenschen« für seinen zoologischen Garten mitzubringen. Die Gelegenheit dazu hatte ich dann 1935 im für Menschen unbewohnbaren Innertibet, dem Quellgebiet des Yangtsekiang. Dort erlegte ich zahlreiche Yetis, und zwar in Gestalt der mächtigen Tibetbären.« Im Laufe der Zeit wurden drei Arten von Tibetbären beschrieben. Reinhold Messner schloss sich der Meinung, die Bärenrasse Ursus arctos sei der sagenumwobene Yeti, an.

Auf zahlreichen Forschungsreisen durch Nepal, Buthan, Baltistan (der Hochgebirgslandschaft zwischen Himalaya und Karakorum) und Nordindien ist der italienische Bergsteiger und Abenteurer Reinhold Messner dem Rätsel Yeti auf den Grund gegangen.

Bis heute konnte dem Amerikaner Roger Patterson nicht nachgewiesen werden, ob es sich bei seinen Funden um Fälschungen handelt. Im Gegensatz zu Eric Shiptons Entdeckungen weisen diese Fußabdrücke fünf Zehen auf.

und 33 Zentimeter breit. 1955 fand eine andere Expedition zwei »Yeti-Skalps«. Diese entpuppten sich, wie viele andere Funde danach und davor, als Fälschungen. 1961 gab der Bergbezwinger Edmund Hillary, der für seine Mount-Everest-Besteigung 1953 im Jahr 1959 geadelt wurde, den Mount Everest als Heimat des Yeti an. Gesehen hatte er den Schneemenschen jedoch nie.

Dieses Glück war einem anderen Gipfelstürmer bestimmt, dem, der als erster Bezwinger aller Achttausender der Welt Geschichte schrieb: Reinhold Messner. Er will dem Yeti 1986 das erste Mal und 1987 ein zweites Mal im Himalaya begegnet sein.

Bigfoot

Die nordamerikanischen »Verwandten« des Yeti scheinen weniger zurückhaltend als der Schneemensch zu sein. Sie lassen sich oft und gerne sehen und haben es mittlerweile als Vorlage für TV- und Kinoproduktionen zu internationaler Prominenz gebracht. Ob der Bigfoot real oder eingebildet ist, ist ein ebenso strittiges Thema wie die Existenz des Yeti, den die meisten Forscher für eine, durch Sagen und Legenden zum Schneemenschen mutierte Bärenart halten. Dennoch: In einer eigenen Bigfoot-Zeitschrift, den »Bigfoot News«, berichten Waldarbeiter und Wildhüter aus den USA und Kanada immer wieder von

In den unwirtlichen, karstigen Tälern des Himalayas haben sich die Legenden vom Yeti über Jahrhunderte mündlich überliefert.

überdimensionalen Fußspuren und Exkrementen und von persönlichen Begegnungen mit Wesen, die riesengroßen Menschenaffen ähneln. Ein Beweisstück, dem in Bigfoot-Kreisen größte Bedeutung beigemessen wird, ist der so genannte Patterson-Gimlin-Film. Am 20. Oktober 1967 nahm der Amerikaner Roger Patterson in der Nähe von Bluff Creek, Kalifornien, einen Bigfoot auf, der sich scheinbar ohne große Hast von einem Bachbett, in dem er stand, in einen nahe gelegenen Wald bewegte.

Der Film wurde von Pattersons Zeitgenossen widerprüchlich aufgenommen. Die einen sahen in ihm den Beweis, dass es Bigfeet wirklich gab, andere sprachen von einer Fälschung. So sehr man sich bemühte, bis heute konnte man Patterson keinen Betrug nachweisen. In jüngster Zeit werden Stimmen laut, die vermuten, John Chambers, der Maskenbildner des Science-ficition-Films »Planet der Affen«, hätte Pattersons Bigfoot für ein wenig »Schmiergeld« kreiert. Chambers spricht sich vehement dagegen aus.

Almas

Aus den Steppen Sibiriens und aus dem unwegsamen Bergland des Kaukasus kommen Berichte über den Alma, das russische Gegenstück zu Bigfoot und Yeti. Schon im Zweiten Weltkrieg wollen Kriegsgefangene auf ihrer Flucht durch die unwegsamen Gegenden bis zu zwei Meter große, behaarte Wesen mit langem Rumpf, kurzen Beinen und Schlitzaugen gesehen haben. Die Hände dieser Wesen sollen wie Menschenhände geformt gewesen sein.

Die Universität von Ulan Bator in der Mongolei hat zahlreiche weitere Berichte über Begegnungen mit diesen fremden Kreaturen gesammelt. Es sind den Wissenschaftlern von Ulan Bator auch Fälle von Alma-Tötungen bekannt, bislang wurde jedoch noch keiner der Kadaver geborgen. So wie man den Yeti in Forschungskreisen heute allgemein für eine Bärenart hält, stellt man auch über die Herkunft des Almas Vermutungen und Forschungen an. Dr. Myra Shackley von der Universität Leicester sieht die Almas als Neandertaler. Sie behauptet, dass eine Restpopulation der Neandertaler unter dem Namen Almas in der Mongolei überlebt hätte.

Besonders unter den Sherpas, der tibetisch sprechenden Bergbevölkerung im ostnepalesischen Everest-Gebiet, haben sich viele Geschichten über den Yeti bewahrt. Doch auch sie bergen viel Widersprüchliches. Aberglaube, Erlebtes und Überliefertes finden in den Legenden dieser ausgezeichneten Bergsteiger zueinander und haben unser westliches Bild vom Yeti entscheidend beeinflusst.

Nessie – das Wesen aus der Tiefe

Eines der ersten Fotos, das von Nessie, dem »Monster« aus dem schottischen Loch, entstand, wurde am 19. April 1934 von einem Arzt aus London, Dr. Robert Kenneth Wilson, gemacht. Das Bild erschien am 28. April desselben Jahres in den »Illustrated London News«. Auch diese Aufnahme wurde später als Fälschung entlarvt.

Es geschah an einem ruhigen Abend im August 1963. Der Bauer Hugh Ayton arbeitete mit seinem Sohn und drei weiteren Männern in der Nähe von Loch Ness, einem tiefen, geheimnisvoll schimmernden See im Norden Schottlands. Plötzlich nahm er aus den Augenwinkeln eine Bewegung wahr. Als er aufblickte, sah Ayton ein riesenhaftes, tierähnliches Wesen, dessen reptilienartiger Kopf über zwei Meter aus dem Wasser herausragte. Der Rumpf, der dem Kopf folgte, war laut Aussagen von Aytons Begleitern ungefähr zehn bis zwölf Meter lang.

Unheimliches Wesen aus den Tiefen des Sees

Schon 1933 wurde das Wesen aus dem Loch Ness von Spaziergängern gesehen. Die Anwohner Mr. und Mrs. John Mackay berichteten damals von einem Tier mit zwei Buckeln, jeder davon drei Meter lang. Nachdem eine Lokalzeitung über die unheimliche Begegnung geschrieben hatte, wurde das Lebewesen aus dem See nur noch »Monster« genannt. Eine wahre Hysterie brach los. In der darauffolgenden Zeit gab es zahlreiche Sichtungen. Noch im selben Jahr wurde das erste Foto von Nessie, wie das Ungeheuer bald genannt wurde, gemacht. Weitere folgten. Jedoch wurden sie alle früher oder später als Fälschungen enttarnt. Dennoch blieb die Nessie-Manie bestehen. Zu interessant schien Forschern die Existenz eines noch nicht kategorisierten Wesens.

Licht in der dunklen Unterwasserwelt

Einer der überzeugendsten Beweise für die Existenz von Nessie wurde im August 1972 erbracht. Damals scannten Sonar-Experten unter der Leitung des Wissenschaftlers Robert Rines mit einem Unterwasserortungsgerät den Grund des Sees. Am 8. August erkannte das Sonar im Loch Ness tatsächlich ein sieben bis zehn Meter langes Objekt. Auf Fotos ist eine Kreatur mit den aus vorigen Sichtungen beschriebenen Merkmalen – langer Hals und Buckel – zu sehen. 1975 brachte eine weitere Expedition ähnliche Bilder hervor. Dr. Georg H. Zug, Zoologe und Kurator für Reptilien und Amphibien am Smithonian Institut in Washington, reihte Nessie, das bisher nicht bekannte Lebewesen, schließlich in die biologische Kategorie »Nessiteras rhombopteryx« ein.

Die letzten Saurier der Welt?

Beschreibungen und Fotos des »Nessiteras rhombopteryx« von Schottland ähneln den so genannten Elasmosauriern. Sie bevölkerten vor ca. 60 Millionen Jahren die Erde. Möglicherweise hat eines oder haben mehrere der Tiere im Loch Ness überlebt und sich über die Jahrmillionen heimlich fortgepflanzt. Manche Augenzeugen wollen Nessie sogar mit einem Nessie-Baby gesehen haben.

Prominente Wissenschaftler setzen sich seit einigen Jahren für intensivere Untersuchungen des schottischen Sees ein. Da Loch Ness sehr stark mit Schwebepartikeln durchsetzt ist, wird die Arbeit von Unterwasserfotografen und Tauchern erschwert. Außerdem kann man auf dem Grund des Loch Ness so gut wie nichts sehen, weil er mit einer dicken, undurchgringlichen Schlickschicht bedeckt ist, die alles, was sich darin versteckt oder verstecken will, perfekt verbirgt. Dennoch erhoffen sich die Forscher für die Zukunft nicht nur Fotos, bei denen die Echtheit nicht mehr angezweifelt werden muss. Nein, sie wollen endlich den einzig wahren Beweis an die Oberfläche holen: Nessie selbst.

So wie auf dem Gemälde des Künstlers Gino d'Achilu aus dem Jahre 1935 hat man sich nach den ersten Sichtungen das Ungeheuer von Loch Ness vorgestellt. Das Monster kann aus der Nähe betrachtet werden, da eine Uferstraße um den See führt.

Wie der Brite Frank Searle betätigen sich viele Menschen als Nessie-Jäger. Searle fährt regelmäßig auf der Suche nach dem Ungeheuer mit seinem Boot über den See.

Ogopogo und Manipogo

Saurierähnliche Wassertiere wurden auch in Kanada gesichtet: Das etwa 22 Meter große »Ogopogo« im Okanogan-See und das mit automatischen Kameras geortete, etwa acht Meter lange, »Manipogo« aus einem kleineren See östlich von Quebec, faszinieren nicht nur die Kanadier – Wissenschaftler aus aller Welt sind ihnen auf der Spur. Auch in Japan hat man Nessie ähnliche Wesen in diversen Seen gesichtet. So ist eines der Ungeheuer, »Issie«, bereits Medienstar, und für ein anderes Wesen mit dem klingenden Namen »Kussi« setzt sich ein eigens gegründeter Verein ein. Kussi hat sich erst jüngst Amateurfotografen in seiner ganzen Länge von stolzen neun Metern präsentiert. Was hinter diesen Sichtungen tatsächlich steckt, ist genauso ein Rätsel, wie es Nessie schon seit Jahrzehnten ist.

Ungeheuer wie Nessie gibt es auf der ganzen Welt. Leider sind die meisten Aufnahmen von sehr schlechter Qualität. Es existiert bis heute kein einziges Bild von Nessie, das einwandfrei dessen Existenz beweist.

Die griechische Sagenwelt beherbergt zahlreiche Mischwesen. Anders als hier auf Henry James Drapers Gemälde »Odysseus und die Sirenen« (1909) abgebildet, sollen auch die Unglücksbotinnen, die versuchten, mit ihrem Gesang tapfere Seefahrer ins Verderben zu lenken, halb Vogel, halb Mensch gewesen sein.

Halb Mensch, halb Tier

Die Welt der Legenden und Mythen ist voller merkwürdiger Wesen: Menschen mit Vogelköpfen, Männer mit Pferdekörpern, Frauen mit Fischschwänzen und Löwen mit dem Haupt eines Pharaos. Besonders der historische Nachlass aus Sumer, Assur und Ägypten, aber auch aus Zentral- und Südamerika ist voller Mischwesen, die auf den neuzeitlichen Betrachter wie die Bewohner eines Gruselkabinetts wirken. Man findet eindrucksvolle Abbildungen solcher Zwitterwesen und Monster im Ausutosh-Museum von Kalkutta, im Archäologischen Museum von Delphi oder im Metropolitan Museum von New York: Entspringen sie religiösen Vorstellungswelten, geheimen Götterkulten oder gab es sie in ferner Vorzeit wirklich?

Das bekannteste dieser Mischwesen ist der 20 Meter hohe und 74 Meter lange Sphinx von Gizeh. Der Kopf der aus einem Felsen herausgearbeiteten Monumentalstatue soll vermutlich den Pharao Chephren darstellen, für den die benachbarte gleichnamige Pyramide als Grabstätte vorgesehen war. Der übrige Körper ist einem liegenden Löwen nachempfunden. Über das Alter der Statue liegen unterschiedliche Angaben vor. Unwidersprochen bleiben die Aussagen eines Teams aus amerikanischen Geologen, Geophysikern und Ägyptologen vom Oktober 1991, die mit einer neuen Messmethode dem Sphinx ein Alter von mindestens 7000 Jahren bestätigen. Danach wäre er also 3000 Jahre vor Chephrens Pyramide errichtet worden.

Dämonische Geschöpfe

Sprachwissenschaftler sind sich nicht einig, ob das Fabelwesen die oder der Sphinx heißen muss. Wahrscheinlich ist gegen beide Formen nichts einzuwenden, denn aus dem alten Griechenland sind Sphingen seit dem 7. Jahrhundert v. Chr. als weibliche Statuen vor Gräbern und Tempeln bekannt, die an ihren Löwenkörpern meist noch Flügel haben. In antiken Sagen waren sie mordlüsterne, dämonische Geschöpfe, die vor Stadttoren lauerten und Fremden den Eingang versperrten. Auch der Islam kennt Sphingen mit Leoparden- oder Tigerkörpern. Im 19. Jahrhundert feierte »die« Sphinx als männermordende Femme fatale in der darstellenden Kunst und Literatur ihre Auferstehung. Sphingen waren das Symbol für eine grausame, geheimnisvolle und als dämonisch empfundene Weiblichkeit.

Gefährliche Sirene

Harmloser dagegen scheinen Frauen mit Fischschwänzen zu sein. Nixen oder Meerjungfrauen haben bis zum Nabel Menschengestalt, um dann zum Fisch oder Delphin zu werden. Manchmal stellt man sie auch mit zwei Fischschwänzen dar. Undinen – so werden Nixen auch genannt – gelten als außerordentlich schön, leben im Meer oder in Süßwasserseen und sind in Gestalt der sagenhaften, singenden Sirenen gefährlich für die Schifffahrt. Manch irdischer Seemann soll ihren Verlockungen bereits erlegen sein.

Das Interesse der Meerjungfrauen an Menschenmännern mag daran liegen, dass es im Meer nur wenige männliche Mischwesen gibt. Der Entdecker Amerikas, Christoph Kolumbus (1451–1506), will allein drei der weiblichen Amphibienwesen gesehen haben. Dem griechischen Gelehrten und Mystiker Theodorus Gaza (1398–1476) sollen bei seinen Reisen über den Peloponnes ebenfalls Nixen begegnet sein, »deren Leiber rau von Schuppen waren bis zur Scham, der übrig Teil hat sich geendet in ein Schwanz gleich einem Krebsschwanz«.

Ungehobelte Kerle

Zentauren oder Kentauren tummelten sich als Pferd-Mensch-Mischwesen vorwiegend in der griechischen Mythologie. Von Kopf bis zu den Hüften waren sie nackte Männer, dann ging ihr Körper in den eines Pferdes über. Ein Zentaur hatte die vier Beine des Pferdes und zwei Menschenarme, verfügte also über sechs Gliedmaßen.

Geburt aus der Wolke

Kentauros, das erste Wesen aus Pferdeleib und menschlichem Oberkörper, kam in einer Wolke auf die Erde. Diese trug die Gestalt der griechischen Göttin Hera und war eine List von deren Ehemann, dem Göttervater Zeus. Damit wollte dieser den thessalischen Helden Ixion bestrafen, der versucht hatte, seine holde Gattin zu verführen. Statt mit der schönen Hera verband sich Ixion im Liebesrausch nun mit besagter Wolke, die ihm kurze Zeit später den Kentauros gebar. Ixions »Sohn« paarte sich auf dem Berg Pelion mit zahllosen Stuten, die eine Schar weiterer Kentauren warfen. Als Schrecken der Wälder rissen diese Bäume aus, schmissen mit Felsbrocken um sich und galoppierten als Sinnbild des Schreckens durch die griechische Sagenwelt.

Nicht so der heilkundige Kentaur Chiron, dem man einen edlen und sanften Charakter nachsagte und der der Lehrer griechischer Sagengestalten wie Äskulap, Achilles und Herkules war. Seine Eltern sollen der Zeus-Vorgänger Kronos und die Nymphe Phylra gewesen sein. Chiron verletzte sich an einem vergifteten Pfeil seines Schülers Herkules. Da es kein Gegengift gab, drohte ihm das Schicksal ewigen Schmerzes. Die Götter hatten Erbarmen. Vor den Augen des unglücklichen Herkules löste sich Chiron auf und installierte sich als Sternbild Schütze am Firmament. Von dort zielt er bis heute mit Pfeil und Bogen auf den giftigen Skorpion.

Ein Kupferstich aus dem Jahr 1792 stellt den Kentauren Chiron dar. Er unterschied sich von seinen Artgenossen durch eine rein göttliche Herkunft. So kam es, dass er weder triebgesteuert, noch sterblich war.

Gewöhnlich galten Zentauren als wilde, ungehobelte Kerle mit zügellosen Trieben, die in den Wäldern Thessaliens im östlichen Mittelgriechenland lebten.

Entfernte Verwandte dürften die tierbeinigen, sexhungrigen Satyre oder Silenen gewesen sein, die als Begleiter des Weingottes Dionysos, auch als Bacchus bekannt, recht trinkfeste Gesellen waren. Abgesehen von den Beinen, den Ohren und dem Schweif eines Pferdes hatten sie Menschengestalt. Unverkennbar ihre Stulpnase und der Vollbart. Die pferdemenschlichen Naturdämonen waren bekannt für ihren intensiven Weinkonsum und ihre derben Späße. Manchmal gaben sie sich auch als Mischung aus Ziegenbock und Mensch und ähnelten dabei dem Hirtengott Pan, der sich hin und wieder ihren orgiastischen Ausflügen anschloss.

Vogelmenschen oder Engel?

Eindrucksvolle Belege von geflügelten Wesen finden sich im sumerisch-babylonischen Raum in wirklichkeitsnahen Darstellungen vor allem auf Rollsiegeln, aber

Das Motiv der Sphinx verdankt die Mythologie den Herrschern des alten Ägypten. Die ursprüngliche Löwendame mit dem Menschenkopf wurde dort, mit Herrscherköpfen versehen, als Sinnbild der Weisheit verehrt. Eine Renaissance erlebte die Sphinx im 19. Jahrhundert in Europa. Diese Zeit stand unter dem Einfluss von Napoleons Ägyptenfeldzug. Zudem wurden die Hieroglyphen entziffert und 1922 das Grab des Tutench-Amun entdeckt.

Der Apis-Stier war zwar kein ersichtliches Mischwesen – dennoch wurde in ihm die Verkörperung des Stadtgottes von Memphis, Ptah, verehrt. Der jeweils einzige Stier der Stadt wurde selbst wie ein König gehalten. Sein Stall bestand aus mehreren Gemächern, sein Futter brachte man ihm in goldenen Schüsseln. 25 Jahre dauerte seine »natürliche Amtszeit«. Wenn er bis dahin nicht verstorben war, wurde er zugunsten eines neuen Apis-Stieres in einem Tempelsee ertränkt. (Holzstich nach Heinrich Leutemann, um 1880)

auch auf Stelen und Säulen. Fast alle wichtigen Göttinnen und Götter des alten Ägypten sind Mutationen aus Tier- und Menschenkörpern. So trägt der Sonnengott Re das Haupt eines Falken, der Totengott Anubis den Kopf eines Schakals, Horus, der Himmelsgott, wird sowohl als Falke wie auch als falkenköpfiger Mensch und die Muttergöttin Isis oft mit einem Kuhgehörn dargestellt. Chnum, der Schöpfergott und Herr der Nilquellen, trägt im mythischen Weltbild der Ägypter den Kopf eines Widders.

Es lässt sich nicht nachweisen, ob die Mischwesen aus Tier- und Menschenkörpern wirklich existiert haben oder ob sie der Fantasie von Geschichtenerzählern und Religionsgründern entsprungen sind.

Strahlen eines Kometen?

Der ehemalige Princeton-Gelehrte Immanuel Velikovsky (1897–1982) glaubte, dass ein in Erdnähe vorbeiziehender Komet etwa 1500 v. Chr. nicht nur eine Sintflut ausgelöst hat, sondern als Folge von Strahleneinwirkungen auch Mutationen im Erbgut des Lebens entstanden sind, die zu gravierenden Missbildungen bei Tieren und Menschen geführt haben könnten.

Zwitterwesen der Astronauten-Götter?

Die »Ancient Astronaut Society« in Chicago stellt zwei Hypothesen zur Wahl. Erstens: Frühe Besucher aus dem Kosmos kamen den damals lebenden Menschen dermaßen fremdartig vor, dass sie diese menschenähnlichen Gestalten mit fremder Kleidung und außerordentlichen Fähigkeiten als mächtige Tierwesen in ihr Weltbild einfügten. Zweitens: Die Astronauten-Götter haben durch Genmanipulationen, wie sie mit heutiger Technik bereits möglich wären, bei Menschen und Tieren Zwitterwesen geschaffen, die nur eine geringe Lebensdauer hatten und sich nicht selbst vermehren konnten. Beweise gibt es für keine dieser Theorien. Ägypten-Reisende sollten sich jedoch die eindrucksvollen Steinsarkophage ansehen, die sich im Serapeum in der Nähe von Sakkara befinden. In ihnen sollen geheimnisvolle Apis-Stiere, Mischwesen aus dem Reich der Pharaonen, bestattet worden sein.

Geheimnisvolle Sarkophage

In den nur durch ein paar Glühlampen erhellten Katakomben von Serapeum stehen Ägypten-Besucher verwundert vor 29 gewaltigen Steinsarkophagen, jeder etwa 70 Tonnen schwer und mit einer Granitplatte von ca. 25 Tonnen bedeckt. Fremdenführer berichten vom jahrtausendealten Kult der Apis-Stiere, imposanten Tieren, die als Wiedergeburt des Gottes Osiris galten. Sie wurden im Tempelbezirk gehalten, nach einer angemessenen »Amtszeit« ertränkt und nach ihrem Tod mumifiziert und feierlich in einem Sarkophag bestattet. Schon bei ihrer Entdeckung durch den französischen Ägyptologen und Gründer des ägyptischen Museums in Kairo, Auguste Mariette (1821–1881), im Jahre 1851 waren die Sarkophage leer. Er nahm an, dass ihm Grabräuber zuvorgekommen waren. Im Verlauf seiner Untersuchungen entdeckte der Forscher in einem anderen Gewölbe weitere Sarkophage, zwei davon völlig unversehrt. Sie waren von einer vergoldeten Statue des Gottes Osiris bewacht. Mariette fand jedoch nicht die erhofften Reste eines Apis-Stiers, sondern nur eine »stinkige Masse mit winzigen Knochen, die beim kleinsten Druck zerbröselt.« Das Rätsel, dem er hinterher jagte, blieb ungelöst.

Drachen – gute Götter oder böse Ungeheuer?

Als faszinierende Fabelwesen geistern Drachen durch die Mythen nahezu aller Völker. Während sie jedoch in Ostasien als Glücksbringer und Herrschersymbole verehrt wurden, hat man sie in nordischen Regionen als feuerspeiend und Unheil bringend bekämpft. (»Siegfried«, Gemälde von Konrad Dielitz, um 1880)

In Europa und Vorderasien ist der Feuer speiende Drache die Verkörperung des Bösen und der Feind von Göttern und Menschen. In der Regel wird er als riesiges Ungeheuer mit Flügeln und großem Schwanz dargestellt. In Ostasien dagegen genießt der Drache als gute Gottheit und Symbol des Glücks hohes Ansehen. In China saß der Kaiser beispielsweise auf einem Drachenthron und das sonderbare Wesen wurde zum Herrscher-Emblem der Himmelssöhne. In Japan und China gelten Drachen noch heute als freundliche Naturen, mit dem die »Herren der Zeiten« einst zum Wohl der Menschen auf die Erde kamen. In den westlichen Mythologien kämpfen die Götter nicht selten gegen die Drachen. Horus (Ägypten), Krishna (Indien), Apollon (Griechenland) oder die altnordische Gottheit Thor besiegen die Ungeheuer und vernichten damit das Böse auf der Welt. Der Erzengel Michael vertreibt den zum Drachen gewordenen gefallenen Engel Luzifer aus dem Himmel und der Heilige Georg rettet eine Prinzessin vor einem Drachen.

In der chinesischen Kunst ist der Drache ein beliebtes Motiv, wie man an dieser Stickerei aus dem 18. Jahrhundert sehen kann.

Das Untier Fafnir

Der berühmteste Drachentöter aus den germanischen Sagen dürfte Siegfried von Xanten aus den Niederlanden gewesen sein. Der Gemahl der schönen Wormser Prinzessin Kriemhild war u. a. Besitzer einer Tarnkappe und eines magischen Rings. Er genoss die Gunst des höchsten nordischen Gottes Wotan und besiegte heldenhaft ein grausames Untier namens Fafnir. In europäischen Drachen-Sagen sind die Monster von dämonischer Bosheit, die dunkle Höhlen bewachen, in denen kostbare Schätze lagern. Oft terrorisieren sie die Bevölkerung ganzer Landstriche und beruhigen sich erst, wenn man ihnen eine Jungfrau opfert. Gelingt es mutigen Helden – meist Rittern oder Königssöhnen – einen Drachen zu erlegen, werden dessen Teile gegen allerlei Gebrechen eingesetzt: Drachenblut härtet die Haut, wer ein Drachenherz isst, kann die Sprache der Vögel verstehen.

Der Drache als Schatten

Die psychologischen Deutungen des Drachenkampfes sind äußerst vielfältig. Für die Christen bedeutete er die Überwindung des Heidentums und des Bösen. Der Psychoanalytiker Carl Gustav Jung (1875–1961) sah darin die Auseinandersetzung des »Ich« (der Held) mit dem Schatten, den unterdrückten Aspekten der Persönlichkeit. Die vom Drachen bedrohten Königstöchter sind für Jung die weiblichen Seeleneigenschaften des Mannes, die befreit werden wollen.

Der Sohn des roten Drachen

In der chinesischen Mythologie kam einst Drachenkönig Yu in einem Feuer speienden Wagen auf die Erde. Sein Nachfolger, Kaiser Yoan, nannte ihn den »Sohn des roten Drachen«. Für den Wiener Wissenschaftler Peter Krassa (*1939) sind solche Aussagen durchaus wörtlich zu nehmen.

In altchinesischen Überlieferungen will er »verblüffende Informationen über Besucher aus dem Weltall« entdeckt haben, »die einst auf feurigen Drachen und Donnervögeln in China landeten und dort ihre Spuren hinterlassen haben«.

Krassas Fazit: Jahrhundertelang unterwiesen außerirdische intelligente Lebewesen die Chinesen in allen erdenklichen Bereichen, so dass ihre Nachkommen noch heute erstaunliche Kenntnisse besitzen. Sie verstanden sich in der Kunst der Gedankenübertragung und verschiedener Heilpraktiken wie der Akupunktur. Und auch in der chinesischen Kunst ist der Drache das seit Jahrtausenden vorherrschende Motiv.

Siegfried und der Drache

Im mittelhochdeutschen Heldenepos »Nibelungenlied« wird u.a. das Leben des unglücklichen Helden Siegfried von Xanten dargestellt. Bevor er durch ein Mordkomplott stirbt, darf er jedoch viele glorreiche Taten bestehen.

Nachdem er beispielsweise den Drachen Fafnir, den Hüter des so genannten »Nibelungenhorts« getötet hat, schneidet er das Herz aus dem Kadaver und verzehrt es. Danach versteht er die Sprache der Vögel. Auch wird berichtet, dass Siegfried nach vollbrachter Tat im Drachenblut gebadet hat und dadurch unverwundbar wurde – bis auf eine kleine Stelle, auf die beim Bad ein Lindenblatt gefallen war. Diese Unachtsamkeit sollte ihm später zum Verhängnis werden, da dieser einzige verwundbare Fleck an seinem Körper jener war, in die der Lehensmann Hagen auf Geheiß seiner, einst von Siegfried besiegten und seitdem nach Rache dürstenden Burgunderkönigin Brunhild, einen Degen so stieß, »dass die Spitze bis in die Brust ging, dass er davon zur Stund tot blieb«.

Die Existenz von Drachen zweifelte bis ins 17. Jahrhundert niemand an. Erst zu Zeiten der Aufklärung bemühte man sich herauszufinden, ob es die Wesen wirklich gab.

Fliegende Wunderpferde

In einem Deckenfresko verewigte der Italiener Giovanni Batista Tiepolo um 1750 den Ritt des Prinzen Bellerophon, der auf dem Rücken von Pegasus die feuerspeiende Chimäre besiegte. Das Motiv ist in der Sala Grande im Palazzo Sandi Porto in Venedig zu sehen. Von der Chimäre, einer Sagengestalt mit dem Körper einer Ziege, dem Kopf eines Löwens und dem Schwanz eines Drachens, sagen griechische Mythen, dass sie ein Kind der Echinda und des Typhon sei. Echinda und Typhon zählen zu jenen Sagengestalten, die Halb-Mensch, Halb-Tier waren – Echinda mit dem Unterleib eines Drachens, Typhon mit 100 Schlangenköpfen. In einigen Quellen wird auch behauptet, dass die Chimäre das Kind der schlangenköpfigen Hydra sei. Zudem ist sie mit der ägyptischen Sphinx verwandt. Auch hier herrscht Unstimmigkeit über den Verwandtschaftsgrad.

Von jeher haben abenteuerliche Wesen die Fantasie der Menschen beflügelt. Eine besondere Stellung unter den mythologischen Kreaturen unserer Vorfahren nahmen die fliegenden Pferde ein. Sleipnir, das Pferd des Germanengottes Odin, der Pegasus der griechischen Sage und schließlich Burak, das Wunderpferd des islamischen Propheten Mohammed sind die bekanntesten Pferde der Luft.

Warum scheint es für Menschen aller Zeiten wichtig gewesen zu sein, sich solche Wesen vorzustellen? Die Mythen selbst geben Antwort darauf.

Mit Sleipnir in den Himmel

Bis in das 11. Jahrhundert hielt sich in Island die heidnische Glaubenswelt der Wikinger. Auf seiner Heimatinsel gelang es dem isländischen Historiker Snorri Sturluson (1178–1241) mündliche Überlieferungen schriftlich niederzulegen. Dank seines Werks »Edda« sind uns die alten Gottheiten und ihre Taten bekannt. Danach war Odin der oberste Gott, der Herrscher über die Burg »Asgard«. Zur Befestigung der Burgmauern benötigten die Götter einen geschickten Handwerker. Den fanden sie in einem Riesen. Als Lohn hatte man ihm die Sonne, den Mond und die Liebesgöttin Freyja angeboten – falls das Werk in drei Wintern vollendet wäre. Um die Bezahlung zu umgehen, erdachten sich die Götter schließlich eine List. Damit der Riese nicht rechtzeitig fertig würde, verwandelte sich Gott Loki in eine Stute und lockte das magische Pferd Swadilfari, mit dem die Steine für Asgard transportiert wurden, in den Wald. Aus dieser Verbindung gebar Loki ein graues Fohlen mit acht Beinen: Sleipnir, das berühmte Ross Odins, auf dem er von nun an vom Himmel zur Erde ritt und gefallene Helden nach Asgard brachte. Für die nordischen Völker scheint dieses Wunderpferd die Hoffnung verkörpert zu haben, nach einem heldenhaften Kampf in die Wohnstatt der Götter zu gelangen.

Der windschnelle Pegasus

Das geflügelte Pferd Pegasus entsprang nach einem griechischen Mythos dem Blut der enthaupteten Medusa, einer zu den schlangenköpfigen Sagengestalten der »Gorgonen« zählenden Sterblichen, bei deren Anblick sich alles und jeder zu Stein verwandelte.

Bellerophon aus Korinth fing den Pegasus ein. Er konnte dann aus dem Flug heraus mit Pfeilen die feuerspeiende Chimäre, eine weitere Sagengestalt, die eine Mischung aus Löwe, Drachen und Ziege war, töten. Als er jedoch versuchte, mit Pegasus zum himmlischen Olymp zu reiten, auf dem die Götter thronten, warf das fliegende Pferd seinen Reiter ab und verwandelte sich in ein Sternbild. Auch bei den Griechen scheint zumindest in der Spätantike (ab 200 v. Chr.) der Flug des Pegasus die Unsterblichkeit der menschlichen Seele symbolisiert zu haben: Der Leib des Helden blieb auf der Erde zurück, seine Seele aber schwang sich empor bis in den Himmel.

Im Zeitalter der Passagierflugzeuge ist der Wunsch, göttergleich durch den Himmel zu fliegen, zum Teil in Erfüllung gegangen. Als 1970 die Raumkapsel Apollo 13 startete, trug sie den Namen des griechischen Lichtgottes Apollon. Und in ihrem Emblem befand sich der geflügelte Pegasus, der diesmal nicht nur in der Fantasie die Erde verließ, sondern endlich in Wirklichkeit bis zum Mond kam.

Der fliegende Prophet

Das zweithöchste Heiligtum des Islam ist ein gewaltiger Gesteinsbrocken im Felsendom in Jerusalem. Dorthin wurde nach dem Glauben der Muslime der Prophet Mohammed von der heiligen Moschee in Mekka durch den Engel Jibril (Gabriel) gebracht, indem dieser ihn auf ein geflügeltes Pferd namens Burak setzte. In Jerusalem angekommen, stieg Mohammed von dem Felsen aus auf einer Leiter direkt in den Himmel. Der Wunsch, sich in den Himmel zu erheben, mag hinter der Legende des sagenhaften Mischwesens Burak stehen.

Eine türkische Miniaturmalerei aus dem 16. Jahrhundert zeigt den Propheten Mohammed inmitten kämpfender Truppen am Berg Uhud. Einen Großteil des Bildes nehmen Pferde ein, die Wendigkeit und Kraft symbolisieren und vielleicht deshalb als Vorlage für die geflügelten Sagengestalten aus der Mythologie gewählt wurden.

Elfen, Feen und andere Naturgeister

William Shakespeares »Sommernachtstraum« spielt im Reich des Elfenkönigs Oberon und seiner Frau Titania, hier dargestellt in einem Gemälde von Sir Noel Paton (1821–1901). Durch Wolfgang von Goethes Gedicht »Der Erlkönig« wurde der König der Elfen auch in Deutschland zu einer volkstümlichen Sagengestalt.

Auch Riesen gehören zu den Naturgeistern. (Stich aus dem 17. Jahrhundert)

Immer mehr Menschen öffnen sich den Kräften der Natur und entwickeln ein Gespür für ihre vielfältigen Erscheinungen und Ausdrucksformen. Unsere Urahnen lebten noch ganz selbstverständlich mit Pflanzen- und Erdgeistern und nahmen deren Hilfe bei der Bestellung der Äcker und Gärten an. Unzählige Sagen berichten aus der Welt der Elfen, Zwerge, Nixen und Gnomen, galten sie doch als Vermittler zwischen der Erde und den Menschen. Trotz der Vielzahl der Wesenheiten verbindet die Naturgeister ein gemeinsames Merkmal: ihre »Menschlichkeit« und ihre enge Beziehung zu uns Sterblichen. Zwar sind auch die Naturgeister höhere Wesen, doch stehen sie dem Menschen weitaus näher als etwa die Götter. Während diese – bildlich gesprochen – in den höheren Sphären schweben und sich aus der Ferne verehren lassen, sind Elfen und andere Naturwesen mit der Erde verhaftet und treten bisweilen auch in Kontakt mit den Menschen. So ist in der schottischen Findhorn-Gemeinde der Austausch mit den Naturgeistern der Pflanzen, dort Devas genannt, Voraussetzung für die

Kultivierung von Pflanzen in der kargen Landschaft.

Geisterwesen und gefallene Engel

Geisterwesen waren schon zu Urzeiten Gegenstand menschlicher Vorstellungen. Was aber sind Geister und woher kommen sie? Der nordischen Mythologie zufolge krochen aus der Leiche des Riesen Ymir Maden hervor, die zu Licht- und Dunkelelfen wurden: Die gütigen Lichtelfen bevölkern die Lüfte, während die bösen und hinterhältigen Dunkelelfen im Verborgenen ihr Unwesen treiben. In Island gibt es eine andere Version der Geister-Geburt: Als Eva eines Tages ihre Kinder im Fluss baden wollte, sprach Gott zu ihr. Voller Angst und Scham versteckte sie die Kinder, die noch nicht gereinigt waren. Als Gott sie fragte, ob das alle ihre Kinder seien und sie dies bejahte, bestimmte er, dass von nun an alle vor ihm verborgenen Kinder als Elfen und Feen leben sollten. In anderen Kulturen gelten Geister als gefallene Engel, die, nicht gut genug für den Himmel und zu schlecht für die Hölle, in einem »Zwischenreich« leben müssen.

Die Elfenschule von Reykjavik

Auch im 21. Jahrhundert teilen die Isländer ihre Insel weiter mit Huldufolks, einem verborgenen Zwergenvolk, dessen Mitglieder bisweilen in der Alltagsrealität auftauchen und stets etwas altmodisch gekleidet sind. Nirgendwo gibt es so viele Naturgeister wie in Island, über die nicht nur die einheimische Medien, sondern auch seriöse internationale Publikationen immer wieder berichten. Der Stadtplan von Hafnarfjördur zeigt neben normalen Straßen auch die Wohnstätten des verborgenen Volkes. In Reykjavik gibt es die weltweit einzige Elfenschule (Álfaskólin), in der die Schüler lernen, unsichtbare Welten wahrzunehmen und ihre eigene Sensitivität zu verbessern.

Die Absolventen unterscheiden zwischen 79 Arten von Naturgeistern wie Feen, Elfen und Elben und den Pflanzengeistern, die etwa die Essenz einer Blume, einer Heilpflanze oder eines Baumes bilden. Man könne lernen, mit diesen Wesen in Kontakt zu treten und deren Hilfe zu erbitten. Naturgeister verkörperten darüber hinaus die vier Elemente Feuer, Wasser, Luft und Erde. Alle diese Wesen leben in einer parallelen Welt, die sich der menschlichen Wahrnehmung entzieht. In einem veränderten Bewusstseinszustand sei es jedoch möglich, sie zu hören und zu sehen, so behaupten die Elfenschul-Absolventen.

Isländische und andere nordische Naturgeister

Huldufolks sind das verborgene Volk, das aus einer anderen Zeit zu stammen scheint und sich an Wasserfällen, Kirchen und alten Gerichtsplätzen bisweilen manifestiert.

Die »Huldre«-Mädchen sind besonders hübsche Feen und können sehr schön singen, haben aber oft einen Kuhschwanz; sie bieten, wenn das nicht der Fall ist, eine schöne Vorderfront, sind aber von hinten hohl. In Norwegen werden diese Feen Huldrafolk genannt. Huldelfe heißt die schwedische Fee, die oft am Kindbett erscheint und den Neugeborenen das Schicksal weissagt.

Die isländische Landschaft ist von einer Vielzahl von Kobolden bevölkert. Sie wohnen meist in Berghöhlen und stehen Jägern zur Seite, manchmal leben sie auch unter den Menschen. In den Erdhügeln von Thúfur sollen sich besondern gerne die Dunkelelfen treffen, die das Licht des Tages meiden. Nicht zuletzt die geographischen Besonderheiten Islands geben den Sagen von Elfen und Naturgeistern immer wieder neue Nahrung.

Imhotep – Göttlicher Baumeister

Die Stufenpyramide beim kleinen Dorf Sakkara, südlich von Kairo, ist eine archäologische Besonderheit, denn sie dienten den berühmten Pyramiden von Gizeh als Vorlage. Ihr Baumeister war Imhotep. Die Bauarbeiten an dem Grabmal dauerten 29 Jahre.

Im frühen Licht der Geschichte tritt uns ein rätselhafter Mann entgegen: Imhotep. Eine 4600 Jahre alte Schrifttafel kündet von seinem erstaunlichen Ruhm – demnach war er »Wesir des Königs von Unterägypten, Erster nach dem König von Oberägypten, Großer Haushofmeister, Inhaber der erblichen Adelswürde, Hohepriester von Heliopolis, Baumeister und Bildhauer«.

Zur Zeit seiner Geburt ragten entlang des Nils noch keine gigantischen Bauwerke in den Himmel – bei seinem Tod hinterließ er den Prototyp aller Pyramiden: 2600 v. Chr. leitete Imhotep das seinerzeit gewaltigste Bauprojekt der Menschheit ein. Als Architekt des Pharao Djoser, dem bedeutendsten König der dritten Dynastie (etwa 2778–2268 v. Chr.), entwarf er in genialen Zügen eine völlig neue Architektur. Imhotep konstruierte die erste Groß-Pyramide der Welt, die Stufenpyramide von Sakkara. Sechs zur Spitze hin kleiner werdende Ebenen wurden aus einem groben Kern roh behauener Steinblöcke und einem feinen Kalksteinmantel zu einem architektonischen Komplex zusammengefügt. Mit ihrer Basis von 121 x 109 Metern sollte sie die Vorgängerin aller ähnlichen Wunderwerke sein.

Wie diese Feluke, wurden viele Dinge des täglichen Lebens im alten Ägypten auf Papyrus festgehalten. So auch die Weisheit Imhoteps.

Das Wunder vom Nil

Unter Imhotep bekam auch die königliche Residenz von Memphis ein anderes Gesicht. Ohne vorherige Anregung ließ er wie bei einer modernen Filmkulisse, Scheinbauten mit Blendfassaden entstehen. Alles, was bislang nur mit Holz, Schilf und Lehm erbaut worden war, setzte der Baukünstler nun in Stein: Türen, Deckenbalken, Zäune, Wände. Fugenlos presste sich Stein an Stein, was den Bauten Ewigkeitswert verlieh.

Auch die Stufenpyramide wurde um weitere phänomenale Anlagen bereichert. Unter ihr ließ Imhotep ein Labyrinth aus Stollen und Schächten, Durchgängen und Kammern anlegen, die bis heute nicht vollständig erforscht sind. Ein 28 Meter tief abfallender Zentralschacht führte beispielsweise neben der Grabkammer des Gottkönig Djoser zu weiteren Gängen und Räumen. In ihnen wurden die Ehefrauen des Herrschers und die Prinzen beigesetzt.

Imhotep – Magier und Arzt

Wahrscheinlich gehen auch die fantastischen Behandlungsmethoden, die die Mediziner Altägyptens kannten, auf Imhotep zurück. Im Tempel von Dendera, der noch heute wie vor Jahrtausenden fast unbeschadet am Ufer des Nils in Mittelägypten steht, lässt sich Imhoteps Methodik studieren. Ein langer, dunkler Gang geleitete den Kranken vorbei an Statuen und heilkräftigen Zaubersprüchen. Die Figuren wurden von den ägyptischen Therapeuten mit Wasser übergossen. Dieses floss in tiefe Becken ab, in denen die Kranken badeten. Der nun einsetzende Genesungsprozess war psychischer wie physischer Natur. Der Patient im Halbdämmer des Tempels, umgeben von Götterstatuen und Zaubertexten, soll durch die Magie dieses Szenarios geheilt worden sein. Heute erinnert diese Heilmethode an eine Wasserkur.

Die zweite Behandlungsmethode, die ebenfalls in Tempeln wie dem von Dendera durchgeführt wurde, könnte man als therapeutischen Schlaf bezeichnen. In einem fast dunklen Raum wurde der Patient in einen hypnotischen Zustand versetzt, der durch monotone Gesänge, Objekte oder Düfte initiiert wurde. Entspannt trat so der Kranke den Weg der Genesung an.

Die Chirurgie Imhoteps

Dass Imhotep – aus heutiger Sicht betrachtet – ein moderner Wissenschaftler war, wird durch das »Edwin-Smith-Papyrus« deutlich, das ihm zugeschrieben wird. In einer Zeit magischer

Das Allround-Genie

Imhotep war mehr als nur Baumeister. Ausgebildet in Medizin und Naturwissenschaften, Technik, Dichtkunst, Philosophie, Astronomie und Mathematik leitete er neben seinen architektonischen Meisterleistungen als Staatsmann zukunftsentscheidende Reformen ein. Vor Imhotep hatte der König bislang den Staat patriarchalisch, wie einen Privatbesitz, beherrscht. Nun wurden Landbezirke und ein Beamtenapparat eingerichtet, Schulen entstanden und die Beamten lernten Schreiben und Lesen. Sie erhielten sogar eine technische, juristische und geographische Ausbildung.

Imhotep war zugleich Kanzler, Kriegs- und Kultusminister und oberster Richter. Er regelte die Besteuerung, verhinderte Amtsübergriffe und deckte Erpressungen auf. Sein Ruhm erstreckte sich auf alle Gebiete des Staatswesens, der Baukunde und der damaligen Wissenschaftsbereiche.

In der ägyptisch-orientalischen Sammlung des Kunsthistorischen Museums von Wien findet sich die anmutige 13 Zentimeter hohe Plastik des Architekten Imhotep. Alles Wissen seiner Zeit liegt, wie die Kupferlegierung durch den Papyrus auf seinem Schoß andeutet, in den Händen des Weisen.

Im Hathortempel der Ruinenstätte Dendera, nahe der ägyptischen Stadt Kena, kann man die Methodik Imhoteps anhand von Inschriften studieren. Die Himmelsgöttin Hathor war die Frau des berühmten Horus und wurde als Liebes- wie auch als Totengöttin verehrt.

Der göttliche Imhotep

Noch Jahrtausende nach seinem Tod verehrten die Griechen Imhotep in ihren Überlieferungen als mächtigen Magier und Schutzherren der Schreiber. Die Ägypter errichteten für ihn bis zum Untergang des Neuen Reiches zur Zeit Cleopatras eigene Tempel und brachten ihm Weihrauchopfer dar. Pharaonen weihten ihm ganze Tempelterrassen und billigten ihm ein Privileg zu, das sonst nur ihnen selbst zustand: Göttlichkeit. In Gott Ptah, dem ältesten Wesen der ägyptischen Kosmogonie, sah man Imhoteps direkten, leiblichen Vater. Selbst noch im Römischen Reich wurde der vielseitig Begabte als weiser Gott verehrt.

Als Berater des Pharaos tat Imhotep gut daran, dem Volke Wissen zuzuführen: Solange alle zufrieden und beschäftigt waren, konnte man vor Unruhen und Kriegen sicher sein. (Wandmalerei aus dem archäologischen Ausgrabungsgelände in Theben)

Weltbilder und Zaubertränke analysierte Imhotep Krankheiten sehr sachlich. Auf hohem medizinischen Niveau präsentierte er beispielsweise die Knochenchirurgie. Systematisch werden im Papyrus 48 Fälle vorgestellt. Imhotep verlangte darin eine genaue Diagnose jeder Fraktur vor der Behandlung. Dann folgen therapeutische Anweisungen, Techniken zur Herstellung von Gipsverbänden, Schienen, Bandagen und Anleitungen zum Vernähen von Wunden. Sie alle gelten vom Prinzip her auch für heutige Chirurgen. Das Edwin-Smith-Papyrus, das Imhoteps medizinische Kenntnisse enthält, rät bei einem Bruch des Stirnbeins die Wunde mit einem Umschlag aus Fett und einem Straußenei zu umwickeln. Die magische Erwartung besteht darin, dass die Knochen, im Bestreben sich der Form des Eies anzugleichen, zusammenwachsen.

1994 machten Mediziner in Südamerika eine Entdeckung, die Imhoteps vorausschauende Genialität bezeugt: Antike Maya-Ärzte haben mit einem Brei aus Perlmuttmuschelkalk Schädelfrakturen überbrückt und damit eine absolut stabile Verbindung erzeugt. Sollte die Behandlung mit der Kalkschale des Straußeneies ähnliche Erfolge erzielt haben, wäre Imhotep lange vor den Maya ein medizinischer Geniestreich geglückt.

Notfallchirurgie der Pharaonen

Das »Mundöffnungsritual« war Bestandteil altägyptischer Bestattungsriten. Das dabei verwendete Instrument, der »Meißel aus Erz«, hat erstaunliche Ähnlichkeit mit Instrumenten der Notfallmedizin zur Einleitung der künstlichen Beatmung (Laryngoskop), wie ein deutsches Ärzteteam erkannte.

Auf dem Papyrus »Hunefer« wird ein Totenpriester mit dem »Meißel« gezeigt, auf einem Beistelltisch liegen weitere Werkzeuge zur »Wiederbelebung« wie z. B. ein Luftröhrentubus einschließlich eines Ballons zur Abdichtung der Luftröhre. Offensichtlich hatten die Ägypter bereits vor 4000 Jahren hochentwickelte Therapietechniken hervorgebracht.

Mythos Tod

Obwohl Imhoteps Mit- und Nachwelt das große Genie in Statuen und Schriften verehrte, ist über die Umstände seines Todes wenig bekannt. Imhoteps Grab wurde nie gefunden – auch nicht in den 1950er Jahren, als der englische Ägyptologe Sir Walter Emery die Grabstätte Imhoteps suchte und viele Forscher hofften, dass er die letzte Ruhestätte des Bauherrn in der Nähe Sakkaras aufspüren würde. In seinem Grab, das zumindest weiß man aus alten Überlieferungen, sollen seine Lebensaufzeichnungen liegen, »Die Geschenke der Götter«, die Imhotep einst direkt von himmlischen Besuchern erhalten haben soll. Sollte seine Mumie je gefunden werden, so dürfte dies einer der spannendsten Augenblicke der Ägyptologie werden. Lassen wir uns überraschen, was die Götter diesem Genie mit ins Jenseits gaben.

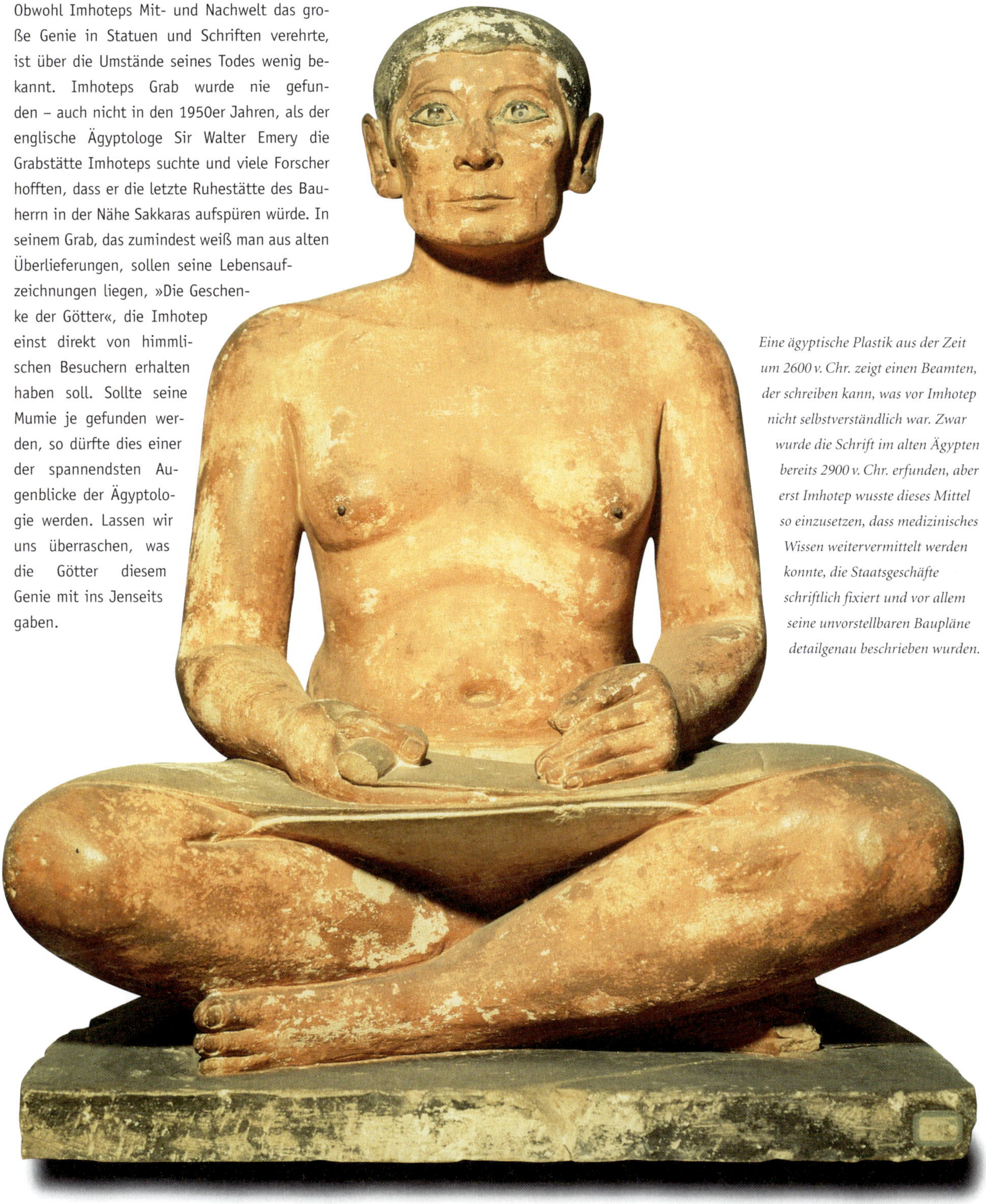

Eine ägyptische Plastik aus der Zeit um 2600 v. Chr. zeigt einen Beamten, der schreiben kann, was vor Imhotep nicht selbstverständlich war. Zwar wurde die Schrift im alten Ägypten bereits 2900 v. Chr. erfunden, aber erst Imhotep wusste dieses Mittel so einzusetzen, dass medizinisches Wissen weitervermittelt werden konnte, die Staatsgeschäfte schriftlich fixiert und vor allem seine unvorstellbaren Baupläne detailgenau beschrieben wurden.

Der assyrische Königspalast in Ninive beherbergte einst die Tontafeln, auf denen der Mythos vom Land der Unsterblichkeit, Dilum, niedergeschrieben war. Aquarell um 1880 nach einer archäologischen Rekonstruktionszeichnung.

Dilum, das Land des ewigen Lebens

Ewiges Leben, gibt es das? Seit Tausenden von Jahren suchen Menschen das Land, wo man dem Tod entgehen kann. Schon in der sumerischen Mythologie wird uns von dem sagenhaften Dilum (Dilmun) berichtet, einem Ort des ewigen Lebens. Auf 5000 Jahre alten Tontafeln, die sich in der Bibliothek des assyrischen Königs Assurbanipal (668–ca. 527 v. Chr.) in Ninive befanden, wird im ältesten Epos der

Weltliteratur, dem Gilgamesch-Epos, von diesen paradiesischen Gefilden erzählt.

Auf ihnen wurde die Geschichte des Königs Gilgamesch, der um 2600 v. Chr. über Uruk herrschte, aufgezeichnet. Er galt als Sohn einer Göttin und eines Tempelpriesters. Doch er war sterblich. Deshalb bat er seinen Gott, ihn in das »Land des Lebens« zu führen. Dort, so wussten die Sumerer, konnten Menschen dem Tod entgehen.

Tatsächlich soll der sumerische König dieses Paradies gefunden haben. Der Überlieferung nach trifft er in Dilum Ziusudra (babylonisch Utnapischtim), der die Sintflut überlebte. Ihm haben die Götter die Unsterblichkeit verliehen, die Gilgamesch erringen wollte.

Unsterbliche Menschen

Fand Gilgamesch, was er suchte? Ja und nein. Ziusudra verrät ihm das Geheimrezept der Unsterblichkeit. Es ist die »Blume des ewigen Lebens«. Sie wächst im Apsu, dem Abgrund Dilums. Daraufhin gräbt Gilgamesch einen tiefen Schacht und wird schließlich hinabgezogen. Bei einem Höhlensee findet er die Verjüngungspflanze. Doch bevor er sie essen kann, raubt ihm die Schlange Mush seinen kostbaren Besitz. Gilgamesch, der so nah an dem Ziel seiner Unsterblichkeitsträume war, blieb, was er war: ein sterblicher Mensch. Unsterblich aber wurde sein Ruhm.

Die Entdeckung Dilums

Der britische Archäologe Goeffry Bibby ist der Überzeugung, das geheimnisvolle Dilum gefunden zu haben. Die Insel Bahrain, mitten im Persischen Golf gelegen, scheint alle Voraussetzungen zu erfüllen. Dilum ist nämlich nicht nur ein fiktives Land, das in den Mythen erwähnt wird, sondern wird auch in Handelsbriefen der Sumerer (3. Jahrtausend v. Chr.) als Handelspartner genannt. Einst wurde auf Bahrain der heilige Tempel von Barbar aus Kalksteinblöcken, die perfekt behauen und ohne Mörtel zusammengefügt sind, errichtet. Stufen führen zu einer ummauerten Vertiefung, die als Auffangbecken für heiliges Wasser diente. Hier vermutet Bibby den Ort, an dem Gilgamesch hinabtauchte. Gänzlich überzeugt, das legendäre Götterland gefunden zu haben, war er, als er unter Erdwällen rund 100.000 Gräber und damit den größten frühgeschichtlichen Friedhof der Welt fand. Denn die hier beerdigten Menschen glaubten fest an ein Weiterleben nach dem Tod und an ein Treffen mit den alten Göttern.

Ewig leben?

Kann es ewiges Leben geben? Durch die moderne Gentechnik wurde 1999 ein Protein entdeckt, das den Alterungsprozess steuert. Mäuse, bei denen man dieses Gen ausschaltete, lebten um ein Drittel länger. Viele Wissenschaftler halten eine durchschnittliche Lebenslänge des Menschen von weit über 100 Jahren für möglich.

Sicher hatten auch unsere Vorfahren eine Sehnsucht nach ewigem Leben. Häufig sollten ihnen Zaubertränke und Wundermittel dazu verhelfen. Man muss auch bedenken, dass die durchschnittliche Lebenserwartung sehr niedrig war. Schon leichte Infektionen oder kleine Verletzungen konnten tödlich sein, sehr hoch war die Kindersterblichkeit und wie viele Frauen starben bei der Geburt oder im Kindbett?

Heute sind diese Faktoren weitgehend unter Kontrolle und man ist in der Lage mit »maßgeschneiderten Medikamenten« früher noch als unheilbar geltende Krankheiten zu besiegen und eine lebensverlängernde Wirkung zu erzielen, die man früher mit pflanzlichen Mitteln zu erreichen hoffte. Der Traum, der in den Überlieferungen vieler Völker formuliert wurde, wird sich aber nicht erfüllen lassen.

Die irakische Kolossalstatue eines löwenbezwingenden Heros wird für Gilgamesch gehalten. Sie stammt aus der Zeit König Sargons II. (722–705 v. Chr.).

Die Menschen versuchen vor den drohenden Wassermassen der Sintflut zu fliehen. (Jan van Scorel, 1515)

Die Sintflut

Gab es sie oder gab es sie nicht? Die größte Katastrophe, die je beschrieben wurde, war die Zerstörung der Welt durch eine gigantische Flutwelle. Einen der eindrucksvollsten Berichte über sie können wir im ersten Buch Mose (7, 10 ff.) der Bibel lesen. Doch ist das Alte Testament keineswegs die einzige Überlieferung, die von einer solchen universalen Flut erzählt. Das sumerische Gilgamesch-Epos, die älteste schriftliche Großerzählung der Menschheit (1800 v. Chr.), kannte bereits den Mythos von der gewaltigen Überschwemmung. Was sagen Wissenschaftler unserer Tage dazu? Ist es möglich, dass ganze Kontinente von einer großen Welle überflutet wurden? Existieren greifbare Fakten für ein solches Ereignis?

Die Strafe Gottes

So erstaunlich es klingt, der Sintflut-Mythos enthält einen realen Kern. Wissenschaftler sind sich einzig darüber uneinig, ob sich eine globale Katastrophe ereignete oder ob es viele kleine Sintfluten gab. Die Bibel berichtet, dass »der Menschheit Bosheit groß war auf Erden« und es Gott »reute, dass er die Menschen gemacht hatte«. So beschloss er die Vernichtung des Menschengeschlechts. Nur einer, der rechtschaffende Noah, fand vor Gott Gnade. Er erhielt den Auftrag, von allen Tieren ein Paar in ein riesiges Schiff, die Arche, zu retten. Dann folgte das Katastrophenszenario: »Und als sieben Tage vergangen waren, kamen die Wasser der Sintflut auf Erden [...]. An diesem Tag brachen alle Brunnen der großen Tiefe auf und taten sich auf die Fenster des Himmels, und ein Regen kam auf Erden vierzig Tage und vierzig Nächte [...]. Und die Wasser wuchsen und hoben die Arche auf und trugen sie empor über die Erde.«

Geologische Vernichtung

Was viele Wissenschaftler des 19. Jahrhunderts als Märchen erschien, erhielt ab 1922 durch Ausgrabungen des englischen Archäologen Sir Leonard Woolley (1880–1960) eine erste konkrete Basis. In der sumerischen Stadt Ur legte er Zivilisationsschichten frei, die durch Lehmbänder unterbrochen waren.

Auf den Spuren der Arche

Der amerikanische Tiefseespezialist Bob Ballard gilt als der »Jäger der versunkenen Schiffe«. Sein größter Erfolg war die Auffindung der »Titanic«. 1999 rüstete er eine Expedition aus, um die Arche Noah zu finden. Sein Zielgebiet: das Schwarze Meer. Die Geophysiker William Ryan und Walter Pittmann von der Columbia University in den USA vermuten, dieses Meer sei früher ein Süßwassersee gewesen, der zum Ende der letzten Eiszeit mit katastrophaler Wucht überflutet wurde. Ballard gelang Ende 2000 tatsächlich eine sensationelle Entdeckung: In 100 Metern Tiefe vor der türkischen Küste stieß er auf 7500 Jahre alte Gebäudereste. Mit Unterwasserkameras ließ sich zudem eine 170 Meter abgesunkene Küstenlinie ausmachen. Dies scheint Noahs Heimat gewesen zu sein.

»Die Sintflut« als Holzstich. So stellte sie der französische Maler und Bildhauer Gustave Dorè (1832–1883) dar. Die Dramatik der Ereignisse offenbart sich in reißenden Fluten und einem kleinen Felsen als einzigen Zufluchtsort. In Dorès Vision spiegelt sich die mehr als 100 Jahre später propagierte Theorie, dass das Meer, auf dem die Arche Noah neuen Zeiten entgegenschwamm einst ein Süßwassersee war, der von gewaltigen Flutmassen überschwemmt wurde.

Über die historischen Tatsachen um den Sintflut-Mythos, der sich durch mündliche und schriftliche Überlieferungen zahlreicher Kulturen zieht, gab es bislang nur Spekulationen, die mehr oder weniger plausibel erscheinen. Eine Theorie entstand nach Ausgrabungen von Schlammschichten in der sumerischen Stadt Ur – die Standarte von Ur ist hier als über 4500 Jahre altes Mosaik zu sehen. Demnach soll die Sintflut nur als lokale Katastrophe aufgetreten sein.

Daraus schloss er, dass um 4000 v. Chr. eine ungeheure Flut über die Bewohner Mesopotamiens hereingebrochen sein musste. Nur wenige Menschen überlebten die Katastrophe, die diese Überflutung als Strafe Gottes für einen sündigen Lebenswandel sahen.

Allerdings wandten Kritiker der Sintflut-Theorie ein, dass die Schlammschicht nur in einem begrenzten Gebiet auftrat. Demnach müsste eine lokale Überschwemmung der reale Ausgangspunkt der Sintflut-Legende gewesen sein. Folgerichtig wären alle anderen Sintfluten gleichfalls örtliche Katastrophen gewesen. Genau dies bezweifeln Kulturgeschichtler, die den Sintflut-Mythos merkwürdigerweise weltweit in nahezu identischen Erzählungen antrafen.

Die Weltkatastrophe

In Indien wie in China, auf den pazifischen Inseln, in Australien, in Nord- und Südamerika, Germanien und Rom – überall kannten die Menschen die Legende von den verheerenden Wasserfluten. Der griechischen Überlieferung nach wollte Göttervater Zeus das »ruchlose Menschengeschlecht« vertilgen und beschloss, »unter Wolkengüssen die Sterblichen zu vernichten«. Regen und Meereswogen schufen Fluten, die durch Erdbeben unterstützt, ein Inferno über die Menschheit hereinbrechen ließen. In Persien berichtet das »Bundahishn«, das »Buch der Urschöpfung«, wie ein Stern in schrecklichem Glanz über der Erde aufstrahlte und Regenfluten die Erde ertränkten. Auch der älteste hinduistische Text, das Rig-Veda, kennt die Sintflut.

Gleichfalls schildern alle Überlieferungen die Errettung mindestens eines Menschenpaares und etlicher Tiere in einer Arche. Selbst die Eskimos wissen von einer Arche, auf die sich Angehörige des Volkes der Tlingits retten konnten.

Der Sündenfall

Auf den Fidschi-Inseln ist es Gott Mdengi, der aus Zorn über die Verderbtheit der Menschen die Welt in die »tiefsten Tiefen des Wasser« tauchte. Die Hoka-Indianer aus der Prärie des amerikanischen Mittelwestens erzählen von Gott Morumba, der den grausam gewordenen Menschen eine Flut schickte, und bei den Kubas in Zentralafrika wurde die Weltkatastrophe durch einen Inzest zwischen dem Stammesgründer und seiner Schwester ausgelöst. Dieses Motiv der Strafe für ein sexuelles Vergehen lässt sich tiefenpsychologisch mit der Neugeburt des Menschen verbinden, denn Wasser ist das reinigende Element der Bibel, in das Johannes der Täufer Jesus Christus taucht.

Wasser symbolisiert das Auftauchen nach dem Untergang, ein neues Leben nach dem Tod. Aber vielleicht zeigt sich im Motiv der Neugeburt auch die Trennung von einer noch triebgesteuerten Welt, die in der Sintflut untergehen musste, um einer geistig-vernunftgeprägten Kultur zu weichen.

Einer der prächtigsten Kometen unseres Sonnensystems ist der nach zwei amerikanischen Amateurastronomen benannte Komet Hale-Bopp. Sein Ionenschweif ist über 100 Millionen Kilometer lang. Im März 1997 wurde er über dem Abendhimmel sichtbar, er kam auf 197 Millionen Kilometer nah an die Erde heran. Der Komet, der nach einer bestimmten Theorie die Sintflut verursacht hat, könnte dem Hale-Bopp in seiner Größe ähnlich gewesen sein.

Aus den Tiefen des Alls

Interessant ist, wie etliche Mythen die genaueren Umstände ausführen. Im heiligen Buch der Quiché-Maya (Guatemala/Honduras), dem »Chilam Balam«, wird von einem feurigen Regen und fallender Asche kurz vor der Flutwelle berichtet. Diese Menschheitserinnerungen haben die beiden österreichischen Geowissenschaftler Professor Alexander und Dr. Edith Tollmann aus Wien untersucht. 1993 kamen sie in ihrem Buch »Und die Sintflut gab es doch« zu dem Ergebnis, dass vor 9600 Jahren ein riesiger Komet mit der Erde kollidiert sein muss. Die Gravitation der Sonne ließ ihn zuvor zerbersten, dann schlug er in die großen Weltmeere ein. Verschiedene Messungen, z. B. zum Anstieg von radioaktivem Kohlenstoff in der Atmosphäre oder Gesteinsveränderungen, bestätigen diese Auffassung.

Mehrere Sintflutberichte geben exakte Angaben über die Himmelsrichtung (Südost) des Kometen und benennen den Herbst als Jahreszeit des Einschlags. Die Chipewyan-Indianer im Nordwesten Kanadas erwähnen sogar ausdrücklich den Monat September. Das stimmt verblüffend mit einem babylonischen Text überein, der noch exakter den 14. September als Tag der Katastrophe nennt.

Todesfluten über der Erde

Nun wird auch die biblische Passage klarer, die von aufbrechenden »Quellen der Tiefe« berichtet, denn vor 10.000 Jahren waren durch die Eiszeit noch große Mengen Wasser im Boden gebunden. Durch die Schockwelle des Einschlags, die um den ganzen Planeten raste, wurde es in Fontänen nach oben gedrückt. Dann tobte eine gewaltige Springflut über die Erde. So bestätigt sich eine uralte Menschheitserinnerung und die Bibel, deren historische Beweiskraft sehr oft angezweifelt wird, hat in diesem Fall wohl recht.

2-3 akg-images, Berlin; 4l Agentur Focus, Hamburg; 4r akg-images, Berlin; 5 akg-images, Berlin; 6-7 Agentur Focus, Hamburg, Harry Magnum; 8-9l Fortean Picture Library, Ruthin; 9r Mary Evans Picture Library, London; 10–11 Fortean Picture Library, Ruthin, Janet & Colin Bord; 12 Bildagentur Schapowalow, Hamburg, Thomke; 13o akg-images, Berlin; 13r Deutsche Presse Agentur GmbH; 14o akg-images, Berlin, Justus Göpel; 14u akg-images, Berlin; 15o Deutsche Presse Agentur GmbH; 15r akg-images, Berlin; 16 Agentur Focus, Hamburg, Patric Ward; 17 Fortean Picture Library, Ruthin; 18 aisa, Barcelona; 19 Fortean Picture Library, Ruthin, Anthony Weir; 20 Fortean Picture Library, Ruthin, Andreas Trottmann; 21 Fortean Picture Library, Ruthin, Anthony Weir; 22–23 Bildagentur Schapowalow, Hamburg, A. van Rennings; 24 National Museet, Kopenhagen; 25 Vikingerskibsmuseet, Roskilde; 26–27 akg-images, Berlin, Erich Lessing; 28–29 akg-images, Berlin; 30 Mary Evans Picture Library, London; 31 Bildagentur Schapowalow, Hamburg; 32 Stadt Horn, Bad Meinberg; 33 Fortean Picture Library, Ruthin, Don Douglas; 34 akg-images, Berlin, Evelyn Henn; 35u akg-images, Berlin, Erich Lessing; 35r Fortean Picture Library, Ruthin, Klaus Aarsleff; 36 Bildagentur Schapowalow, Hamburg, Heaton; 37 Rainer Holbe, Rameldingen; 38l ParaPictures Archiv, München; 38o akg-images, Berlin; 38–39 ParaPictures Archiv, München; 40 akg-images, Berlin, Henning Bock; 41o Rainer Holbe, Rameldingen; 41u ParaPictures Archiv, München; 42 Agentur Focus, Hamburg, Kazuyoshi Nomachi; 43 akg-images, Berlin, Jean-Louis Nou; 44u Das Fotoarchiv, Essen, Andrea Künzing; 44o Peter Fiebag, Northeim; 45ol akg-images, Berlin; 45ul Das Fotoarchiv, Essen, Sebastian Koch; 45ur Mira Köll, Augsburg; 46l akg-images, Berlin, Erich Lessing; 46o Peter Fiebag, Northeim; 46u Bildagentur Schapowalow, Hamburg, Thiele; 47 akg-images, Berlin, Jean-Louis Nou; 48 akg-images, Berlin; 49 akg-images, Berlin, Erich Lessing; 50 akg-images, Berlin; 51 akg-images, Berlin, Jean-Louis Nou; 52 akg-images, Berlin, Erich Lessing; 53–55 akg-images, Berlin; 56 Peter Fiebag, Northeim; 57 ParaPictures Archiv, München; 58 Walter-Jörg Langbein, Lügde; 59 Peter Fiebag, Northeim; 60 ParaPictures Archiv, München; 61 Walter-Jörg Langbein, Lügde; 62 Bildagentur Schapowalow, Hamburg; 63m akg-images, Berlin, Werner Forman; 63r akg-images, Berlin; 64–65l Peter Fiebag, Northeim; 65or akg-images, Berlin, Werner Forman; 65u–67 Peter Fiebag, Northeim; 67ur akg-images, Berlin; 68 Peter Fiebag, Northeim; 69 ParaPictures Archiv, München; 70–71 Peter Fiebag, Northeim; 72–73 Bildagentur Schapowalow, Hamburg, Döring; 74o ParaPictures Archiv, München; 74u aisa, Barcelona; 75 Bildagentur Schapowalow, Hamburg, Moser; 76 aisa, Barcelona; 77 aisa, Barcelona; 78–80m ParaPictures Archiv, München; 81r Rainer Binder Photo Conceptions, München; 82 akg-images, Berlin; 83u IFA-Bilderteam, Noczynski; 83r Bildagentur Schapowalow, Hamburg, Tom Nebbia; 84 akg-images, Berlin; 86 Damanhur Organisation, Baldissero Canavese; 87m akg-images, Berlin; 87u–88l Rainer Holbe, Rameldingen; 88o akg-images, Berlin; 89m Marianne Schiffl-Deiler, München; 89u Rainer Holbe, Rameldingen; 90–91m akg-images, Berlin; 91u Mira Köll, Augsburg; 92 ParaPictures Archiv, München; 93–94o akg-images, Berlin; 94m Bildarchiv Steffens, Mainz; 95–96 akg-images, Berlin; 97ol-97ul Bildarchiv Steffens, Mainz; 97r akg-images, Berlin, Werner Forman; 98–99 akg-images, Berlin; 100 Bildagentur Schapowalow, Hamburg, Pratt-Pries; 101 akg-images, Berlin, Werner Forman; 102 akg-images, Berlin; 103 Bildagentur Schapowalow, Hamburg, Thiele; 104 Image Bank, Robert Holland; 105 akg-images, Berlin; 106–109 Walter-Jörg Langbein, Lügde; 110 akg-images, Berlin; 111 Agentur Focus, Hamburg, Roman Bezjak; 112 Agentur Focus, Hamburg, Robert Tixador; 113 akg-images, Berlin; 114–121 Peter Fiebag, Northeim; 122-123 Bildarchiv Preußischer Kulturbesitz, Berlin, Jürgen Liepe; 124/125 Agentur Focus, Hamburg, Memet Gülbiz; 126–129 ParaPictures Archiv, München; 130–134 Bildagentur Schapowalow, Hamburg, Tom Nebbia; 135 akg-images, Berlin; 136 Fortean Picture Library, Ruthin, Roger Vlitos; 137 akg-images, Berlin; 138–141 akg-images, Berlin, Erich Lessing; 142 akg-images, Berlin, Francois Gunért; 143 akg-images, Berlin, Erich Lessing; 144 ParaPictures Archiv, München; 145 akg-images, Berlin, Werner Forman; 146 akg-images, Berlin; 147m Bildarchiv Preußischer Kulturbesitz, Berlin, U. Hoffmann; 147u–149 ParaPictures Archiv, München; 150 akg-images, Berlin; 151 ParaPictures Archiv, München; 152l, 152m akg-images, Berlin, Erich Lessing; 153–154 ParaPictures Archiv, München; 155o akg-images, Berlin, Werner Forman; 155r ParaPictures Archiv, München; 156 ParaPictures Archiv, München; 157o akg-images, Berlin, Werner Forman; 157u akg-images, Berlin, Erich Lessing; 158–159 akg-images, Berlin; 160l Rainer Binder Photo Conceptions, München; 160r-161 Christoph Rehbach, Fuchstal; 162 akg-images, Berlin, Schütze/Rodemann; 163–164 ParaPictures Archiv, München; 165 akg-images, Berlin, S. Domingie; 166–168 akg-images, Berlin; 169 akg-images, Berlin, Erich Lessing; 170 akg-images, Berlin; 171o Bildagentur Schapowalow, Hamburg; 171r akg-images, Berlin, Werner Forman; 172 Bildagentur Schapowalow, Hamburg, Atlantide; 173 Mary Evans Picture Library, London; 174l Bildarchiv Steffens, Mainz; 174–176 akg-images, Berlin; 177m Bildarchiv Steffens, Mainz, Osmund Caine; 177r Bildagentur Schapowalow, Hamburg, Brooke; 178 akg-images, Berlin; 179 akg-images, Berlin; 180o Marianne Schiffl-Deiler, München; 180u akg-images, Berlin, Erich Lessing; 181 akg-images, Berlin; 182 Mary Evans Picture Library, London; 183 akg-images, Berlin, Erich Lessing; 184–185 Mary Evans Picture Library, London; 186l Fortean Picture Library, Ruthin, Rene Dahinden; 186r Fortean Picture Library, Ruthin, Christopher L. Murphy; 187 Fortean Picture Library, Ruthin; 188ol akg-images, Berlin; 188ul Bildagentur Schapowalow, Hamburg, Thiele; 188m Fortean Picture Library, Ruthin, Rene Dahinden; 189o Bildagentur Schapowalow, Hamburg, Rose; 189u Bildagentur Schapowalow, Hamburg, Weyer; 190 Mary Evans Picture Library, London, Robert Kenneth Wilson; 191l Bildarchiv Steffens, Mainz; 191or Bildagentur Schapowalow, Hamburg, Brooke; 191ur akg-images, 192–193 akg-images, Berlin; 194 Das Fotoarchiv, Essen, Michael Schwerberger; 195–196 akg-images, Berlin; 197m akg-images, Berlin, Werner Forman; 197r–199 akg-images, Berlin; 200l ParaPictures Archiv, München; 200 akg-images, Berlin; 201 Das Fotoarchiv, Essen, Max Schmid; 202 Bildagentur Schapowalow, Hamburg, Scholz; 203u akg-images, Berlin, Erich Lessing; 203o Bildagentur Schapowalow, Hamburg, Sperber; 203r-205 akg-images, Berlin; 204o akg-images, Berlin, Robert O´Dea; 205–207 akg-images, Berlin; 208 Bildarchiv Preußischer Kulturbesitz, Berlin, Joseph Martin; 209 Mary Evans Picture Library, London; 210 Bildarchiv Preußischer Kulturbesitz, Berlin; 211 Fortean Picture Library, Ruthin.

Impressum

Konzept: wissen Media Verlag, Gütersloh/München; Paxmann/Teutsch Buchprojekte, München
Gestaltung und Produktion: Paxmann/Teutsch Buchprojekte, München
Autoren: Peter Fiebag, Dr. Elmar Gruber, Rainer Holbe
Datenaufbereitung, Satz: Ingo Engel, Werner Kopp, Christine Kraut
Projektleitung: Thekla Sielemann
Redaktion: Johanna Brechtken, Petra Parsons, Lars Richter, Claire Singer
Schlussredaktion: CLP Lauer & Partner, Christoph Dedring, München
Bildredaktion: Samar Perez-Lennart

Umschlaggestaltung: ZERO Werbeagentur, München
Umschlagfoto: The Image Bank, München
Druck und Bindung: Printer Trento S.r.L., Trient
Printed in Italy
ISBN 3-426-66469-0

5 4 3 2 1